रक्षेन्द्र पतन

रावण - प्रादुर्भाव से प्रणाश

(श्रंगार एवं वीररस पूर्ण काव्योपन्यास)

रचयिता:

शंकर प्रसाद दीक्षित 'उदयन'

श्रीमती वनिता बाजपेयी

सम्पादन

हर्ष वर्धन दीक्षित

Become
Shakespeare
.com

First Published in 2022

Becomeshakespeare.com

One Point Six Technologies Pvt Ltd
123, Building J2, Shram Seva Premises, Wadala Truck Depot,
Wadala (East), Mumbai 400037, India
T: +91 8080226699

ISBN - 978-93-5667-163-8

आत्मीय बंधु/ भगिनीगण,

प्राध्यापक वनिता बाजपेयी से यह ज्ञात हुआ कि स्वर्गीय श्री शंकर प्रसाद दीक्षित जी व वनिता बाजपेयी द्वारा सम्मिलित लिखित सद्य प्रकाश्य कृति रक्षेन्द्र पतन अपने प्रकाशन के अंतिम चरण में है। आपसे ज्ञात हुआ कि बहु प्रतीक्षित यह कृति अब छप कर हम सबके हाथों में आने वाली है तो मन की प्रसन्नता कई गुना बढ़ गई। श्री दीक्षित इस रचना को अपने जीवन काल में पूर्ण नहीं कर सके, जिसे उनकी पारिवारिक सदस्य श्रीमती वनिता बाजपेयी ने शेष भाग को लिख कर पूर्ण किया|

आप दोनों के परिश्रम की यह सुंदर परिणीति अप्रतिम बन पड़ी है इसमें कोई संशय नहीं। साहित्य क्षेत्र में रामकथा आधारित कृतियों का सदैव स्वागत होता रहा है। इसका मूल कारण यह है कि भारत राममय है। आपके लेखन के विषय चयन और प्रस्तुति पाठकों को लुभाएंगे।

मैं इस नवीन प्रकाशित ग्रंथ के लिए ह्रदय से शुभकामनाएं व्यक्त करता हू और ईश्वर से प्रार्थना करता हू कि वह आपकी लेखनी को खूब सक्षम बनाएं ताकि आप वर्षानुवर्ष तक लेखन धर्म में प्रवृत्त रह सकें।

पुनः बधाई और शुभकामनाओं सहित ...

सदैव सा

डॉ विकास दवे

निदेशक, साहित्य अकादमी,

मध्यप्रदेश शासन, भोपाल

मध्यप्रदेश
संस्कृति परिषद्

रक्षेन्द्र पतन - एक दृष्टि

◇◇

कविवर दीक्षित जी ने इस काव्यग्रंथ रक्षेन्द्र पतन में रक्षराज रावण के उत्थान और पतन की गाथा प्रस्तुत की है। यह कृति आचार्य चतुरसेन शास्त्री के प्रसिद्ध उपन्यास ''वयम् रक्षामः'' पर आधारित काव्य रूपान्तरण है जिसमें वयम् रक्षामः के कथा सूत्रों एवं प्रसंगों को यथारूपेण अनाहत व अविकल चित्रित किया गया है।

इस काव्य रक्षेन्द्र पतन में महाकाव्य की समग्र विशेषतायें परिलक्षित होती हैं। इसका कथानक रावण पर केन्द्रित है। रावण का प्रयत्न है कि सभी को एक ही संस्कृति "रक्ष संस्कृति" के सूत्र से आबद्ध कर दिया जाये तो सभी रक्षित हो सकेंगे। रक्ष संस्कृति के प्रवर्तन में रावण उसके प्रति सहज स्वीकृति का स्वागत करता है किन्तु अस्वीकृति पर युद्धम् देहि की स्थिति अथवा वध। कथानक विभिन्न कथासूत्रों से जुड़ते हुए श्रीराम रावण के युद्ध तक पहुंचता है जिसके संदर्भ में आदिकवि वाल्मीकि ने कहा है - 'राम रावणोः युद्धः राम रावणोखि'

रावण उत्तम कुल का है। वह ऋषिश्रेष्ठ पुलत्स्य का पौत्र एवं मुनि विश्रवा का पुत्र है। ज्ञानियों में परम ज्ञानी तो वीरों में परमवीर है। कुशल शासक एवं चतुर कूटनीतिज्ञ है। परम शिवभक्त रावण अद्भुत व्यक्तित्व की आभा से अभिमंडित है। वह अपने मातृपक्ष से अधिक प्रभावित है। रावण में दो संस्कृतियों का मिश्रित प्रभाव है। वह मानवजाति का होते हुए भी रक्ष संस्कृति का प्रवर्तन करता है।

कथा को व्यापक विविधता के पश्चात् श्री दीक्षित जी अपने काव्य में कुशलता के साथ संयोजन करते गये हैं। प्राक्वैदिक युग से रामायण युग तक की अवधि का कथा प्रसंग कविता में अनुदित करना उनकी प्रतिभा का परिणाम है। रावण का अभ्युदय उस युग की मुख्य घटना है। उसका दक्षिण में निवास करते हुए उत्तर तक एकसूत्रता करते रहने का प्रयत्न एक महत्वाकांक्षी कार्ययोजना थी। निर्विकार भाव से प्रवाहमय भाषा में रचित यह ग्रन्थ पठनीय है।

प्रो. माधव श्रीवास्तव [रिटायर्ड प्राचार्य

शासकीय श्यामसुन्दर नारायण महाविद्यालय नरसिंहपुर] मध्य प्रदेश

रक्षेन्द्र पतन - एक दृष्टि

प्रस्तुत पुस्तक लोक-साहित्य के क्षेत्र में अनूठा प्रयोग है। कवि ने अपनी कल्पना की उड़ान को इतिहास के तथ्यपरक मनकों में गूंथकर एक ऐसी सुंदर कवितावली का सृजन किया है जो पक्ष और विपक्ष के पूर्वाग्रहों से सर्वथा मुक्त है। अच्छाई बुराई सापेक्षिक नहीं होती, व्यक्ति को अपने समक्ष उपलब्ध परिस्थितियों में से ही चयन का अवसर मिलता है।

रावण के कालखण्ड में रक्ष संस्कृति अपने अस्तित्व के लिए संघर्षरत थी, ऐसे समय सक्षम होने के नाते रावण ने अपनी घोर तपश्चर्या के बल अपनी संस्कृति का पुनरूत्थान किया। तत्पश्चात मोहित बुद्धि के वशीभूत अहंकार में आकर रावण ने अधर्म के कुछ कार्य किये, जिसकी नियति सम्पूर्ण कुल के पतन के रूप में हुई । फिर भी लेखक रावण के महत्व को अंतिम पदों में स्वयं श्री राम के मुखारविन्द से स्पष्ट करता है-

"रावण का है तेज अपरमित कहने लगे देखकर राम

कहाँ हुई है लंका सूनी, वीर सभी हैं शोभायमान "

इस प्रकार निर्विकार भाव से एक अत्यंत सरल, सहज व प्रवाहमय भाषा में रचित यह ग्रन्थ पठनीय ही नहीं संग्रहनीय भी है।

पद्मनाभ s/o माता प्रसाद पाराशर, एम. बी.ए.,

इंद्रप्रस्थ कॉलोनी,विदिशा(म.प्र)

मो.8319314415/padamnavep@gmail.com

रक्षेन्द्र पतन - एक दृष्टि

◇◇◇◇◇◇◇◇◇◇◇◇◇◇◇◇◇◇◇◇◇◇◇◇◇◇◇◇◇◇◇◇◇◇◇◇◇◇◇

पौराणिक युग की गाथा इतिहास और प्रारब्ध को समेटे होती है, जब ऐसी पुस्तकें हमारे समक्ष आती हैं तब हम स्वयं का पुनरावलोकन करने का सामर्थ्य उत्पन्न करते हैं। "रक्षेन्द्र पतन" पात्र और चरित्रों के माध्यम से अन्याय पर न्याय की जीत के नवोन्मेष को अभिव्यक्त करती है। वर्तमान परिवेश में न्याय की विजय गाथा बहुत आवश्यक है, जिससे आम नागरिक में आशा का संचार हो सके।

डॉ पद्मा शर्मा, प्राध्यापक हिन्दी

एम एल बी महाविद्यालय, ग्वालियर

प्रस्तावना

"रक्षेन्द्र पतन" पंडित शंकर प्रसाद दीक्षित की अद्भुत कृति है। इस कृति को पंडित शंकर प्रसाद दीक्षित के गोलोक गमन के पश्चात उनके चिरंजीवी सुपुत्र पंडित हर्षवर्धन दीक्षित जी ने संपादित किया। यह कृति रावण के विषय में एक संपूर्ण महा काव्य है। रामकथा का आदि ग्रंथ महाकवि और आदि कवि वाल्मीकि की रामायण है। अवधी भाषा में भक्त कवि श्री तुलसीदास जी ने 'रामचरितमानस' नाम से महाकाव्य का सृजन करके रामकथा को जन-जन तक पहुंचाने का स्तुत्य कार्य किया। इन दो महान कृतियों के अतिरिक्त अनेक भाषाओं में अनेक राम कथाएं प्रचलित हैं। केशव कवि की 'रामचंद्रिका' से लेकर तमिल कवि कंबन की कंब रामायण तक इसमें शामिल है। इस प्रकार 300 से अधिक राम कथाएं विभिन्न भारतीय भाषाओं में उपलब्ध हैं। उर्दू भाषा में रचित 'चकबस्त' भी उसमें अपना स्थान रखती है। इतनी राम कथाओं के होते हुए भी रावण के व्यक्तित्व के साथ कहीं भी पूर्ण न्याय नहीं किया गया। रावण को हर स्थान पर एक दुष्ट और नीच राक्षस राजा के रूप में चित्रित किया गया। जबकि रावण खलनायक नहीं, एक प्रति नायक था। वह संपूर्ण विश्व में अपनी शक्ति और पौरूष के बल पर एक संस्कृति और एक व्यवस्था लागू करना चाहता था।

रावण रक्ष संस्कृति नामक एक ऐसी प्रणीत व्यवस्था स्थापित करना चाहता था जिसका पालन देव, दानव और गंधर्व सब करें। अतः रावण रक्षपति था, वह लंकाधिपति तो था ही। रावण वेदों का प्रकांड विद्वान और महान योद्धा होने के साथ-साथ महान शिव भक्त भी था। विद्वान और शिव

भक्त होने के उसके स्वरूप को अनेक ग्रंथों में नगण्य स्थान दिया गया है। तुलसीकृत रामचरितमानस में जरूर इस बात का आंशिक संकेत है कि यह युद्ध रावण की मनसा और उसकी योजना के अनुसार लड़ा गया है। खर और दूषण का जब वध होता है तब रावण विचार करके कहता है कि “खर दूषण मो सम बलवंता। तिनहिं को मारय बिनु भगवंता।” वह यह मनन करता है कि यद्यपि वह ब्राह्मण है परंतु उसका शरीर तामसिक हो चुका है और अब उससे जप-तप नहीं हो सकता। किसी काल में वह महान तपस्वी अवश्य था, परंतु आत्म मुक्ति के लिए तपस्या उसके लिए संभव नहीं रह गई है। अतः वह ऐसी युक्ति निकालता है जिससे भगवान विष्णु के अवतार श्री राम द्वारा ही उसका वध हो और सांसारिक बंधनों से मुक्त होकर बैकुंठ प्राप्त करे।

भगवान श्रीराम क्षत्रिय हैं। किसी क्षत्रिय की पत्नी का अपहरण करने से युद्ध तो होगा ही। वह भगवान श्री राम की पत्नी सीता का अपहरण करता है। सुविज्ञता है कि रावण ने सीता का अपहरण किया, युद्ध हुआ और रावण उस युद्ध में मारा गया। यद्यपि जिस सीता का उसने अपहरण किया था माया रूपी सीता थी। वास्तविक सीता तो परम शक्ति हैं। उनका अपहरण करने का सामर्थ्य किसी देव दानव और मनुष्य में हो ही नहीं सकता था। रावण के उच्च कोटि के कवि और गायक होने के अन्यान्य दृष्टांत भी हैं। परंतु राम कथाओं में उनकी अनदेखी की गई है। जैसा कि मैं ऊपर कह चुका हूं कि वह खलनायक नहीं प्रति नायक था और अपने बल और पुरुषार्थ से एक विशेष प्रकार की संस्कृति की स्थापना करना चाहता था। रावण के विविध पक्षों को उभारने वाली, मेरे दृष्टिकोण से 'रक्षेन्द्र पतन' पहली संतुलित कृति है। इस कृति में रावण के जन्म से लेकर उसके मरण तक का संपूर्ण विवरण दिया गया है। 'रक्षेन्द्र पतन' उच्च कोटि का काव्य है। इस काव्य को पढ़ते-पढ़ते कभी आंसू आते हैं और कभी रोमांच होता है। मैं कृति के रचनाकार पंडित शंकर प्रसाद दीक्षित की स्मृति को अपना प्रणाम निवेदित करता हूं

और उनके पुत्र पंडित हर्षवर्धन जी को साधुवाद देता हूं कि इस कृति को वे प्रकाश में ला रहे हैं। इस काव्य से हिंदी साहित्य की महान सेवा होगी।

धन्यवाद

डॉक्टर प्रभु नारायण मिश्र

पूर्व विभागाध्यक्ष -- अर्थशास्त्र विभाग एवं

पूर्व निदेशक, प्रबंधन अध्ययन संस्थान, देवी अहिल्या विश्वविद्यालय इंदौर

स्व. श्री शंकर प्रसाद दीक्षित "उदयन"

◇◇

जीवन-परिचय -- ज्येष्ठ पुत्र की कलम से

आपका जन्म 21 मई 1923 को इन्दौर शहर में हुआ था। आपके पिता उस समय के होलकर राज्य में एक उच्च पदस्थ पुलिस अधिकारी थे। अतः शिक्षा दीक्षा सनावद/ इन्दौर में हुई। हायर सेकेन्डरी पास करने के पश्चात ही आपका विवाह जबलपुर के स्वतंत्रता सेनानी श्री मुन्नालाल जी तिवारी की सुपुत्री सौ.कां. स्वराज से हो गया एवं आपने सरकारी नौकरी प्रारंभ कर दी। सन 1946 में खण्डवा शहर के शासकीय बहुउद्देशीय उच्चतर माध्यमिक विद्यालय से शिक्षक के रूप में अपना जीवन प्रारंभ किया। शिक्षण कार्य के साथ साथ ही स्नातक परीक्षा पास की। पूर्ण लगन एवं समर्पित भावना से कार्य करने के कारण शीघ्र पदोन्नति होती गई और वर्ष 1956 में राजपत्रित अधिकारी के रूप में खण्डवा में ही जिला ग्रंथपाल के पद पर आरूढ़ हुए। वर्ष 1965 में खण्डवा में जिला शिक्षा अधिकारी के पद पर पदस्थापना हुई एवं नवंबर 1965 से मई 1972 तक जिला शिक्षा अधिकारी के पद पर रहे, जो अब तक शिक्षा विभाग में किसी अधिकारी के लिए अधिकतम समय है। इसी से आपकी कुशल प्रशासनिक क्षमता एवं लोकप्रियता का आभास मिलता है।

अपने सेवाकाल के अंतिम वर्षों में जब होशंगाबाद में उप संचालक शिक्षा के पद पर पदस्थ थे तब कैंसर जैसी असाध्य बीमारी के कारण स्व-निवेदन पर जून 1979 में खण्डवा शिक्षा महाविद्यालय में स्थानांतरित होकर आ गये। तथापि, मात्र छः माह में 22 नवम्बर 1979 को काल के विकराल हाथों ने 56 वर्ष की अल्प आयु में ही उन्हें हमसे छीन लिया। सरकारी नौकरी में होते हुए भी अपने जीवन का महत्वपूर्ण एवं अधिकांश समय आपने खण्डवा शहर में ही व्यतीत किया । खण्डवा की जनता एवं सभी वर्ग के लोगों ने भी आपको असीम प्यार एवं सम्मान दिया । खण्डवा से आपको विशेष लगाव था ।

स्वाभिमान आप में कूट कूट कर भरा था और अपने से छोटों एवं गरीब वर्ग के लोगों के लिये आपके मन में हमेशा विशेष हमदर्दी रहती थी। आप अनुशासन प्रिय, स्पष्ट वक्ता, सरल हृदय और बहुमुखी व्यक्तित्व के धनी थे। महत्वपूर्ण प्रशासनिक पद पर रहते हुए भी आपने अपनी सामाजिक एवं पारिवारिक जिम्मेदारियों का कुशलता से निर्वाह किया। कुशल प्रशासक के साथ साथ कवि हृदय होने के कारण लेखन भी जारी रहा। आपकी कवितायें प्रायः विभिन्न पत्रिकाओं में प्रकाशित होती रहती थीं। आपने राम चरित मानस का गहन अध्ययन किया। उसी दौरान आचार्य चतुरसेन शास्त्री द्वारा लिखित किताब 'वयं रक्षामः' के अध्ययन के पश्चात आपको एक अनोखी अनुभूति हुई एवं वर्ष 1965 में आपने 'रक्षेन्द्र पतन' काव्य की रचना प्रारम्भ की जो वर्ष 1978-79 में जब लगभग पूर्णता को थी, तभी 22 नवंबर 1979 को आपका असामयिक निधन हो गया।

कहते हैं ''जहाँ चाह होती है वहाँ राह होती है'' इसीलिये कई प्रयासों के बाद काव्य के शेष भाग को पूर्ण करने के लिये अंततः डा. वनिता बाजपेयी, अध्यक्ष हिन्दी विभाग, शास. महाविद्यालय, विदिशा ने सहयोग का दामन थामा। मैं व्यक्तिगत रूप से डा. वनिता बाजपेयी का अत्यन्त

आभारी हूँ जिन्होंने अपना अमूल्य समय इस काव्य को पूर्ण करने में दिया। पिताश्री द्वारा लिखित पाण्डुलिपि को पूरा पढ़ने के पश्चात अधूरे भाग को उसी सामंजस्य के साथ लिखना एक दुष्कर कार्य था, तथापि डा. वनिता बाजपेयी ने इस काव्य को पूर्ण करने में अथक परिश्रम किया। अंततः मैं इस काव्य को प्रकाशित कर पूज्य पिताश्री को सच्ची श्रद्धांजलि देने में समर्थ हो सका।

'रक्षेन्द्र पतन' काव्य वीर रस एवं श्रंगार रस से परिपूर्ण है। रावण की उत्पत्ति कैसे हुई? उसकी सोच एवं सिद्धांत क्या थे? रावण किस एकमात्र संस्कृति की स्थापना करना चाहता था और क्यों? इन्हीं सब को आधार बना कर स्वर्गीय पिताश्री ने इस काव्य की रचना की थी किन्तु उनके असामयिक निधन के कारण यह काव्य अपूर्ण रह गया था। अपूर्ण होने के कारण ही यह काव्य अब तक प्रकाशित नहीं हो सका था।

संभवतः हिन्दी साहित्य में रावण के बारे में कोई काव्यात्मक रचना नहीं है। अतएव यह रचना अपने आप में एक अनुपम साहित्यिक उपलब्धि है। ऐसी अनुपम साहित्यिक विधा के रचनाकार, महान साहित्यकार, कुशल प्रशासक एवं बुद्धिजीवी पिताश्री शंकर प्रसाद जी दीक्षित को शत शत नमन।

हर्ष वर्धन दीक्षित

अनुक्रमणिका

1	मिश्रित रक्त	21
2	अभिसार सखी	28
3	जल-समाधि	42
4	बलि-वेदी पर	53
5	मधुमय-रजनी	64
6	लंकराज	79
7	वीर पुरुष ही भोगा करते...	92
8	चित्रांगदा	115
9	वानरेश	129
10	रुद्र-महान	136
11	सदन का छिद्र	144
12	केवल एक महेश्वर पूजित	150
13	शूर्पणखा	156
14	मातृ-हन्ता	164
15	राम-जन्मस्थली	175
16	सहस्त्रार्जुन से मुठभेड़	180
17	अंतर्द्वंद	196
18	स्वयंवर	209

19 पुष्पक-हरण 228

20 विविध-परिणय 232

21 अनमोल-सत्य 238

22 इन्द्र-विजय 266

23 पर्ण कुटी 287

24 दुहाई 321

25 मरण-योजना 332

26 बालि वध 363

27 पवन-दूत 385

28 महारुद्र की अनुकंपा 416

29 सुखद-मिलन 432

30 लक्ष्मण का क्रोध 450

31 अनुसन्धान 465

32 प्रियंकर-संदेश 481

33 आराध्य पूजन 533

34 व्यूह रचना 564

35 आक्रमण 583

36 सीता-विलाप 587

37 धूल धूसरित आशा 592

38 महातेज कुम्भकरण 597

39 मेघनाद संग्राम 600

40 देवदूत 602

41 इन्द्रजीत वध 603

42	वज्रपात	606
43	देवों की अनुकम्पा	608
44	रणबंका-रावण	612
45	चितारोहण	616
46	दशानन-वध	618

"मानस कलियाँ उसे करुं मैं आज समर्पित"

"हुई राम की महिमा जिसके कारण सुश्रुत"

श्रद्धावनत

हर्ष वर्धन दीक्षित

शांतनु दीक्षित

संजय दीक्षित

मिश्रित रक्त

विगत काल की कथा पुरानी।
वत्सर बीते सात हजार।
हेति, प्रहेती दैत्य वंश के,
बंधु सुभट थे दो सरदार॥

इसी वंश में हुए सुमाली,
माली,माल्यवान अति वीर।
लंक द्वीप पर नगर बसाया,
दक्षिण रत्नालय के तीर ॥

हिरण्यपुर से हिरण्य लाकर,
निर्मित कर कंचन आगार।
मूल्यवान रत्नों से पूरित
अगणित किये कोष भंडार॥

सुमुखि नर्मदा गंधर्वी की,
तनया तीन, रूप गुण खान।
दैत्य बन्धु ने हर्षित होकर,
ग्रहण किये ये कन्या दान॥

लंकपुरी में बसे स्वजन सब,
दिन दिन बढ़ा दैत्य परिवार।
किया निकट के द्वीपों पर भी,
प्रबल पराक्रम से अधिकार।।

इसी समय आ हुआ उपस्थित,
संकट देवासुर-संग्राम।
हुए पराजित तीनों बन्धु,
दैत्य सुभट सब आए काम।।

गुप्त रूप से भाग सुमाली,
क्षत विक्षत था जिसका गात[1] ।
छिपा लोक पाताल पहुँच कर,
माल्यवान, कैकसि के साथ।

लंकद्वीप के दक्षिण में जो,
है अनन्त सा वरुणालय[2] ।
महाउदधि के अंचल में है,
महाद्वीप इक आन्ध्रालय।।

तृणबिन्दु इस महाद्वीप का,
सर्व प्रथम अधिकारी था।

1. शरीर/ काया
2. महासमुद्र/ समुंदर

प्रियदर्शी गुणवान चतुर वह,
कर्मों में आचारी था।।

अंगजाई इलविला रूपसी-
ने स्वेच्छा से किया वरण।
पुलस्त्य ऋषि ने बिन्दु सुता का,
किया हर्ष से पाणि-ग्रहण।।

कालांतर में मुनि पत्नी से,
तनय विश्रवा प्राप्त हुआ।
वेदों का उद्गाता था जो,
त्रिभुवन में विख्यात हुआ।।

भरद्वाज ने निज पुत्री का,
किया विश्रवा से सम्बन्ध।
इस दम्पति के पुत्र रत्न का,
दिग्पालों ने किया प्रबन्ध।।

धन कुबेर के पद से भूषित,
और भेंट दे पुष्पक यान।
लंकपुरी सूनी नगरी में,
किया प्रतिष्ठित दे सम्मान।।

बहुत काल पश्चात् सुमाली,
गुप्तवास से प्रकट हुआ।
लंकपुरी में देखा उसने,
परिवर्तन आमूल हुआ।।

ज्यों प्रतीचि[3] में क्षितिज दमकता,
होता है जब संध्याकाल।
उसी तरह दैदीप्यमान थी,
स्वर्णिम नगरी महाविशाल।।

अग्नि सदृश तेजस्वी इसका,
लोकपाल है अधिकारी।
राज्य सुदृढ़ है, रक्षा करते,
अगणित यक्ष धनुर्धारी।।

लगा सोचने वृद्ध सुमाली,
कैसे हो लंका उद्धार।
दूरदर्शिता पूर्ण हृदय में,
कूट नीति का उठा विचार।।

3. पश्चिम

आन्ध्रालय जा साथ कैकसी,
मुनी विश्रवा के संस्थान।
समझाये निज पुत्री को कुछ,
संवदना[4] के विविध विधान।।

पुष्ट नितंबी युवति कैकसी,
कुच[5] तरुणाई से आपूर।
शिला कुसुम सी श्यामांगी पर,
मादक रस से थी भरपूर।।

मुनि विश्रवा हुए विकर्षित,
टूटा संयम का बंधान।
मिलीं समय पर दैत्य युवति को,
पुष्ट चार सुन्दर संतान।।

था महत्व आकांक्षी रावण,
उग्र सूर्य सा तेज महान।
मेचक[6] वर्णी कुंभकर्ण था,
दुर्मद[7] शूरवीर बलवान।।

4. बौद्धिक संप्रेषण/ वश में करना
5. स्तन/ उरोज
6. गहरा रंग/ काला
7. क्रूर/ ख़ूँख़ार

धर्मभीरु था शांत विभीषण,
और प्रकृति से भी शालीन।
अतिवादी थी घोर वज्रमणि,
ढीठ, अमर्षी-लज्जाहीन।।

अस्त्र शस्त्र की विद्या पाकर,
युद्ध कला में हुए निपुण।
वेद शास्त्र के संग रावण ने,
सीखे राजनीति के गुण।।

तरुण अवस्था में आया जब,
किया गठित वीरों का दल।
मातुल थे मारीचि, महोदर,
और अकम्पन महा प्रबल।।

आर्य, व्रात्य औ' दैत्य रक्त का,
अद्भुत पाया था मिश्रण।
स्थापन हित अखिल विश्व में,
किया रक्ष-संस्कृति का प्रण।।

आन्ध्रालय से चला सैन्य ले,
अधिकृत किये पार्श्व के द्वीप।
वज्रनाभ को मार कपट से,
विजित किया फिर बाली द्वीप।

इन द्वीपों में निज संस्कृति की,
ध्वजा पताका फहराई।
आमन्त्रित कर अगणित योद्धा,
सैन्य गठित की मनभाई।।

मातामह के कूट मन्त्र से,
रचना हित भावी संग्राम।
नाच रंग मदपान लीन हो,
करने लगे दैत्य विश्राम।।

❄❄❄❄❄❄

अभिसार सखी

◇◇

भूमण्डल पर सघन विजन तन,
वेष्टित[8] था जो बाली द्वीप।
शुभ्र सरोवर तट नगरी में,
गूँज रहा नर्तन संगीत।।

नाच रही थी सद्य[9] -किशोरी,
श्यामल कज्जल कूट गहन।
उन्मुख यौवन नग्न बदन था,
मद्य-सिक्त थे अरुण नयन।।

मद-घूर्णित थी दृष्टि, अधर
थे लाल, ताम्र संपुष्ट कपोल।
प्रलय मेघ सा चिकुर जाल,
कटि क्षीण अचल कुच[10] सुदृढ़ सुडौल

8. घिरा हुआ
9. अभी अभी
10. स्तन/ उरोज

मांसल भुज थे स्वर्ण वलय,
रक्तांबर मंडित जघन नितम्ब।
स्वर्ण पैंजनी झनक रही थीं,
कर चर्मटिका ध्वनि के संग।।

नाच रही थी ज्यों भुजंगिनी,
चरण-घात-सम झनक झनक।
नाग देव सुर असुर ठगे से,
स्वर्ण लुटाते खनक खनक।।

हुआ बंद जब नृत्य-
रूपरस पिया किसी ने आँखों से।
आत्मसात हँस किया किसी ने
दिये शैन भ्रू[11] पाँखों से।।

स्वर्ण खंड सब बाँध सुन्दरी,
पहुँच गई मधुशाला पर।
मद्य-हाट के पीठ-पुरुष की,
दृष्टि लगी उस बाला पर।।

11. भौंह

मांगा मद्य, पुरुष बोला -
    ला स्वर्ण खण्ड भी कुछ देगी?
देख रहा था नृत्य नहीं क्या?
    नर्तन से मदिरा महँगी।।

मूल्य बिना यह सदावर्त हित,
    खोला नहीं हाट का द्वार।
उरज[12] सुरा यदि मुझे पिला,
    ले अर्पण करता मद्यागार।।

तभी तरुण आगे आया इक,
    श्याम वर्ण द्युति[13] उज्ज्वल थी।
वृषभ कन्ध थे, कटि केहरि सी,
    तीक्ष्ण भृकुटि अभिनंदित थी।।

कान्धे पर तूणीर धनुष,
    दुर्जेय शूल कर चमक रहा।
मुद्रा अभय किन्तु कुछ हँसमुख,
    त्रिपुंड भाल पर दमक रहा।।

12. उरोज/स्तन
13. चमक/आभा

स्वर्ण खंड कुछ फेंक सामने,
    पीठ पुरुष से वह बोला।
मद्य भाँड दे शीघ्र तरुणि को,
    सावधान यदि कुछ बोला।।

उठा भाँड अधरों से लगा,
    पी चुकी नर्तकी तृप्त हुई।
होंठ जीभ से चाट हँसी फिर,
    देख तरुण मद-सिक्त हुई।।

उठा दूसरा कलश डोलती,
    पास युवक के वह आई।
पी तू भी मधु-मदन-तरंगिनि,
    कह कटाक्ष कर मुसकाई।।

युगल अनावृत उन्मद[14] यौवन
    वज्र वक्ष से सटा दिये।
सुरा पान कर अधर तरुण ने,
    अरुण अधर से लगा दिये।।

14. पागल/ नशे में

तरुणी हँसी तरुण मुसकाया,
दन्त पंक्तियाँ चमक उठीं।
श्याम घटा घनघोर चीर ज्यों,
तड़ितावलियाँ[15] दमक उठीं।।

आलिंगित भुज-वल्लरियों[16] में,
युगल परस्पर निकल पड़े।
नाग देव सुर असुर ठगे से,
रहे देखते खड़े खड़े।।

कौन प्रिये तू? कहां धाम है?
किसकी तुझ पर रखवाली?
राग रंग में किसे लूटने,
घूम रही तू मतवाली?

कश्यप सागर के तट स्थित,
हेमपुरी है मेरा धाम।
दैत्यकुमारी नवबाला,
ऐश्वर्य लूटना मेरा काम।।

तू प्रिय? याचक तेरा प्रमदे,
आन्ध्रालय ममकुल सुखधाम।

15. आकाशीय बिजलियाँ
16. बाहों की लताएं

यहां तू कैसे? तुझे देखने!
चल हट! चल प्रिय मेरे ग्राम॥

नहीं, देख वह हरित विजनवन,
सरवर शतदल खिले कमल।
मन्द पवन सुरभित कानन बिच,
रमण हेतु मन रहा मचल॥

ताल शाल्मली वृक्ष घने-
हैं झाँक रहीं किरणें छनकर।
चक्रवाक सारस सरवर तट
हंस विहग नाना प्रियवर॥

मृगचर वनचर भाँति भाँति के,
डोल रहे निर्द्वन्द निडर।
रुचिर स्वादु प्रिय भोज उदर भर,
रमण करें दो चार प्रहर॥

क्षुदित प्रिया को देख तरुण ने,
धनुष उठा शर संधाना।
ला पटके दस बीस विहग
वाराह साथ औ मृग छौना॥

अरणी घिस ईंधन सिलगा,
आखेट मांस के खण्ड किये।
भूँज भूँज कुछ अधकच्चे से,
झोंक उदर में सभी दिये।।

तृप्त हुए खा पीकर दोनों,
तरुणी ने ली अंगड़ाई।
पुष्ट जघन सिर रख रमणी ने,
तरुण ग्रीव भुज लिपटाई।।

सत्य बता प्रिय कौन? दैत्यकुल
या कि आर्य-कुल पालित है।
आर्य श्रेष्ठ पौलत्स्य पितृकुल
मातृ दैत्यकुल पूजित है।।

वीर सुमाली का दोहित मैं,
दैत्यवंश का राजकुमार।
रावण है मम नाम प्रिये,
तू क्यों अधीर मत सोच विचार।।

हर्षोल्लासित हो तरुणी,
आनन्द परम सुख चीख उठी।
आवेष्टित[17] कर सघन जघन बिच
रावण का मुख चूम उठी।।

पूजित है प्रिय निर्भय कर
स्वच्छन्द आज तू सुखद रमन।
संवेष्टन[18] प्रिय निष्पेषण कर,
दन्तक्षत वक्षोज दमन।।

रति प्रतिमाएं झूम उठीं,
प्रतिबिम्ब सरोवर में झूमे।
झूम उठा निस्पन्द सघन वन,
वनचर खगचर भी झूमे।।

विह्वल अंग प्रत्यंगों पर थी,
झलक रही कुछ स्वर्णिम धूप।
मानो निरख रही छिप छिपकर,
रतिक्रीड़ा के अद्भुत रूप।।

17. आलिंगन
18. आलिंगन करना/ नीचे गिरना

उद्बुद्ध[19] उपवन उन्मद[20] यौवन,
उद्भासित थी तरुणाई।
अरे! थकित थी देख परस्पर,
तरुणाई को तरुणाई।।

एक घड़ी दो घड़ी नहीं,
अधिकार लुप्त तक भरमाए।
तृप्त पूर्ण विस्मृत होने तक,
मधुरस के घट छलकाए।।

दिवस शेष था एक प्रहर,
संध्या होने में देर अभी।
दौड़ सरोवर जल में कूदे,
नग्न अनावृत युगल तभी।।

होने लगी मुक्त जलक्रीड़ा,
निर्मल जल था आन्दोलित।
मीन मिथुन से विचरण करते,
जूझ परस्पर-उद्वेलित।।

19. फूलों से भरा हुआ
20. पागल/ नशे में

निर्वसनी अंगों को मलते,
अधर पान कर भग जाते।
कभी तैरते ऊपर नीचे,
गदराये तन टकराते।।

श्रान्त क्लांत[21] हो हाथ थाम,
जब जल से बाहर वे निकले।
श्यामांगों पर उज्ज्वल जल कण,
गज मुक्ता से बह निकले।।

अलसित भावों में तरुणी,
उत्तान शिला पर लेट गई।
रक्तिम पीली धूप बिखर,
संपूर्ण गात्र पर फैल गई।।

लौह गात वह तरुण खड़ा,
थे बाहु पाश में पुष्प कमल।
तोड़ तोड़ फेंके तरुणी पर,
श्वेत इंगूरी दल-शत-दल।।

21. थके हुये/थकित

रोमांचित हो तरुणी बोली,
प्रियतम दे श्रंगार मुझे।
कुछ तो दे कमनीय रमण,
परिरम्भण[22] से विश्रान्ति मुझे।।

शिलाखण्ड पर बैठ तरुण ने,
रमणी का श्रंगार किया।
लोध्र रेणु अरुणिम कपोल पर,
शिलालेप कुच[23] युगल दिया।।

कुन्तल वृन्त कमल गूँथे,
लाक्षा रस अधरों पर लाली।
कटि-प्रदेश मकरन्द छिड़क,
जंघाएं सुरभित कर डालीं।।

पुष्पमाल ग्रीवा में शोभित,
स्वर्ण कुमुदनी के भुजबन्ध।
पंकज[24] किसलय[25] अधोदेश में,
सीप शंख निर्मित कटिबन्ध।।

22. आलिंगन
23. उरोज/स्तन
24. कमल
25. अंकुर/कली

निरख रूप प्रतिबिम्ब नीर में,
अंगहार कर झमक उठी।
मूर्तिमती श्रृंगार युक्त
संध्या वन श्री सी दमक उठी।।

आप्यायित[26] हुई अतिशय प्रिय अब,
अधोवस्त्र दे अवगुण्ठन[27]।
आवेशित हो परम तरुण ने,
उठा अंक ढाले चुम्बन।।

तरुणी बोली सच प्रिय तुझ सा,
और नहीं देखा मैंने।
चकित हुआ वह युवक! प्रश्न था,
कौन और देखे कितने?

गिने नहीं अभिरुचि है मेरी,
नित नूतन आस्वादन में।
रमण अनेकों, तृप्त नहीं थी,
मिला न तुझ सा जीवन में।।

26. संतुष्ट
27. परदा/आवरण

और नहीं फिर ऐसा होगा,
तू अब केवल मेरी है।
प्रथम नहीं न अंतिम है तू,
यह सीमा तो मेरी है।।

नथुने फूल उठे, नेत्रों में
अग्नि क्रोध की धधक उठी।
अंक दूर कर पटक दिया,
रमणी भी रोष में तमक उठी।।

तरुण वक्ष दे पदाघात,
फूत्कार सर्पिणी भाँति किया।
दैत्यवंश की प्रिय रमणी का,
अधम घोर अपमान किया।।

रमण किया ऐ दैत्य कुमारी,
इसीलिये तू वध से क्षम्य।
कान खोलकर सुन ले अब तू,
अन्य पुरुष से सदा अगम्य।।

छोड़ अनोखी बातें प्रिय,
अब चलें ग्राम मदिरा पीने।
मधुघट पीने नहीं प्रमादिन[28],
आऊँगा तुझको हरने।।

रे रमण! बहुत साहस तेरा,
तू मुझे करेगा अनुबन्धित।
रमण नहीं रावण हूँ मैं,
पौलत्स्य वंश में अभिनंदित।।

इतना कह कर तरुण शीघ्र,
चल दिया हुआ ओझल वन में।
खड़ी देखती रही देर तक,
रमणी नग्न विजन वन में।।

❄❄❄❄❄❄

28. नशीली / मतवाली

जल-समाधि

संध्या ने जब करवट बदली,
कजली रजनी घिर आई।
दूर क्षितिज पर चन्द्रप्रभा ने,
धीरे से ली अँगड़ाई।।

रमण तृप्त आनंदित रावण,
अभय जा रहा उस वन में।
हरण युक्ति षड्यन्त्र रचाता,
धैर्य नहीं आता मन में।।

पहुँचा जब निज धाम, ग्राम का,
दैत्यों से आख्यान कहा।
मन में जो संकल्प किया था,
मातुल से मन्तव्य किया।

रजनी बीत गई बातों में,
ऊषा ने घूंघट खोला।
इसी समय प्रस्थान करूँगा,
महामात्य से वह बोला।।

जाओ अकम्पन वीर सारथी,
अलस भाव सब दूर करो।
अश्वतरी पच कल्याणी,
रथ नागराज तैयार करो॥

शक्ति शूल तोमर से सज्जित,
परशु खंग भी रख लेना।
गति आँधी हित रुद्रज रज भी,
रथ चक्रों में भर देना॥

आवश्यक आदेश दिये,
फिर स्वयं सजाया रक्ताम्बर[29]।
गोह चर्म के अंगुलिवेष्टन[30],
मरकत मणि कटिबन्ध कमर॥

बाँध वक्ष पर कृष्णाजिन[31],
पदत्राण उपानत दृढ़ बाँधे।
मुकुट शीश पर हीरों का,
तूणीर-बाण औ धनु काँधे॥

29. लाल वस्त्र
30. अँगुली का घेरा/अँगुली को चारों ओर से घेरना
31. काला मृग चर्म

इतने में रथ आ पहुँचा
 था चित्र विचित्र कला का धाम।
अगणित स्वर्ण घंटियाँ शोभित,
 मणि कांचन युत अति अभिराम।।

श्याम रंग की अश्वतरी[32] थीं,
 चपल परम श्रंगार ललाम।
ध्वनि करतीं शत शत भँवरों सी,
 कर्ण प्रिया थे उनके नाम।।

रावण रथ पर चढ़ा, अकम्पन
 मातुल ने थामी वल्गा[33]।
वायु वेग से कौंध उड़ा रथ
 टूट पड़ी हो ज्यों उल्का।।

साठ टंक के बाण-वेग रथ,
 पहुँच अर्जना तट आया।
पशु पक्षी कलरव विहीन वहाँ
 श्मशान की प्रतिछाया।।

32. घोड़ी/ अश्वनी
33. लगाम

भीषण दृश्य सामने देखा,
हुआ अभी ज्यों महा प्रलय।
कटे अनेकों शव, बिखरे थे,
नूपुर[34], कंगन स्वर्ण वलय।।

रावण रथ से उतर देख इक
पहुँचा जीवित शव के पास।
पूछा उससे कहो काण्ड क्या,
किसने किया तुम्हारा नाश।

टूटे फूटे स्वर में बोला,
दानव दल है गया अभी।
ग्राम गोत्र सब लूट नारियाँ,
स्वर्ण वस्त्र ले गया सभी।।

इंगित किया उधर रथ दौड़ा,
रावण ने हुँकार भरी।
शीघ्र वहाँ वह पहुँच गया
जहाँ दानवदल की सभा भरी।।

34. पायल/पैंजनी

दानवेन्द्र ने देखा विस्मित,
दिव्यवीर दुर्द्धर्ष तरुण।
रथारुढ़ आ रहा धँसा,
कर परशु रक्त से सना अरुण॥

रावण को, ललकार कहा तू,
कौन बता ऐ महा भाग?
मद्य-मधुर सत्कार करें या
बरसाएं बाणों की आग॥

मैं रक्षाधिप रावण हूँ, इन
द्वीप समूहों का स्वामी।
अनाचार कर अधम भगे क्यों
तोड़ भुजंगों की बाँमी॥

नहीं सुना तो अब सुन लो,
यह द्वीप रक्ष संस्कृति का है।
दानवेन्द्र मकराक्ष नहीं क्या
ज्ञान तुम्हें मम प्रकृति का है?

रणोन्मत्त मकराक्ष गदा ले
टूट पड़ा रावण-रथ पर।
दानव-दैत्यगदा टकराईं,
दो यम टूट पड़े पथ पर॥

गर्जन सुन रुक गया पवन,
सब दिग् दिगन्त झनझना उठे।
दिव्यायुध झनकारों से,
जड़ पत्थर तक ठनठना उठे।।

कंपित गूँज उठा वन-प्रान्तर,
दिनकर भी दमदमा उठा।
प्रलय देख पंछी ठिठके,
जल सागर का झमझमा उठा।।

क्रोधित हो तब दानवेन्द्र ने
प्रबल प्रहारी भीम गदा।
लगी वक्ष पर रावण के,
भू गिरा वृक्ष ज्यों लदा फदा।।

बाँध चर्म रज्जू से कसकर,
डाल पोत में चला उड़ा।
मूर्छा भंग हुई तब रावण,
तरणी में था बँधा पड़ा।।

अकस्मात देखा रावण ने,
तरुणी की भी दृष्टि पड़ी।
वही प्रेयसी बँधी हुई थी,
अन्य बन्दियों बीच खड़ी।।

वायु वेग जल गर्भ चीरती,
चली जा रही थी तरणी।
मुक्त छलांगें भर भर कर,
उड़ती थी जैसे हो हिरणी।।

सूर्य अस्त हो चला क्षितिज पर,
उठी जलद घनघोर घटा।
आँधी चलने लगी वेग से,
अम्बर मानो अभी फटा।।

लहरें उठीं घहर पर्वत सी,
लगी डोलने थी तरणी।
हुआ भयातुर दानव दल,
आँखों से ओझल थी धरणी।।

प्रलयंकारी उठी लहर,
अंबर में बिजली कड़क उठी।
उलट गई तरणी थपेड़ में,
मृत्यु अचानक भड़क उठी।।

काल सदृश लहरों के भीतर,
डूब रही थी जब तरणी।
रावण मुक्त नहीं बन्धन से,
देख रही थी वह रमणी।।

छोड़ा नहीं धैर्य पर उसने,
अविचल मन में शांति रखी।
अंधकार के बीच रमण को,
खोज रही अभिसार सखी।।

तैर रही थी कठिनाई से,
काष्ठ फलक इक हाथ लगा।
मिला सहारा तिनके का,
रमणी ने सोचा भाग जगा।।

द्वन्द युद्ध लहरों से करती,
विचर रही जल भीतर मीन।
किसी तरह पाया प्रियतम को,
बँधा हुआ जलराशी लीन।।

काट कटारी से बन्धन झट,
काष्ठ फलक पर टिका दिया।
परम रमण-प्रिय हित रमणी ने,
महाप्रलय से युद्ध किया।।

विस्मित हो रावण ने देखा,
दैत्य श्रेष्ठ उस बाला को।
जिसे हरण करने निकला था,
रंगने मन रंगशाला को।।

हर्षित हो रमणी से बोला,
तू मेरी है जीवन-त्राण।
महाप्रलय की तू तरणी,
मम बन्धन काट बचाए प्राण।।

उलट रही थी तरणी जिस क्षण,
माता रही मुझे थी खींच।
मातृ-चरण को खोकर प्रियतम,
पाया तुझे अतल जल बीच।।

दो प्राणों का पुनर्मिलन प्रिय,
किन्तु मध्य प्रलय जल के।
पर कुछ बता रमण तू कैसे,
फँसा बीच दानव दल के।।

सुरापान का तरुणी से जो,
प्रणय निमन्त्रण पाया था।
प्राणप्रिया के अनुयाचन का,
वचन निभाने आया था।।

अर्जन-तट था भरा शवों से,
अग्निदाह था जहाँ तहाँ।
चिन्ता हुई रक्त रंजित भू,
दैत्य दलन लख यहाँ वहाँ।।

वृद्ध एक कुछ जीवित जिसने,
 घटना सारी बतलाई।
रक्त उबलने लगा तभी,
 मानस में तेरी सुधि छाई।।

धन्य भाग्य तुझको पाया,
 पर जल समाधि में पड़े हुए।
नभ से गिरे वृक्ष में अटके,
 विघ्न सामने खड़े हुए।।

अगम महासागर, अशक्त तू,
 फिर भी तेरा धैर्य अपार।
प्रमदे है तू शक्ति प्रलय में,
 करती नूतन बल संचार।।

किन्तु प्रिये अब देख रहा मैं,
 मृत्यु सामने डोल रही।
डायन सी मेरे कानों में,
 जल-समाधि यह बोल रही।।

रमणी बोली वीर-पुत्र,
 होकर भी तूने धैर्य गँवाया।
इतने श्रम के बाद रमण प्रिय,
 क्या बस जीवन अंत कमाया।।

इसी समय ऊषा लाली ने,
चीरी तम-चादर काली।
चीख उठी रमणी, समक्ष ही,
डोल रही तरणी खाली।।

कर प्रयास दोनों ने पकड़ा,
किसी तरह वह जीवन यान।
चढ़ तरणी तन लिपट गये,
मानो शरीर दो एक प्रान।।

❄❄❄❄❄❄

बलि-वेदी पर

प्रकृति नटी की अदृश प्रकृति,
    परिवर्तित होती क्षण क्षण में।
भाग्य कहो दुर्भाग्य कहो,
    है लिखा नियति ने कणकण में।

खिली धूप थी स्वर्णमयी,
    वसुधा श्रंगार निराला था।
उत्थान-पतन पश्चात महा-
    सागर का भाव सलोना था।।

लगी तीर पर नौका,
    दो प्रणयी सुख से सोये थे।
दुर्दम्य प्रलय से लड़ भिड़ कर,
    वे स्वप्न लोक में खोये थे।।

रमणी की निद्रा भंग हुई,
    रावण को हिला डुला बोली।
रे रमण शीघ्र उठ देख वहाँ,
    वह दूर खड़ी कैसी टोली।।

हड़बड़ा उठा रावण, देखा,
    था खड़ा सामने दानव-दल।
अब शक्ति नहीं कुछ युक्ति कभी,
    हो जाय कदाचित आस सफल।।

क्षण भर में गूँज उठी तुरही,
    भड़ भड़ा उठे रण के बाजे।
थे दल के दल, दल पर शतदल,
    हर दिशा गूँजते थे गाजे।।

घिर गये भयंकर बैरी से,
    फिर भी रावण भयभीत नहीं।
निर्द्वन्द किया हँसकर अर्पण,
    मानो जीवन से प्रीत नहीं।।

दनु-नायक ने इक शूल उठा,
    दशग्रीव ग्रीव में अड़ा दिया।
आदेश दिया चुप चलने का,
    तरुणी को आगे बढ़ा दिया।।

चढ़ चले शीघ्र वे पर्वत पर,
    झर झर झरने थे झरक रहे।
फल फूल लदे थे वृक्ष घने,
    सुन्दर गिरि मस्तक हरे भरे।।

उस पार उदधि के तटस्थित,
विकराल मूर्ति पाषाण खड़ी।
दो यूप[35] सामने सुदृढ़ बने,
पूजन सामग्री भरी पड़ी।।

रावण रमणी को पृथक पृथक,
कस यूप स्तम्भ से बाँध दिया।
चर्मटिका धिन् धिन् धिनक उठी,
औ श्रृंग-तूर्ण घननाद हुआ।।

मकराक्ष संग निज महिषी के,
आ रहा झुके दानव-मस्तक।
थे अंग भरे मणि रत्नों से,
कर दण्ड स्वर्ण संग अंगरक्षक।।

सब एकसाथ मिल गरज उठे,
जय प्रलय मचाने वाले की।
जलदेव जयति जय जय जय जय,
जय रक्त पचाने वाले की।।

35. बलिवेदी

आ गया पास बलि वेदी के,
अतिवृद्ध एक कंकाल रूप।
मणि कलश हाथ में रोपित था,
दधिसुता मध्य थी सुरभि धूप।।

भर अंजलि जल कुछ मन्त्र फूँक,
रावण रमणी पर छिड़क दिया।
ले सुरापात्र अभिमंत्रित कर,
दोनों को थोड़ा पिला दिया।।

फिर सप्त-ग्राम्य-पशु तुरग[36], गाय,
औ' सात जीव वनचर बाँधे।
अभिमंत्रित फिर वह खड्ग किया,
था लिये जिसे दानव काँधे।।

बलि क्रिया हुई प्रारम्भ तभी,
धड़ एक वार से अलग हुआ।
सब खंड खंड पशु कर डाले,
फिर आहूति दे दे यज्ञ किया।।

36. अश्व/ घोड़ा

सब माँस खंड कुछ भाँड भरे,
दानव-प्रिय भोजन पाक हुआ।
मदिरा के घट पर घट पी पी,
हर दानव मद से चूर हुआ।।

मकराक्ष खंग विकराल लिये,
रावण के सम्मुख खड़ा हुआ।
वीभत्स दृश्य था कालकेतु ज्यों,
कालग्रास पर चढ़ा हुआ।।

जलदेव तुष्टि हित दैत्यराज,
बलिदान हेतु हो जा तत्पर।
भड़भड़ा उठे बाजे गाजे,
पढ़ मन्त्र शालि[37] फेंके उस पर।।

फिर पूत खड्ग का पूजन कर,
था वज्र फलक अति तीक्ष्ण धार।
रावण पर जल कण छिड़क दिये,
पढ़ मन्त्र चढ़ाया पुष्प हार।।

37. चाँवल

आसन्न मृत्यु में रावण ने,
    निज दृष्टि घुमाई सागर पर।
कुछ चिन्ह दृष्टिगत हुए दूर,
    आ रहे रेंगते ज्यों जलचर॥

कातर मायावी वाणी में,
    दनुराजा से अनुरोध किया।
मैं धर्म से दीक्षित ऋषिपुत्र,
    वेदों का हरदम पाठ किया॥

मम मोक्ष हेतु हे दानवेन्द्र,
    वेदों की श्रुतियाँ पढ़ने दो।
बलिदान करो तुम हर्षित हो,
    आशीष मुझे कुछ देने दो॥

तुम करो शीघ्र जो करना हो,
    है नहीं समय अब रुकने का।
यह पूत खड्ग है मचल रहा,
    अब और धैर्य नहीं धरने का॥

ध्वनि उच्चारण मन्त्रों का किया,
    प्रारम्भ प्रेम से दसमुख ने।
पर दानवेन्द्र अति क्रोधित हो,
    झल्लाया कान लगे दुखने॥

हो गया बहुत बस बन्द करो,
कह परशु पवन में घुमा दिया।
लो गरज उठी रमणी सहसा,
हे दानवेन्द्र अन्याय किया।।

रुक गया खड्ग गिरते गिरते,
घूमी भृकुटी बलि बाला पर।
क्यों विघ्न डालती रे रमणी,
घृत छिड़क रही मम ज्वाला पर।।

हे दानवेन्द्र तुम ज्ञानवान,
मैं दैत्य कुमारी कन्या हूँ।
लब्धव्य पुण्य हित बलि मेरी,
हो प्रथम श्रेष्ठ कुल तनया हूँ।।

दानव गुरु चरक उठे त्योंही,
महिषी को इंगित कर बोले।
तप करके भी नहिं ज्ञान मिला,
रमणी ने ज्ञान नयन खोले।।

यह पूत खड्ग लो महारानी,
तरुणी इच्छा संपूर्ण करो।
जलदेव तुम्हारी जय जय हो,
दनुवंश क्षमा कल्याण करो।।

दानव-महिषी ले खड्ग उठी,
कुछ मन ही मन मुसकाती सी।
श्रावण की पश्चिम बदली सी,
रुक रुक कर मधुर गरजती सी।।

थी दीप्ति अनोखी तेज पुँज,
दनुकुल में अजब निराली थी।
कुछ लोहित लाली अधरों पर,
ज्यों शोणित खप्पर वाली थी।।

मद-भार-डोलती खंग लिये,
बढ़ चली निकट तरुणी आई।
सौंदर्य-रूप अनुपम लेकर,
ज्यों उतर मृत्यु नभ से आई।।

रावण प्रतिक्रिया करे कोई,
नहिं समय दिया उस काली ने।
लो उठा खड्ग चम चम चमका,
फण मार दिया विष ब्याली ने।।

धड़ से कटहल के फल जैसा,
कट गिरा शीश बलिवेदी पर
शोणित[38] फुव्वारा लहरा कर,
आ गिरा भूमि की गोदी पर।।

रावण केहरि[39] सा तड़प उठा,
पर बन्धनवश कुछ कर न सका।
जो शीश स्वप्न में झुका नहीं,
दानव के सम्मुख आज झुका।।

फिर चरक उठा मंत्रित जल ले,
मकराक्ष खंग पर छिड़क दिया।
क्षण बीत न पाया गुरु मस्तक,
अंबर में किसने उड़ा दिया।।

आश्चर्यचकित देखा सबने,
चहुँ ओर दैत्य वीरों के दल।
मकराक्ष ने फूंका नरसिंहा,
दानव के दौड़े अगणित दल।।

38. रक्त/लहू
39. शेर/ सिंह

छिड़ गया विकट संग्राम,
अकम्पन ने रावण बन्धन काटे।
भिड़ गया काल सम बैरी पर,
दानव के दल पर दल पाटे।।

शोणित[40] से रंजित खड्ग लिये,
समरांगण में वह सेनानी।
घन चीर तड़ित सा आ पहुंचा,
थी लड़ी जहाँ दानव-रानी।।

ललकार किया दृढ़ पदाघात,
रे नारी दानव-कुल बाला।
ममता सा गात सरस सा है,
दुर्द्धर्ष भरी तुझमें ज्वाला।।

मैं अभी रक्त तेरा पी लूँ,
पर नहीं, रक्ष संस्कृति मेरी।
निर्बल पर शक्ति प्रहार करूँ,
है ऐसी नहीं प्रकृति मेरी।।

वात्सल्य प्यार की पुतली बन,
ममता का मस्तक काट लिया।
रे नीच कलंकिन डायन तू,
नारी का शोणित चाट लिया।।

40. रक्त/लहू

लहू सिंचित कर दानव भू को,
    ज्यों मेह बरसता है श्रावण।
तू देख रणोन्मत नर्तन अब,
    क्या प्रलय मचाता है रावण॥

मृगराज[41] टूटता मृगचर पर,
    त्यों झपट दबोचा दानवेन्द्र।
तोमर शक्ति से रौंध रौंध,
    चढ़ गया वक्ष पर राक्षसेन्द्र॥

फिर धँसा दाँत नाखूनों को,
    चिथड़े सा चीर उछाल दिया।
आ गिरा अवनि पर रावण ने,
    धर हवन कुण्ड में डाल दिया॥

मकराक्ष-भूप का अन्त देख,
    प्रणिपात[42] हुए दानव सारे।
ध्वज रक्ष-संस्कृति फहर उठा,
    अधिकार द्वीप सुम्बा सारे॥

❄❄❄❄❄❄

41. शेर/सिंह
42. दण्डवत/साष्टांग प्रणाम

मधुमय-रजनी

किरणों की कूची से रवि,
    परिधान धरा का पोत रहा।
नील उदधि के अंचल में था,
    स्वर्णिम आभा घोल रहा।।

अम्बर भी पीतारुण जल में,
    दूर क्षितिज पर मिला हुआ।
हरित कूल पर उदधि तीर था,
    धवल झाग से भरा हुआ।।

शोक दग्ध हो क्लान्त[43] व्यथित मन,
    रावण तट पर डोल रहा।
उत्सर्ग प्यार बलिदान सखी का,
    मन ही मन में तौल रहा।।

43. थके हुये /थकित

प्रथम समय था जीवन में,
जब कुटिल पराजय हाथ लगी।
मान सरोवर शीतल में थी,
विरहानल विकराल लगी।।

अतिशय आकुल विचर रहा था,
लेकर मौन व्यथा का भार।
इसी समय इक दानव आया,
दीर्घकाय तन भव्यागार।।

परम सुन्दरी और सलोनी,
बाला भी संग आई थी।
अरुण तरल रस दिव्य दमकती,
कंचन काया लाई थी।।

केश सलोने श्याम भँवर से,
चिकने घूँघर वाले थे।
चुंबन लहरा पद का करते,
ज्यों भुजंग मतवाले थे।।

क्षीण कमर थी पीन[44] नितम्बनी,
मंडित मणिमय गहनों से।
रोम रहित जंघाएं शोभित,
दृष्टि लगी थी टखनों से।।

उरज[45] पुष्ट, भ्रू[46] सघन मिली थीं,
दंत पंक्ति थीं सटी हुई।
अर्द्धखिलित कजरारी अँखियाँ,
सफल सीप सी कटी हुई।।

थे कपोल मृदु, गोल नासिका,
अधर कमल की पंखुरियाँ।
स्वर्ण वलय भुज, रुनझुन कलरव,
करतीं कुन्दन पैंजनियाँ।।

सिकुड़ रही ज्यों चन्द्रवधूटी,
कोमल अरुणिम लजवन्ती।
बीन विमोहित[47] सा रावण लख,
ठगा खड़ा था, गुणवन्ती।।

44. मांसल/गोलमटोल
45. उरोज/स्तन
46. भौंह
47. मनमोहक/ललचाया सा

अंतिम था सौंदर्य जहाँ,
मोहक तिल बिंदिया काली थी।
चमत्कार शिल्पी ने ढाला,
वशीकरण मद वाली थी।।

स्वागत है ऐ महा भाग,
अभिप्राय कहो जो हो मन में।
रावण हूँ मैं पूर्ण करूँगा,
प्रिय इच्छा तव जीवन में।।

मयदानव मैं दनु-पुत्र हूँ,
दैत्य विरोचन का प्यारा।
हेम पुरी के निकट ग्राम मम,
सुषमा में सबसे न्यारा।।

स्वर्गधाम की एक अप्सरा,
देवयोग से मुझे मिली।
हेमा था शुभ नाम प्रिये थी,
शोभा में ज्यों कुन्द कली।।

पूर्ण विलासित सुखमय जीवन,
वर्ष अनेकों साथ रही।
चली गई मुख मोड़, अवधि अब
वर्ष चतुर्दश बीत रही।।

भव्य मनोहर नगर बसाया,
स्वर्णिम मणियों का प्रासाद।
प्रिया विरह में जीर्ण हुआ मैं,
रहा न जीवन में आल्हाद।।

हेमा की यह कन्या प्यारी,
हेम वर्ण ललितांगी है।
किसलय[48] कोमल सी तन्वंगी,
मन्दोदरी शुभांगी है।।

भेंट हृदय स्वीकार करो, हे!
राक्षसेन्द्र उपकार करो।
वृद्ध भटकते जीर्ण शीर्ण का,
अनुबन्धन स्वीकार करो।।

48. नव पुष्पित

कहा तथास्तु रावण ने,
ले समिधाएं कर अग्न्याधान[49]।
वेद सुमन्त्रित अनल साक्षकर,
लिया उसी क्षण कन्यादान।।

स्वस्ति[50] कहा मयदानव ने,
फिर दिव्य शक्ति उपहार दिया।
विश्व विजय यह शक्ति करेगी,
सदा रखो संग अजेय प्रिया।।

रावण नूतन वधु से बोला,
वरंब्रूहि शुभगे अनुपम।
मन्दोदरी लरज कर बोली,
अलं अलं[51] लब्धम् सर्वम्।।

सद्य[52] विजित वह द्वीप
दिपित हो उठा, मंगलाचार हुए।
राक्षसेन्द्र संग पटरानी के,
लक्ष लक्ष जयकार हुए।।

49. पवित्र अग्नि
50. आर्शीवाद सहित विदाई
51. पर्याप्त
52. अभी अभी

राग रंग संगीत नृत्य में,
आ पहुँचा दिन का अवसान।
यथा योग्य रावण ने हँसकर,
दिये अतिथियों को प्रतिदान।।

दानवेन्द्र का स्वर्ण महालय,
सज्जित मणिमुक्ता का धाम।
राक्षसेन्द्र की नूतन वधु का,
बना आज विश्राम ललाम।।

लक्ष चेरियाँ चतुर नारियाँ,
शोभित राजमहल में थीं।
रूप सुरभि-मदिरा छलकातीं,
पारिजात के दल सी थीं।।

मधुमय मधुर यामिनी सखियाँ,
रूप सजाने आई थीं।
मन्दोदरी लरजती मीठे
स्वप्न संजोने आई थी।।

सुरभित उबटन मधुर कलेवर,
कृशोदरी[53] का दमक उठा।
अम्बु सुगन्धित स्नाता का,
ज्योतिर्मय तन चमक उठा।।

मधूच्छिष्ट मृग-मद केशों में,
वेणी में मुक्ता का हार।
मस्तक हीरक चन्द्र सुशोभित,
लोध्र[54] कपोलों पर श्रृंगार।।

सूर्यमणी कुंडल कानों में,
चन्द्रकान्त मणि चन्द्राहार।
कटि पीताम्बर इन्द्र नीलमणि,
रुचिर मेखला शोभागार।।

कुंकुम बिंदिया अंजन अँखियां,
अधर लाल कलियाँ कचनार।
अनुबंधित चम्पई[55] कंचुक से,
गदराले मदिराभी भार।।

53. पतली कमर वाली स्त्री
54. लालिमा लिये/ लाल
55. पीला/पीत

पूर्णचन्द्र सी दिव्य स्वरूपा,
नखशिख से करके श्रंगार।
चली सकुचती प्रथम मिलन को,
मन्दोदरी परम सुकुमार।।

सांध्य मनोरम बेला चन्दा,
सद्य[56] किरण थी फूट रही।
शीतल मंद सुगंध समीरा,
पुलकित पुष्प बिखेर रही।।

दृश्य अलौकिक आज प्रमदवन[57],
सुर कानन सी सुषमा थी।
तरुण तरुणियाँ क्रीड़ारत,
हर ओर प्रणय की प्रतिमा थी।।

वाद्य तरंगित राग रागिनी,
मधुर कोकिला किन्नरियाँ।
वेणु सुरीली मृदंग थाप पर,
झननन नूपुर पैंजनियाँ।।

56. अभी अभी/अविरल

57. सुखद वास/आरामगाह

पुष्प भार से लदे वृन्त[58] सी,
मंद मंद संग सखियों के।
चली वधू मकरंद उड़ाती,
झुके पलक थे अँखियों के।।

षड् ऋतुओं की मूर्तिमती ज्यों,
सजी प्रमदवन में आई।
देख ठगा सा अपलक रावण,
मादकता तन में छाई।।

जयत्वार्य प्रिय इदम् आसनम्,
कह मन्दोदरि लरजाई।
आस्यताम् शुभगे कह रावण,
विधु-वदनी भुज लिपटाई।।

इसी समय चेरी ने आकर,
रावण को संदेश दिया।
सागर गृह रतिमंदिर सज्जित,
मसृण[59] धवल सुरभित शैय्या।।

58. डाल
59. मुलायम/नरम/चिकना

प्राण सखी चल रावण बोला,
    मधुराका रस मधुर भरी।
मूर्तिमती तू साथ चंद्रिका,
    सत्य बात या स्वप्न भरी।।

नूतन वधु ने पलक उठाये,
    बोली मृदु मुस्कान भरी।
यूप[60] बद्ध बलि पुरुष वरुंगी,
    आशा थी अभिमान भरी।।

पितृचरण अनुरोध किया,
    थे हर्षित पर मन दुखी हुए।
बलि बंधन से मुक्त कराने,
    दानवेन्द्र के निकट गये।।

दानवेन्द्र मकराक्ष दुष्ट ने,
    पितृ चरण अपमान किया।
हुए युद्ध-रत साथ अकम्पन,
    दानव-दल का नाश किया।।

60. बलिवेदी

विस्मित रावण ने पूछा पर,
पितृचरण ने नहीं कहा।
नहीं आत्मश्लाघा[61] की इच्छा,
मन घमण्ड तिल नहीं रहा।।

उपकृत हूँ मैं बता प्रिये,
कुछ प्रिय उनका यदि कर पाऊँ।
पूज्य श्वसुर की व्यथा मिटाने,
गगन पुष्प भी ले आऊँ।।

केवल एक व्यथा प्रिय उनकी,
मातृचरण उद्धार करो।
विरहाकुल उजड़े जीवन में,
नवनूतन रसधार भरो।।

प्रिये कहां किस धाम ग्राम में,
मातृचरण हैं बंधे हुए।
कालग्रास भी मुक्त कराऊँ,
रावण शर है सधे हुए।।

61. आत्म प्रशंसा

देवों के सान्निध्य प्रभु वे,
    वरुणों ने उनको छीना।
पितृचरण बस दुखी इसी से,
    दूभर है उनका जीना।।

देखूँगा प्रिय मैं देखूंगा,
    दिग्पालों को देखूंगा।
करुं विमर्दित[62] वरुण देव,
    ला मातृ चरण को सौपूंगा।।

आश्वत हुई प्रभु शांति रखो,
    अब अपना भी आख्यान कहो।
यूपखंड से बँधी युवति का,
    कैसे क्यों बलिदान कहो।।

व्याकुल सा निःश्वास खींच,
    फिर मुख प्रक्षालन कर बोला।
व्यथित करुण रस सिंचित ध्वनि से,
    प्रणय-कथानक सब खोला।।

62. पूर्णतः नाश करना

धन्य दैत्य बाला तू पूजित,
करती तेरा अभिनन्दन।
प्रियतम प्रिय तनु दिवांगता का,
त्यागो अब तुम परिचिंतन॥

मुग्ध दृष्टि से कृशोदरी[63] का,
रावण ने रस रूप पिया।
चन्द्र प्रसारित रजत प्रभा में,
हीरक मणि को अंक लिया॥

अमल धवल तब गात तरल सा,
छूने में होता कुछ भय।
साहस नहीं मिला पाऊँ मैं,
दो प्राणों में साम्यक लय॥

आर्य पुत्र मम अहो भाग्य कह,
वज्र वक्ष हुई आलिंगित।
आर्य नहीं मैं रक्ष; करूँगा,
नूतन संस्कृति संचालित॥

63. पतली कमर वाली स्त्री

इतना कह फिर संवेष्टित[64] कर,
अधर सुधा रस पान किया।
रूप शौर्य ने सुरभित घट से,
ढाल मध्विजा[65] पान किया।।

मधुमय रजनी रतिक्रीड़ा में,
आलिंगित प्रिय प्राण प्रिया।
पूर्ण समर्पण दोनों ने,
प्राणों में अपना प्राण किया।।

❄❄❄❄❄❄

64. आलिंगन
65. सुरा/आसव

लंकराज

◇◇◇

पुष्पागम[66] तल्लीन पुष्पिता[67],
उरज अनंता मादकता।
सघन रम्य बन बाग सरित सर,
झूम रही द्रुम[68]- डार-लता।।

युगल रमण स्वच्छन्द विचरते,
खग कूजित वन बागों में।
श्वेत झाग से पूर्ण उदधि तट,
कभी झील संभागों में।।

प्रतिबिम्बित मणि महल कभी वे,
क्रीड़ा करते इठलाते।
हास पूर्ण उल्लास बीच दो
प्राण एक में मिल जाते।।

---

66. झरना/झरने की भांति
67. रजस्वला नारी
68. वृक्ष

परशु धनुष ही अब तक जिसके,
जीवन की थी अभिलाषा।
जला ज्वाल में काम बाण के,
बना पतंगा पगला सा।।

इसी बीच संदेश मिलन का,
धनपति कुबेर से पाया।
ठाना जो संकल्प उसे,
बस सिद्ध मनोरथ पाया।।

महाउदधि के अंचल में थे,
द्वीप पुँज जो सारे।
बँधे सूत्र में एक गूंजते,
राक्षसेन्द्र के नारे।।

स्वर्ण पुरी लंका थी केवल,
मुक्त रक्ष-संस्कृति से।
ल्हास पूर्ण वह द्वीप सुखी थे,
यक्ष, यक्ष-संस्कृति से।।

धन कुबेर संपन्न संपदा,
स्वर्णपुरी का स्वामी।
नाग देव सुर यक्ष सभी थे,
राजा के अनुगामी।।

मलय बालि यव द्वीप व्यवस्था,
मातुल पर सब छोड़ी।
रावण ने निज युद्ध तरणियाँ,
लंक पुरी को मोड़ीं॥

सुभट अनेकों शस्त्र साथ ले,
स्वर्ण पुरी को आया।
धन कुबेर ने प्यार भरा,
सत्कार किया मन भाया॥

पृथक महल धन धान्य पूर्ण थीं,
जिसमें सुख सुविधाएं।
रक्ष-बन्धु सेवा में दीं,
मध्वक्ष यक्ष बालाएं॥

वैभव से परिपूर्ण द्वीप की,
स्थिति को पहिचाना।
रक्ष नीति उपयुक्त चलेगी,
शासन भी मनमाना॥

निषक पुत्र सब तितर बितर हो,
लगे उपद्रव करने।

क्षुब्ध हुआ वह द्वीप दैत्य बल,
　　यक्ष लगे सब डरने।।

समय देख धनपति कुबेर ने,
　　रावण को समझाया।
है अनर्थ प्रिय बन्धु,
　　नहीं उपयुक्त प्रपंच मचाया।।

क्या अभाव कुछ बता मुझे,
　　संपूर्ण करूंगा क्षण में।
स्वर्ण भूमि है शान्ति परम,
　　ऐश्वर्य भरा कण कण में।।

नहीं चाहता वैभव रावण,
　　नहीं द्रव्य अपनाना।
ध्येय नहीं ध्रुव जीवन का,
　　बस केवल मन बहलाना।।

एक राष्ट्र हो एक संस्कृति,
　　लक्ष्य हमारा प्यारा।
दिग् दिगन्त में गूँज उठे,
　　बस रक्ष धर्म का नारा।।

सहमत नहीं, यक्ष संस्कृति ही,
श्रेष्ठ, यक्ष हैं संस्कृत।
चंडाल, बीन अपनी संस्कृति,
की करो यहां मत झंकृत।।

अभय वही जो सहमत हमसे,
राक्षसेन्द्र का प्रण है।
शिरच्छेद ये परशु करे,
यह कालग्रास का फण है।।

युद्ध निमन्त्रण नहीं दिया था,
धन कुबेर ने रावण।
सफल नहीं प्रण; व्रत,
हो सकता करो कहीं चन्द्रायण।।

क्रुद्ध हुआ यह सुनकर रावण,
झमक तमक कर बोला।
कहो रक्ष संस्कृति की जय,
लो परशु पवन में डोला।।

गरज उठा यक्षेन्द्र रोष में,
गदा उठाकर दौड़ा।
कहो यक्ष संस्कृति की जय,
या उत्तर दूँ मुँह तोड़ा।।

झपट सुमाली आ पहुँचा,
औ' यक्ष पति से बोला।
अनुज तुम्हारा रक्षपति, मन
वैमनस्य क्यों घोला।।

अरे! निमन्त्रण दिया इसी से,
क्षमा दान करता हूँ।
आदर्श यक्ष की संस्कृति का,
मैं शांति सदा रखता हूँ।।

लंक तुम्हारी नहीं यक्षपति,
दैत्य राज की सुन लो।
हो सकती यदि ग्रहण आज,
तुम रक्ष-संस्कृति कर लो।।

परामर्श तुम करो पिता से,
उचित राय वे देंगे।
परम हितैषी दोनों के,
निर्देश ठीक ही देंगे।।

कहा तथास्तु यक्ष पती ने,
पुष्पक लेकर गया वहाँ।

आन्ध्रालय आ पहुंचा जल्द ही,
थे मुनि विश्रवा श्रेष्ठ जहाँ॥

विधिवत पूजन पादग्रहण,
कर-बद्ध जनक स्तुति की।
विनत वदन घटना बतलाई,
रक्षराज संस्कृति की॥

दिव्य दृष्ट थे ऋषि विश्रवा,
सोच समझ कर बोले।
उग्र दुष्ट दल रावण, तुम
लंका में शान्त अकेले॥

दैत्य सुमाली से भट उनके,
युद्ध करो यह ठीक नहीं।
शूरवीर हो माना फिर भी,
तुम नितांत निर्भीक नहीं॥

देवासुर संग्राम क्षेत्र में,
मरा सुमाली जाना।
नहीं ज्ञान था जीवित होगा,
राक्षसेन्द्र का नाना॥

वीर सुमाली की तनया ने,
    रति चाही थी मुझसे।
धर्म बन्ध स्वीकार करी,
    यह रावण उपजा उससे।।

वेद शास्त्र में पारंगत भी,
    मैंने उसे बनाया।
दांत लंक पर लगे,
    उसे है नाना ने उकसाया।।

लंकपुरी है उसी दनुष की,
    पुत्र बात तुम मानो।
वंशज जो भी लंक निवासी,
    दैत्य बन्धु सब जानो।।

नगरी नई गंधमादन पर,
    अलका पुरी बसाओ।
मंदाकिनी भानुजा के तट,
    शान्त थली अपनाओ।।

संस्कृति भी है प्रतिम यक्ष,
    गंधर्व देव औ' किन्नर।
श्रेष्ठ हिमांचल सुष्ठु प्रकृति,
    सान्निध्य मिलेगा शंकर।।

छोड़ लंक तुम बसो वहाँ,
प्रिय पुत्र सीख यह हितकर।
दुष्ट बड़ा रावण नृशंस,
फिर संग सुमाली निशचर।।

धन कुबेर ने सुना शांति से,
मर्म समझ में आया।
चरण-निषक्त नवां मस्तक,
निज धाम लौट वह आया।।

पुष्पक ले संग यक्ष संपदा,
पहुँच गया वह शैल शिखर।
किया संगठित सभी कुलों को,
यक्ष देव गंधर्व किन्नर।।

इधर लंक में रक्ष पति का,
भाग्य सूर्य था चमक रहा।
अभिषेक हुआ संग महिषी के,
लंकापति पद पर दमक रहा।।

प्रबल शौर्य औ प्रतिभा से फिर,
महाराज्य को सुदृढ़ किया।
सन्निविष्ट कर रक्ष संस्कृति,
वर्ण जाति का गठन किया।।

कुंभकर्ण संग गठ बन्धन कर,
दैत्य विरोचन की दुहिता।
संग विभीषण सरमा के,
गंधर्व राज शैलूष सुता।।

अनुबन्धित यों किया कुलों को,
रक्षक सबका बना स्वयम्।
द्वीप पुँज में गूँजे नारे,
''रक्षामः सर्वत्र - वयम्''।।

मन्त्रीगण वंशीय उच्च थे,
राक्षस सारे नीति निपुण।
प्रणव, महोदर, त्रिशिरा से,
मारीचि अकम्पन खर दूषण।।

देवान्तक, दुर्मुख, प्रहस्त थे,
महादृष्ट से समरोन्मत्त।
नीति विशारद दुर्मद रावण,
कुम्भकर्ण से क्रोधोन्मत्त।।

मेघनाद सा पुत्र रत्न था,
शस्त्र शास्त्र में पूर्ण निपुण।
शौर्य तेज रावण का जिसमें,
उग्र सूर्य सा तरुण अरुण।।

सुदृढ़ प्रतिष्ठित रक्ष राज्य कर,
    आर्यवर्त पर दृष्टि लगी।
यम कुबेर औ वरुण इन्द्र पर,
    विजय पिपासा हृदय जगी।।

भेज दिये निशिचर दल अगणित,
    आर्यावर्त प्रदेशों में।
धर्म प्रचारक बन वे घूमे,
    छद्म कपट के वेशों में।।

शूर्पणखा भगिनी को भेजा,
    दण्डक वन खरदूषण संग।
और ताड़का नैमिष कानन,
    संगम जहां सोन औ गंग।।

सन्निवेश[69] यों किये प्रतिष्ठित,
    भरत खंड भू भागों में।
निशाचरी माया फैलाई,
    देवभूमि संभागों में।।

69. पड़ाव

लंक व्यवस्था सौंप सुमाली,
छद्म वेष में लंक पति।
परशु हाथ ले गुप्त रूप से,
भारत पहुँचा महारथी।।

दण्डक वन की सुषमा देखी,
मोहक परम मनोरम थी।
नवल वधू सी शोभित वसुधा,
सुन्दर क्या सुन्दरतम थी।।

ऋषियों की वह तपोभूमि,
थे आश्रम फैले जहाँ तहाँ।
मुनि सुतीक्षण माण्डकर्ण औ,
ऋषि अगस्त थे वीर वहाँ।।

ओत प्रोत सौंदर्य प्रकृति के,
बीच सोहती पंचवटी।
पार्श्व भाग में गरुड़ जटायू,
अरुण पुत्र की बनी कुटी।।

कपट वेश में रावण फिरता,
खोज खबर में इधर उधर।
उपनिवेश में ऋषियों की,
वह मूर्ति देखता महाप्रखर।।

सोच रहा था कैसे वह जो,
स्वप्न संजोया हो साकार।
देव आर्य सब महा शक्तियाँ,
दुस्तरतम है पाना पार।।

वन प्रान्तों में विचरण करता,
देख भाल लंकाधिपति।
अकस्मात ही पहुँच गया वह,
वास जहां असुराधिपति।।

❋❋❋❋❋❋

वीर पुरुष ही भोगा करते...

दण्डक वन के दक्षिण स्थित,
राज्य कुलीतर-वंश असुर।
सौ दुर्गों का स्वामी शंबर,
रहता था वैजंती-पुर।।

पैठ नगर में रावण
निर्भय,राजमार्ग प्रस्थान किया।
विस्मित होकर असुर देखते,
आगन्तुक कैसा बलिया।।

काँधे पर दुर्द्धर्ष परशु,
बहु मूल्य सजे थे आभूषण।
अग्नि शिखा सा तेजस्वी था,
पुर वधुओं का आकर्षण।।

स्वर्ण लुटाता मुस्काता वह,
सिंह चाल निर्द्वन्द निडर।
पहुँच हर्म्य में प्रहरी से,
संदेश मिलन भेजा शंबर।।

असुर पति की आज्ञा पा,
संग द्वारपाल सम्मुख आया।
जयति जयति जय उच्चारण कर,
परिचय अपना बतलाया।।

कुल दीपक मैं दैत्यवंश का,
रावण हूँ लंकाधिपति।
महिषी का बहनोई आपकी,
कृशोदरी का प्राण पति।।

उछल पड़ा आसन से शंबर,
बंधु लगाया वक्षस्थल।
स्वागत है ऐ अतिथि तुम्हारा,
वीर सुमाली के वत्सल।।

बैठ निकट उनकासन पूछी,
कुशल क्षेम लंकेश्वर की।
किन्तु बता प्रिय आया कैसे,
बिना परिच्छद[70] एकाकी।।

दर्शन तव मम इच्छा भ्राता,
खींच यहां तक लाई है।

70. साथ चलने वाले रक्षक/साजसामान

बिना परिच्छद घर आने में,
होती कहीं बुराई है।।

आग्रह कृशोदरी का मुझको,
प्रायः कहती रहती थी।
प्राणप्रिये भगिनी को निशदिन,
याद बहुत वह करती थी।।

सोचा वे तो शलाघ्या[71] हैं यदि,
वंदन उनका कर पाऊँ।
असुराज से साढू का भी,
अभिनन्दन मैं कर आऊँ।।

अहोभाग्य मम धन्य हुआ मैं,
धन्य आज यह मेरा देश।
सादर लेकर लंकपति को,
अंतःपुर में किया प्रवेश।।

कृशोदरी की भगिनी माया,
कनक पुष्प सा रूप अपार।
निर्निमेष रावण ने देखा,
फिर फिर देखा बारंबार।।

71. प्रशंसनीय/वंदनीय

एक बार शंबर को देखा,
फिर माया पर दृष्टि लगी।
मन ही मन दोनों को तौला,
हृदय टीस सी मधुर जगी।।

शम्बर एक प्रतापी राजा,
वय में था पर ढला हुआ।
राज काज का प्रेमी था वह,
युद्ध भूमि में पला हुआ।।

ज्योतिर्मयी कामिनी तरुणी,
चाह जिसे हो आलिंगन।
वीर शिरोमणि कीट सदृश यदि,
मिले न प्रीतम पूरक तन।।

हाव भाव कुछ विधुवदनी के,
करते थे ऐसा उद्घोष।
माया को शंबर के तन से,
मिला न मन चाहा संतोष।।

तरुणी की उद्दाम वासना,
छिपी न कामुक रावण से।

द्वीपध्वजा[72] में दबी पिपासा,
    झाँक रही थी चितवन से।।

रावण-परिचय दे शंबर ने,
    माया से अनुरोध किया।
राजकुँवर-सत्कार भार सब,
    प्राण प्रिया को सौंप दिया।।

हर्षित हो माया ने पति का,
    स्वीकारा प्यारा अनुरोध।
लगे हर्म्य में होने निशिदिन,
    नृत्य गान आमोद प्रमोद।।

एक दिवस अपराह्न काल में,
    रावण के मन उठा विचार।
विचलित क्यों यह हृदय आज है,
    कैसी हूक उठी सुकुमार।।

मग्न विचारों में खोया सा,
    आया व्यथित निकुंज निवास।
नग्न किंकरी खंग लिये थी,
    खड़ी वहीं माया भी पास।।

72. काजल

मंद पवन से सुरभित उपवन,
मादकता से भरी हिलोर।
व्याकुल भँवरे रसिक वृन्द से,
गूँज रहे थे चारों ओर॥

असुर प्रमद[73] बालाएं प्रमुदित[74],
छेड़ रहीं वीणा के तार।
मृदुल तरंगित नर्तन घुंघरू,
मधुर मन्द्र उठती झंकार॥

पुष्पित सी संध्या बेला में,
मदिराभी शोभा की खान।
रजत रश्मियां बिखराती सी,
सींच रही कुवलय[75] के प्रान॥

मुग्धा की अरुणिम आँखों में,
यौवन का मधुरस भंडार।
कदली सम स्तंभ नितंबी,
मादक ज्यों कुसुमित मंदार॥

देह यष्टि में मेल अनोखा,
सुन्दरतम थी सुन्दरता।

73. चंचल
74. प्रफुल्लित
75. लिली/कुमुदनी

कम्बुक ग्रीवा केश गुंच थे,
करते अलियों[76] की समता॥

घनी घनी कुछ बंकित भ्रू[77] थीं,
बिंबाधर मुस्कान भरे।
पीन[78] पृथुल[79] कुच प्रहरी जैसे,
उपमा से थे बहुत परे॥

नीलाम्बर था क्षीण झलकती,
छन छन कर लावण्य छटा।
विद्युतज्वाला दमक रही ज्यों,
चीर पयोधर[80] नील घटा॥

जय हो देवी जय साम्राज्ञी,
ग्रहण करो प्रिय अभिवादन।
दिव्य दिव्यतम दिव्य लोक की,
दिव्या सी तुम विस्मापन[81]॥

केवल वीर नहीं लंकेश्वर,
चाटुकार भी राजकुँवर।

76. भंवरा
77. भौंह
78. मांसल/गोल मटोल
79. बड़े/भारी
80. बादल
81. आश्चर्यप्रद/ छलावा

मंदोदरी तभी स्वजनों को,
भूली ज्यों अंभोज[82] भँवर।।

रूप माधुरी दिव्य सलोनी,
उसी तुम्हारी भगिनी ने।
मूर्ति तुम्हारी मम अंतर में,
की प्रस्थापित पतिनी ने।।

अर्पित करो उन्हीं चरणों में,
प्रेमांजलि तुम लंकेश्वर।
नूपुर ध्वनि से जिसकी होते,
लंका में प्रासाद मुखर।।

दास आपकी चितवन का मैं,
मायावती अभय वर दो।
क्षमा करो हे चन्द्रमुखी,
प्रणयांजलि अर्पण करने दो।।

विचलित विस्मित पर कुछ स्मित,
भीत[83] मृगी सी तन्वंगी।
रुष्टानंदित दुविधा में कुछ,
अनुरंजित[84] हुई रक्तांगी।।

82. चंद्रमा
83. डरी हुई
84. मुग्ध होना/ प्रेमासिक्त होना

दो प्रसादना[85] अवसर देवी,
यद्यपि मैं उपयुक्त नहीं।
किन्तु तुम्हारे रूप जाल से,
हो सकता अब मुक्त नहीं।।

व्यंग बाण क्यों मार रहे,
लंकेश आचरण ठीक नहीं।
प्रीतम तुम मम भगिनी के,
क्या उसके प्रति अन्याय नहीं?

प्यार उसे तो प्राणों से भी,
कहीं अधिक मैं करता हूँ।
किन्तु तुम्हारे भव्य रूप की,
पूजा भी मैं करता हूँ।।

कौन बताओ अभिसारी वह,
जिसके लिये रचा श्रंगार?
कौन भाग्यशाली वह बोलो,
घायल होगा नयन कटार?

कुसुमाधर हैं फड़क रहे ये,
किसकी आज बुभुक्षा में?

85. पूजा/सेवा

छलक रहे रस कलश बताओ,
किसकी आज प्रतीक्षा में?

मांग रहा रतिदान प्रिये,
हो काम-प्रताड़ित रावण आज।
आलिंगन दो असुर सुन्दरी,
त्यागो मानव कुल सी लाज।।

कसक दबोचा अंकपाश में,
निक्षण मधुर कपोलों पर।
छिड़क दिया ज्यों नेह किसी ने,
कामज-अग्नि-बबूलों पर।।

भूल गई नारी मर्यादा,
धर्म कर्म वह सब भूली।
असुरराज-महिषी को भूली,
गौरव गरिमा भी भूली।।

भूल गई वह सकल विश्व को,
मायावती स्वयं भूली।
मदिर लोचना रति प्रीता
रति-सौरभ-पलने में झूली।।

धर्म कर्म का फल जीवन से,
सदा उचित ही मिलता है।
देर भले अंधेर नहीं बस
यही प्रकृति की गुरुता है।।

लता कुंज में युगल अनावृत,
सुध बुध खोकर सोये थे।
रजनी भी थी शान्त घटा में,
नभ में तारे खोये थे।।

भीम गर्जना कड़क गिरी,
रतिबंधित प्रणयी कानों में।
टूट पड़ी ज्यों गाज अचानक,
समा गई हो प्राणों में।।

दुर्विभाव्य स्वामी को देखा,
माया गिरी छिटक कर दूर।
नारतरंगक रावण चौंका,
झुका शीश लज्जा से चूर।।

अरे विश्रवा कुल के दीपक,
प्रजापति के वंशज वीर।
लोकपाल के भ्राता उठ तू,
देखूँ कैसा है रणधीर।।

लज्जावश लंकेश खड़ा था,
रहा न था कुछ कहने को।
ग्रहण नहीं मैं शस्त्र करुंगा,
नत हूँ तत्पर मरने को।।

नीच कलंकी दुष्ट नराधम,
लम्पट परदारा गामी।
पामर[86] श्वान नरक के कीड़े,
लोलुप कुलघाती कामी।।

परिभूषित[87] लंका के राजा,
छद्म वेश में काले नाग।
अरे! प्रवंचक आज लगा दी,
डस कर मेरे तन में आग।।

कहाँ गई वह रक्ष-संस्कृति,
कहाँ बन्धु सी भावुकता?
उठा शस्त्र या मल्ल युद्ध कर,
देखूँ तेरी कामुकता।।

नहीं किया अपराध भयंकर,
शान्त, सुनो असुराधिपति।

86. असभ्य
87. संधियुत

क्षमा करो या वध कर डालो,
विनत वदन लंकाधिपति॥

दुष्ट, नहीं क्या मम पतिनी संग,
बलात्कार की चेष्टा की?
लाज नहीं तिल भर भी पामर[88],
लाज लूटते जेष्ठा की?

शम्बर सुनो असुर तरुणी पर,
नहीं वर्षधर[89] का अधिकार।
वीर्यवान ही भोगा करते,
वसुधा औ' नारी का प्यार॥

पदाघात दृढ़ लगा वक्ष पर,
गिरा भूमि लंकाधिपति।
शूल उठा भरपूर वेग से,
झपट पड़ा असुराधिपति॥

गुँथे परस्पर द्वंद युद्ध में,
क्रोधानल में भरे विशाल।
हुआ प्रमदवन कंपित सारा,
मानो जूझे काल कराल॥

88. असभ्य
89. नपुंसक

प्रलय ज्वाल से निशिचर दोनों,
एक एक पर गिरते थे।
विलग हुए यदि क्षण भर को भी,
गरज तरज फिर भिड़ते थे।।

गिरा भूमि पर रहित चेतना,
खाकर वज्र खड्ग की मार।
जकड़ बाँध कर लंकराज को,
पटक दिया ला कारागार।।

इसी समय सैनिक ने आकर,
शंबर को संदेश दिया।
आर्यगणों की सेनाओं ने,
सीमा लांघ प्रवेश किया।।

तक्षण[90] सन्नद असुर वाहिनी,
धमक दुंदुभी शंख बजे।
दश सहस्त्र रक्ष अगणित योद्धा,
तुरग[91] सैकड़ों हस्ति सजे।।

महाकाम, सिंहद्रष्ट्र, प्रकम्पन,
धूम्रकेतु, प्रमथन, विकराक्ष।

90. आहत भावना से
91. अश्व/घोड़ा

सेनापति छत्तीस छत्रधर,
तन्तुकच्छ से भट धूम्राक्ष॥

उधर आर्य सेना में दशरथ,
प्रखर सूर्य से उग्र अजेय।
देव, नाग, गंधर्व सैन्य संग,
दिवोदास से नृप दुर्जेय॥

मुष्टिक, गोहर, कंकट, पिंगल,
सिंहदत्त, शबरक, भण्डीर।
यज्ञसेन, अमराम, व्याघ्रभट,
बाहुशाल, दर्पित, कुम्भीर॥

वीर सैकड़ों पूर्ण रथी थे,
त्रयोरथी औ पंचरथी।
महारथों के यूथप अगणित,
शतानीक से यूथपति॥

व्यूहबद्ध हो सैन्य खड़ी थीं,
बजी जुझाऊ रणभेरीं।
भिड़े सुभट सब एक एक से,
कटे, लगीं शव की ढेरी॥

रुधिर नदी बह चली वेग से,
मृतक ग्राह से तरते थे।
शूल वज्र घननाद गर्जना,
बाण घटा सी भरते थे।।

झनन् झनन् झन् झननन् झननन्,
गिरे रुण्ड थे पड़े गहन।
सनन् सनन् सन् सननन् सननन्,
कटे मुण्ड उड़ चले पवन।।

मरे असुर भट विकल हुए बहु,
लगे भागने इधर उधर।
देख पराजय रथ ले दौड़ा,
विकट वीर शंबर निशचर।।

विकृत द्रंष्ट्र गंधर्वराज को,
चहुँ ओर से घेर लिया।
ध्वजा विरथ कर मार सारथी,
मुण्ड रुण्ड से उड़ा दिया।।

महाराज दशरथ ने देखा,
यूथपति को ललकारा।
प्रखर बाण वर्षा से भीषण,
असुर सैन्य दल संहारा।।

असुर यूथपति क्रुद्ध भयंकर,
　　भिड़े साथ महाराजा पर।
लिपट गये रथ चूर चूर कर,
　　श्वान सदृश मृगराजा पर।।

वहीं पास थी खड़ी कैकई,
　　गरज सिंहनी टूट पड़ी।
प्रखर चक्र ले असुर सैन्य पर,
　　ज्वाल हुताशन[92] फूट पड़ी।।

थे अवाक उस काल देवगण,
　　असुर गये रण विद्या भूल।
कालकूट[93] कज्जल[94] शिखरों को,
　　फोड़ रहा ज्यों विद्युत फूल।।

दिवोदास ने संकट देखा,
　　धँसा तुरत निशिचर दल में।
मूर्छित थे भूपाल, डाल रथ,
　　गया निरापद स्थल में।।

---

92. अग्नि
93. तीव्र जहर/जहरीला
94. अत्यधिक काले

चढ़ा शीघ्र फिर स्यंदन[95] जिसमें,
श्यामकर्ण सोलह घोड़े।
धनुष चढ़ाया काल चक्र
विकराल अनेकों सिर तोड़े।।

देख असुर दल मर्दन, शंबर,
सम्मुख आ पांचाल पति।
रथ-ज्वलन्त आरुढ़ सूर्य पर,
ग्रहण सदृश असुराधिपति।।

विकट युद्ध में भिड़े परस्पर,
देख ठगे रणधीर सभी।
उड़ीं धज्जियाँ क्षण में रथ की,
परशु खड्ग ले भिड़े तभी।।

एक प्रहर तक द्वंद युद्ध में,
रक्त तृषित से दोनों वीर।
फूट पड़े शोणित[96] फुव्वारे,
नहीं शिथिलता नहीं अधीर।।

95. रथ
96. रक्त

अकस्मात ही सबने देखा,
उड़ा गगन में शम्बर-मुण्ड।
कटा मुण्ड पर दो मुहुर्त तक,
अनथक लड़ा पवन से रुण्ड।।

असुर अभागे भगे शस्त्र तज,
असुर राज का गिरा कबन्ध।
सूर्य थकित सा उधर क्षितिज पर,
सहसा हुआ पुटों में बन्द।।

इधर शिविर के अंतःपुर में,
कैकई से पाकर उपचार।
शनैः शनैः राजा दशरथ ने,
खोले बंद दृगों के द्वार।।

विजय सुरों की असुर पराजय,
और स्वयं की प्राण व्यथा।
प्राण प्रिया के अकथ शौर्य की,
दिवोदास से सुनी कथा।।

प्राण वल्लभे! दशरथ बोले,
दिया मुझे नवजीवन दान।
मैं कृतज्ञ तव मांग प्रिये तू,
एक, अरे! क्या दो वरदान।।

नाथ आपकी तुच्छ किंकरी,
मैंने किया वही है कर्म।
श्लाघनीय[97] कुछ नहीं, निभाया
रघुवंशी नारी का धर्म।।

किन्तु आपके इन वचनों का,
होगा नहीं नाथ अपमान।
किसी और अनुकूल समय में,
ग्रहण करूँगी यह सम्मान।।

उधर कुंज में पड़ी विदग्धा,
माया लेकर कलुषित गात।
घोर वेदना-दग्ध हृदय था,
रही तड़फती सारी रात।।

अनुतापित हो अश्रु बहाती,
कभी क्रोध का उठता ज्वार।
कभी पाप औ' धर्म अवज्ञा,
कभी सोचती प्रियतम प्यार।।

97. प्रशंसनीय

क्षमा याचना पिया करूँगी,
मन ही मन संकल्प किया।
भस्मसात परिहीण गात कर,
सिद्ध करूँगी प्राण प्रिया।।

बैठ प्रतीक्षा में शम्बर की,
त्यागे सब श्रंगार विलास।
कठिन निर्जला व्रत धारण कर,
बनी कली ज्यों शुष्क पलास।।

तभी पिशाचिन काल रात्रि
संदेश भयानक ले आई।
पिया निधन सुन बनी काठ सी,
गिरी भूमि पर अकुलाई।।

टूट रहे थे तार हृदय के,
कम्पित करुणा सागर में।
दग्ध हृदय से छनक रहे थे,
अश्रु बिन्दु जो गागर में।।

श्मशान सा बना महालय,
नगर शोक से व्याकुल था।
निराहार आबाल वृद्ध हर,
नगर निवासी आकुल था।।

असुर-राज का शव मँगवा कर,
चंदन केशर चर्चित कर।
प्रतिमागृह में किया प्रतिष्ठित,
पुष्पांजलियाँ अर्पित कर।।

मरण हेतु संग चिता सजाओ,
माया ने आदेश दिया।
मज्जन[98] कर अंगराग[99] लगाया,
नख शिख से श्रंगार किया।।

कारागृह से लंकराज को,
सम्मुख अपने बुलवाया।
किया कर्म जो कुछ भी हमने,
कहा, उसी का फल पाया।।

भ्रष्ट आचरण किया किन्तु,
लंकेश क्षमा मैं करती हूँ।
किया अनादर प्रियतम ने जो,
क्षमा-याचना करती हूँ।।

राज, महालय, रत्नकोष जो,
करती सब कुछ तुम्हें समर्पित।

98. स्नान

99. सुगन्ध/इत्र

प्राण प्रिये भगिनी के हित में,
सत्पथ करती आज प्रदर्शित।।

रावण बोला सत्य बात यदि,
कुछ भी यहाँ अदेय नहीं है।
देवि! स्वयं अपने को दे दें,
मरयादा प्रतिकूल नहीं है।।

सुनो विश्रवा-पुत्र नहीं है,
काम विकारों का यह काल।
जाओ प्रिये कल्याण तुम्हारा,
विश्व विजय हो चमके भाल।।

इतना कह वह चढ़ी चिता पर,
अनल ज्वाल में समा गई।
कामुक रावण के मन में भी,
श्रद्धा अपनी जमा गई।।

❄❄❄❄❄❄

चित्रांगदा

माया की छबि ले आँखों में,
मन में आँधी विकट भरे।
विकल व्यथित कामोन्मत रावण,
चला खिन्न मन परशु धरे।।

कभी लोटता शिला खण्ड पर,
कभी सरोवर तट रमता।
कभी प्रलापित श्वास खींचता,
कभी बैठ लहरें गिनता।।

भूख प्यास विन्यास त्याग कर,
भटक रहा पागल सा हो।
काम-कलभ-वारण[100] की मानो,
प्रिये मलाका[101] मर गई हो।।

भटक भटक जंगल में कुछ दिन,
पहुँचा वह गंधर्व प्रदेश।

100. कामोत्तेजित हाथी
101. हथिनी

वनोद्यान रमणीय सुपुष्पित,
हर्षित हुआ देख लंकेश॥

मित्रावसु गंधर्वराज थे,
विचर रहे निज पुत्री संग।
चकित हुए इस अगम क्षेत्र में,
कौन पुरुष यह विक्षिप्त अंग॥

थकित हुआ रावण भी, देखा,
दिव्य सुन्दरी बाला को।
मधुर रूप आभोग यौवना,
चषक भरी मृदुहाला को॥

महाभाग तू कौन निडर हो,
इस कानन में घूम रहा?
अरे! निषेधित यह प्रदेश, क्या,
नहीं विपति का ध्यान रहा?

मैं विपन्नता-दग्ध दुखी हूँ,
कहो प्रयोजन क्या मुझसे?
अगम क्षेत्र, तो चला लौट कर,
द्वन्द नहीं करता तुमसे॥

पूछा तब गंधर्व राज ने,
चलो कुशल, हे! आयुष्मान।
किन्तु खिन्न क्यों? श्रेष्ठ वंश तव,
मैंने लिया तुझे पहिचान।।

पुत्र-विश्रवा रावण करता,
पूज्य आपका अभिवादन।
पुष्पलता सी बाला का भी,
करता हूँ मैं अभिनन्दन।।

भाग्य दोष से परिक्लेशित[102] मैं,
विलग हुआ प्रिय सँगिनी से।
भटक रहा उन्मादित सा हो,
दग्ध विरह की अग्नि से।।

मैं प्रसन्न प्रिय देख तुझे,
गंधर्व लोक में स्वागत है।
मुझे विदित है पूर्ण कथानक,
शौर्यवान अभ्यागत[103] है।।

102. थका हुआ
103. पर्यटक/अतिथि

सुनो आत्मजा प्रिय यह मेरी,
    ललित कलाविद् पारंगता।
प्रियदर्शिनि गंधर्व लोक की,
    नाम शुभे चित्रांगदा।।

हृदय दग्ध यदि प्रिय विछोह से,
    चाह तुझे हो प्रिया रमण।
समिधा ला, कर अग्नि प्रजारित,
    कर कन्या का पाणिग्रहण।।

हो जिसको अनुकूल प्रकृति भी,
    जीवन पथ में हो आलोक।
आनंदित यह लोक बने तो,
    नहीं लालसा सुख परलोक।।

कनकलता लज्जावगुंठिता[104],
    सहज मिली लंकेश्वर को।
नव अंबुज मधु मिला अचानक,
    रसिक भ्रमर प्रणयेश्वर को।।

रावण बोला कह कल्याणी,
    तेरा क्या सत्कार करूँ?

104. लज्जा के आवरण में

कलिका सम तू मृदुल विपाटल[105],
कह कैसे मनुहार करूँ?

अकथनीय सुख नाथ मुझे,
मत ऐसा कहकर लरजाओ।
हर्षित हों प्रभु आप करूँ मैं,
वह प्रसादना[106] बतलाओ।।

चलो देव उस पुष्कर तट पर,
थकित बहुत विश्राम करें।
मन रंजन कर सखियाँ मेरी,
व्यथित हृदय आह्लाद भरें।।

नीलम-मणि सा स्वच्छ सरोवर,
अरुण कमल मुकुलित चहुँ ओर।
कुंज सुपुष्पित भ्रमर गुँजरित,
लख रावण था हर्ष विभोर।।

अनायास रावण ने देखा,
चकित देखता खड़ा रहा।
तेज पुंज अगणित तारों सा,
नभ मण्डल से उतर रहा।।

105. नवकुसुमित
106. पूजा/ सेवा

अहा! प्रिये यह मदिर सुरीली,
  कर्ण मधुर कैसी झंकार!!
अरे! सुरभि सी फैल रही है,
  दृश्य अनोखा सा संसार!!!

प्रीतम, ये सखियाँ हैं मेरी,
  त्रिदश-वधू सब ललितांगी।
नाग सुताएं अति चंचल, संग,
  गन्धर्वी हैं स्वर्णांगी।।

लिये हाथ में कमल पुष्प,
  कोई वेणु मृदंग, वीणा खँजरीं।
पंख मयूरा, अंगराग,
  गोरोचन ले ले कर उतरीं।।

रूप-उदधि के अंचल में थी,
  शोभित यों गंधर्व लली।
धवल नलनियों बीच खड़ी ज्यों,
  रक्तोत्पल[107] की खिली कली।।

107. लाल कमल

नवल अनंगा[108] नवल कारिका[109],
नव संगम हित नवरंगी।
त्रिवलियुक्त लख अरुण प्रियाएं,
हुआ कामवश वृषभांगी।।

नव फलिकाओं सहित उतर जल
मध्य, प्रेम से किया विहार।
शुभ्र वसन आभूषण धारे,
ग्रहण किया फिर रुचिराहार।।

स्वस्थ हुआ खा पीकर रावण,
क्रान्ति, श्रांति[110] सारी बिसरी।
दिव्य कनक रथ बैठ प्रिया संग,
पहुँच गये गंधर्व पुरी।।

अनुपमेय प्रासाद अनेकों,
बने मांगलिक फटिक भवन।
रचीं वेदियाँ इंद्र नील मणि,
चित्र विचित्र लिखित आँगन।।

108. अप्सरा/कामदेवी
109. नर्तकी
110. थकान/शिथिलता

मणिमय चिक्कण खंभ सुशोभित,
स्वर्ण रजत छत शोभागार।
चित्रभानु से कलश दमकते,
चहुँ ओर उद्यान प्रसार।।

सुर बालाएँ नव-ललनाएँ,
रंग बिरंगी घूम रहीं।
रूप छटा से दसों दिशाएं,
जगर मगर जगमगा रहीं।।

ठौर ठौर पर स्वर्ण पींजरे,
अद्भुत खग मनमोहक थे।
मधुर रसीले कलरव से,
मणिमहल वे मुखरित करते थे।।

शनैः शनैः अति मधुर यामिनी,
गगन दीप को ले आई।
रत्न दीप में ज्योति शिखाएँ,
शत शत किरणें भर लाई।।

चन्द्र कला सी राजलली का,
विधिवत नव सत कर श्रंगार।
रावण के संग लेकर सखियाँ,
पहुँची सुन्दर शयनागार।।

स्वर्ण घटित औ' रत्न जटित,
पर्यंक[111] वहां था सजा हुआ।
पन्नग द्युति[112] सा छत्र दमकता,
वसन[113] अमोलक बिछा हुआ।।

सजन अंक में बैठी कान्ता,
हृदय लिये मृदु स्पन्दन।
अवगुंठन[114] मुद्रा में सस्मित,
छिपा पर्वणी[115] चन्द्रानन।।

नित्य यौवना बालाओं ने,
मरकत पात्र भरे मद ढाल।
षटरस सामिष और निरामिष,
व्यंजन रखे स्वर्ण के थाल।।

अंगराग[116] कुछ गन्ध द्रव्य ले,
मले वसन वर वधु के अंग।
झनक उठे लो तन्तुवाद्य औ,
गमके मन्द्र मन्द्र मिरदंग।।

111. बिछावन/पलंग
112. चमक
113. चादर/कपड़ा
114. आवरण
115. पूर्णिमा
116. सुगंध/इत्र

मद्य ग्रसित मध्वक्ष सुन्दरी,
    थिरक उठी झूम घननन् झूम।
हुईं परस्पर अवगुम्फित[117] कोई,
    रही चिबुक[118] सखियों के चूम॥

रति विलास आनंदित रावण,
    किया स्वप्नमय सुखद शयन।
दिव्य अंग बालाएं सोईं,
    मदिर मस्त सब केलिभवन॥

नृत्य थकित मदपान प्रभावित,
    पड़ीं सभी बिखरे थे केश।
बिखर गये थे अलंकार कुछ,
    पड़ीं नग्न थीं वसन अशेष॥

कुछ प्रमदाएं गुथीं हुईं,
    ज्यों सुन्दर फूलों की माला।
दीप शिखाएं झूम रही थीं,
    देख रुपसी - मधुबाला॥

117. लिपटी हुई
118. ठोड़ी

रत्न-आभूषण टिमक रहे थे,
    फैल रहा चहुँ ओर प्रकाश।
दीप्तिमान था केलि भवन ज्यों,
    तारागण से दिपित आकाश।।

शुभ्र नील शैय्या पर रावण,
    अर्द्ध निमीलित[119] अरुण नयन।
आवेष्टित[120] गन्धर्व कली ज्यों,
    श्वेत भानु घनश्याम सघन।।

भोग विलासों में ऐसे ही,
    लंकेश्वर तल्लीन रहा।
दिव्य रुपसी मुग्धाओं संग,
    नित रतिकर जब तृप्त हुआ।।

कर विचार प्रस्थान वहां से,
    प्राण प्रिया को प्रगट किया।
मित्रावसु ने सुना प्रीण[121]-मन,
    नानाविधि धन दान दिया।।

119. बंद पलकें
120. आलिंगन में
121. संतुष्ट/खुश

शत सहस्त्र मन स्वर्ण रत्न औ,
वसन मूल्य बहु आन धरे।
अरुण प्रियाएं गन्धर्वी भी,
धान्य विविध थे भाँड भरे।।

दिव्य कनक रथ सुभट अनेकों,
विविधायुध भी साथ दिये।
तुरग[122] सहस्त्रों करिंद[123] सैकड़ों,
सात देश संकल्प किये।।

समय देख मित्रावसु से फिर,
रावण ने मन्तव्य कहा।
पूज्य! एक उद्देश्य गूढ़ मम,
जिसके कारण भटक रहा।।

सुता आपकी प्राण प्रिये मम,
जिसने दिया अकथ सम्मान।
राज परिच्छद साथ आऊँगा,
ग्रहण करूँगा सुन्दर दान।।

122. अश्व
123. हाथी

समझ गूढ़ अभिप्राय श्वसुर ने,
    दिया प्रीतिमय आशीर्वाद।
पूर्ण तुम्हारा प्रण हो प्रियवर,
    मंगलमय पथ हो निर्बाध।।

तात! बताओ भरत खण्ड में,
    शूर वीर हैं कौन अजेय?
आर्य, देव या और कि जिससे,
    करूँ याचना युद्ध सध्येय।।

भरतखण्ड में कार्तवीर्य है,
    दशरथ आर्य प्रदेशों में।
महाबली तेजस्वी योद्धा,
    है अटूट बल दोनों में।।

परम्परागत बैर हमारा,
    जोह रहा उस क्षण की बाट।
चहुँ ओर से स्वजन सैन्य मिल,
    उन्हें उतारें यम के घाट।।

अभिवादन कर रावण बोला,
देव, नहीं केवल यह ध्येय।
विजय करूँ या कीर्ति कमाऊँ,
कहलाऊँ भीषण दुर्जेय।।

चाह एक बस मेरे मन में,
एक धर्म हो संस्कृति एक।
विश्व पताका फहर उठे बस,
रक्ष धर्म की दृढ़ मम टेक।।

स्वस्ति कहा गंधर्व राज ने,
कूट नीति कुछ सिखलाई।
बालि महा दुर्मद[124] राजा संग,
करो मित्रता कुटलाई।।

कर प्रदक्षिणा तीन श्वसुर की,
प्राण प्रिया को वचन दिया।
अश्रु प्रवाहित छोड़ सभी को,
परशु उठा प्रस्थान किया।।

❄❄❄❄❄❄

124. ख़ूँख़ार / भयंकर

वानरेश

◇◇

शैल शिखर वन प्रान्त मनोहर,
मदमाती सी थी वसुधा।
पंपा नाम सरोवर सुन्दर,
तट नगरी थी किष्किंधा।।

नील कमल औ रक्तोत्पल[125] थे,
ताल मध्य शोभा की खान।
हंस, क्रौंच, कारण्डव पंछी,
मधुर कूजकर गाते गान।।

पश्चिम तट पर महा मुनि,
मातंग ऋषी का आश्रम था।
बटुक हजारों वानर वंशज,
व्रती तपस्वी जीवन था।।

125. लाल कमल

वहीं उसी आश्रम में शबरी,
तपस्विनी थी ज्ञानवती।
थी निषाध[126] पर बड़ी प्रतापिन,
पूजन करते महायती।।

ऋष्य मूक पर्वत के सम्मुख,
प्रकृति नाचती बारह मास।
अति विशाल थे ताड़ यहीं था,
कभी सात ऋषियों का वास।।

बसी निकट ही पुरी मनोरम,
भव्य गगन चुम्बी प्रासाद।
जगह जगह रंग स्थलियाँ थीं,
ठौर ठौर मन्दिर अवदात[127]।।

वानरियाँ कुछ शिविकाओं में,
घूम रही थीं कर श्रन्गार।
शंख बजा कर सेवक आगे,
चलते करते साल सम्हार।।

वानरगण भी विविध रूप में,
यहां वहां थे घूम रहे।

126. एक निम्न जाति

127. पवित्र/सुन्दर

मस्तक पर थे रत्न मुकुट औ
स्वर्णिम भूषण अंग भरे॥

डगर डगर लंकेश विचरता,
पहुँचा जा मंदिर की पौर।
चित्ताकर्षक सिंह द्वार था,
बने झरोखे थे हर ठौर॥

स्वर्ण कलश मंडित थे गुम्बज,
रजत पत्र थे जड़े गवाक्ष[128]।
भित्ति चित्र अति दृष्टिपूत थे,
बन्दनवार पड़े रुद्राक्ष॥

राज सचिव था खड़ा द्वार पर,
अतिथि जान सत्कार किया।
विनत वदन हो परिचय पूछा,
कारण जो उपकार किया॥

सचिव प्रवर तुम शीघ्र बताओ,
जहाँ कहीं भी वानर राज।
दर्शन उनके वहीं करूँगा,
उत्सुक मन देखूँ महाराज॥

128. खिड़की

वानरेश महिपाल गये हैं,
    प्रक्षालन[129] हित सागर तीर।
आप तनिक विश्राम भवन चल,
    दूर कीजिए तन की पीर।।

किन्तु धैर्य रख सका न रावण,
    मनः स्थिति थी अति चंचल।
सोचा सागर तट पर ही तो,
    उचित रहेगा युद्ध स्थल।।

उदधि मध्य जल राशि खड़ा था,
    देखा उसने बालि महान।
लीन सूर्य पूजन में दूजा,
    अचल भाव से अर्क समान।।

'कृपा कीजिए' महाबली, मैं,
    रावण लंकपुरी का ईश।
गूढ़ लक्ष्य से प्रेरित होकर,
    मांग रहा हूँ युद्ध कपीश।।

129. स्नान

जलांजली दे सूर्य देव को,
बिहंस बालि बाहर आया।
शस्त्र युद्ध या मल्लयुद्ध, तुम
करो वही जो मन भाया।।

फेंक परशु रावण ने अपना,
मल्लयुद्ध में भरमाया।
कालकूट त्रिदशांकुश जैसे,
विंध्याचल से टकराया।।

प्रहर तीन तक द्वन्द्व-युद्ध में,
रहे वीर दोनों तल्लीन।
श्रमित कणों से लथपथ होकर,
रावण बदन हुआ बलहीन।।

बिहंस सहज बाली ने पकड़ा,
घुमा पवन में पटक दिया।
गिरा भूमि अकुलाकर रावण,
चरण वक्ष पर जमा दिया।।

कहा बालि ने लंकपति अब,
    कैसी युद्ध बुभुक्षा है?
पूर्ण हुई अभिलाषा अथवा,
    अभी और कुछ इच्छा है?

इन्द्र-तनय! संतोष हुआ, तू,
    चित्र वीर्य अद्भुत बल है।
गति समान मारुत[130] के तेरी,
    अडिग सदृश कनकाचल[131] है।।

मित्र, एक प्रस्ताव आज से,
    मिल कर करें राज उपभोग।
अतुल रहेगा बन्धु हमारा,
    विश्व विजय में यह संयोग।।

कहा तथास्तु वानरेश ने,
    उठा वक्ष से लगा लिया।
अनल साक्ष कर वरी प्रतिज्ञा,
    अभय परस्पर वचन दिया।।

130. वायु
131. सुमेरू पर्वत

चले सिंह दो मन्थर गति से,
　　राज महल में किया प्रवेश।
राजोचित सत्कार प्राप्त कर,
　　बिदा हुआ दुर्मद लंकेश।।

❄❄❄❄❄❄

रुद्र-महान

हिमालय अंचल में चहुँ ओर,
प्रकृति का बहुरंगी था राज।
कहीं थे मगन मोर चितचोर,
कहीं गर्जन करता वनराज।।

विहंगों की सुन मीठी तान,
किरण नलिनी को लेती चूम।
झरकते निर्झर गाते गान,
भ्रमर कलियों से जाते झूम।।

कहीं मृग-मृगी सहित निज वंश,
उछलते चरते दूर्वादल।
वहीं सरवर में प्रमुदित हंस,
कूजते चुगते सीपी फल।।

छिपा प्राची की ओट दिनेश,
उषा का देता घूंघट खोल।
पवन से लेकर प्रणय संदेश,
मुकुल हँस मधुकण देते ढोल।।

चमकते शैल शिखर पल पल,
　　दमकता जैसे दावानल।
रहे हैं दौड़ सजल बादल,
　　शमन करने को दल के दल।।

तुहिन[132] कंचुक[133] से वक्षस्थल,
　　ढका वसुधा-ममता का भार।
हुमस कर अमृत क्षीर निकल,
　　बनी गंगा यमुना की धार।।

तराई तट सुन्दर शरवन,
　　फलों फूलों से भरा प्रदेश।
निडर मन परशु किये धारन,
　　विचरता जा पहुंचा लंकेश।।

मिला गण नंदी, पूछा कौन?
　　किया साहस कैसे अनजान!
निषेधित शरवन सुन गजगौन,
　　यहां है वास रुद्र भगवान।।

कहां रहता तेरा भगवान,
　　मुझे तू ले चल उसके धाम।

132. ठण्डा/बर्फ
133. शरीर के ऊपरी हिस्से को ढंकने का वस्त्र

धरा पर ऐसा कौन महान?
डराता लेकर जिसका नाम।।

बड़ा दुस्साहस तेरा दुष्ट,
बिना साधन दर्शन की चाह।
नहीं तू पात्र सुवप[134] या सुष्ट्र[135],
अरे जा भाग पकड़ निज राह।।

निरा क्यों करता वाद विवाद,
नहीं क्या प्रिय तुझको निजप्राण।
नहीं मैं उन जैसा अपवाद,
डरें जो देख काल के बाण।।

भिड़ा सुन रावण से शिवदूत,
प्रहर दो द्वन्द्व चला घमसान।
परख प्रतिद्वन्द्वी महा अधूत,
कहा चल सेवा में भगवान।।

पहुँच कर देखा गिरि कैलाश,
गणों से सेवित रुद्र महान।
जटा ज्यों काल भुजंग निवास,
दृष्टि में प्रखर शक्ति-संधान।।

134. सुंदर शरीर वाला
135. नेक

महा-तेजस्वी गंधुम रूप,
    मयुर-पंखी था कंठस्थल।
अलिक[136] पर बंकिम चन्द्र अनूप,
    शिखा से झरता गंगाजल।।

भुजाओं में लिपटे थे ब्याल[137],
    निकलती पलपल पर विषज्वाल।
प्रजारित अग्नि शिखा सा लाल,
    त्रिकुटि पर लोचन मध्य कपाल।।

गले में पड़ी माल रुद्राक्ष,
    कमर में बाँध चर्म श्रन्गार।
दमकते भस्मी प्रिय मीनाक्ष,
    छिपे ज्यों राख बीच अंगार।।

निकट ही था त्रिशूल विकराल,
    भयंकर स्वयं सिद्ध वज्रेश।
लटकती जिस पर थी मुंडमाल,
    टँगा था डमरू एक विशेष।।

136. माथा/ललाट

137. सर्प/सांप

निरख कर भीषण अद्भुत रूप,
गया मन रावण का कुछ डोल।
किन्तु फिर दैत्यराज-अनुरूप,
विचारा लूँ शक्ति तो तौल।।

रूद्र ने पूछा, तू है कौन?
लिये कर घोर परशु निर्भय।
बता अभिप्राय खड़ा क्यों मौन,
त्याग दे सारा अंतर्भय।।

रक्षपति रावण मैं लंकेश,
विचरता वन में था स्वच्छन्द।
मिला यह दूत अभद्र विशेष,
किया विग्रह मुझसे प्रतिद्वन्द्व।।

रुद्र ने कहा स्वस्ति रक्षेन्द्र,
सुनी है धनकुबेर से बात।
बता क्या किया साथ यक्षेन्द्र,
कपट छल से तूने प्रतिघात।।

प्रतिष्ठित संस्कृति एक महान,
करूँगा अखिल विश्व, प्रतिज्ञात।

करें हम रक्षा यही विधान,
अभय वह ग्रहण करे यह बात॥

नहीं मैं सहमत रक्ष कुमार,
धरा पर संस्कृति श्रेष्ठ अनेक।
नहीं बल से होता अधिकार,
अमंगल व्रत तेरा अतिरेक॥

सुनो हे महाभाग दिग पाल,
परख लो शक्ति हमारी आज।
करो तुम ग्रहण त्रिशूल विशाल,
परशु को नहीं युद्ध से लाज॥

रूद्र ने भीषण भर हुंकार,
कहा मत मूरख कर अतिवाद।
तमक कर दी त्रिशूल टंकार,
बजा डमरू डिमडिम घननाद॥

किये रावण ने परशु प्रहार,
दिये योगी ने सहज निकाल।
थका जब कर कर वार कुठार,
झुका ज्यों सम्मुख सिंह श्रगाल[138]॥

138. सियार /गीदड़

कहा योगी ने कर विश्राम,
अतुल साहस का दिया प्रमाण।
बता तेरी संस्कृति का काम,
करेगा कैसे जग कल्याण।।

अभय दो मुझको प्रभु वरदान,
देव मम, इष्ट देव शंकर।
समर्पित चरणों में अतिमान,
बना लो स्वामी निज किंकर।।

प्रभु तुम समदर्शी सर्वज्ञ,
किये आर्यों ने घोर अनर्थ।
बहिष्कृत किये वंश अल्पज्ञ,
समझते निज को पूर्ण समर्थ।।

बहिष्कृत गये दक्षिणारण्य,
बने हैं अखण्ड भू के खण्ड।
पृथक सब कर्म, पृथक हैं पुण्य,
रचे हैं अश्रुत अति पाखण्ड।।

समागत, आगत, आर्य, अनार्य,
असुर दानव औ देव पितर।
सभी मिल करें देश हित कार्य,
नहीं संस्कृति हो और इतर।।

प्रयोजन गर्भित सुन भाषण,
　　कहा शिव शंकर ने, स्तुत्य।
तुझे वर देता मैं रावण,
　　सफल होंगे तेरे सत्कृत्य॥

हुआ प्रणिपात[139] तुरत लंकेश,
　　करूँ प्रभु कैसे आराधन।
महा शिव शंकर दिव्य महेश,
　　करूँ मैं शत सहस्त्र वंदन॥

गणों ने भरी हर्ष हुंकार,
　　हुआ प्रतिध्वनित पूर्ण कैलाश।
किया रावण का प्रिय सत्कार,
　　हुआ उर भर भर हासोल्लास॥

❄❄❄❄❄❄

139. दण्डवत / साष्टांग प्रणाम

सदन का छिद्र

दिग् दिगन्त में विचरण करके
रावण आया रक्ष प्रदेश।
राजनीति औ' समर नीति को,
तौल परख कर सारे देश।।

खर दूषण को गुप्त बात कुछ,
सम्बन्धित दण्डक आरण्य।
और सुबाहू को समझाया,
संचालन नैमिष आरण्य।।

सूक्ष्म निरीक्षण कर शिविरों का,
बना योजना मन ही मन।
सावधान हो भरतखण्ड से,
लंकपुरी आया रावण।।

धूमधाम से राजधानी में,
स्वागत की थी तैयारी।

मंगल कलश, धरे थे पथ में,
ठौर ठौर पर प्रतिहारी[140]।।

नृत्य वाद्य संगीत मदिरमय,
नव ललनाएं लहराईं।
रक्षस कुल की पुरवधुओं ने,
अक्षत लाजा[141] बरसाईं।।

हर्ष और उत्साह पूर्ण जब,
स्वागत तृप्त हुआ लंकेश।
प्रत्युत्तर अभिवादन देता,
स्वर्ण महालय किया प्रवेश।।

इसी समय नीतिज्ञ सुमाली,
साथ विभीषण के आया।
अभिनन्दन कर खड़े खिन्न मन,
मुख पर मेघों सी छाया।।

भ्रातृ विभीषण कारण क्या है,
बना रुठ क्यों अल्प वयस्क।
अरे मातृमह कुछ बतलाओ,
खड़े आप क्यों खिन्नमनस्क।।

140. द्वारपाल (महिला)
141. भुना हुआ अन्न

कहूँ पुत्र क्या छिद्र सदन का,
हुआ हमारा कुल दूषित।
मर्यादा सब मिटी यहाँ की,
हुआ राजकुल यह कलुषित।।

मातामह प्रिय शीघ्र बताओ,
हुआ दोष क्या लंका में।
तात पहेली नहीं बुझाओ,
मुझे रखो मत शंका में।।

सुनो पुत्र वह मधू दैत्य जो,
वीर हमारा सम्बन्धी।
माल्यवान की पुत्री से वह,
बना प्रणय में अनुबन्धी।।

रावण बोला पूजित है वह,
भगिनी भी कुम्मीन सी।
मधू दैत्य बड़भागी है जो,
मिली कुसुम सी प्रेयसी।।

नहीं बात यह पुत्र, मधू ने,
किया नहीं शास्त्रोक्त वरण।
राजमहल के अंतःपुर से,
छद्म रूप में किया हरण।।

सुन रावण जल उठा क्रोध से,
विषधर जैसे फुफकारा।
तात आपके रहते भी यह,
हुआ कलंकित कुल सारा।।

चला गया था राजकाज से,
कहा सुमाली ने बाहर।
कुम्भकर्ण भी शयनालय में,
सोया था मदिरा पीकर।।

और विभीषण जल में बैठा,
देव तपस्या में था लीन।
मेघनाद भी निकुम्भला में,
यज्ञ कार्य में था तल्लीन।।

सुभट हमारे बहुजन योद्धा,
विकट युद्ध में हुए परास्त्।
लात मार कर पूजित कुल को,
कन्या हर ले गया बलात्।।

और एक विद्युत्जिव दानव,
लंकपुरी में आया है।
मृगया में अभिरूचि बतलाता,
वन में शिविर जमाया है।।

रावण बोला प्राघूर्णिक[142] का,
नहीं किया क्या शिष्टाचार?
तात! आप पर छोड़ गया था,
अभ्यागत[143] का सारा भार।।

मधू दैत्य का कटु अनुभव था,
कहा सुमाली ने लंकेश।
किया निषेधित लंकपुरी में,
आगन्तुक का अभय प्रवेश।।

शूर्पणखा पर साभिप्राय वह,
कुटिल दृष्टि सी रखता है।
गुप्त रूप से आता बातें,
चोरी चोरी करता है।।

शूर्पणखा भगिनी यदि उसका,
पाणिग्रहण करती स्वीकार।
प्रणय सूत्र में बँधे परस्पर,
रावण देता है अधिकार।।

तरुण तरुणियाँ निज इच्छा से,
चुने स्वयं जीवन साथी।

142. अतिथि
143. अतिथि/ पर्यटक

नहीं दोष कुछ प्रणय मिलन में,
बनें न वे यदि कुलघाती।।

करूँ मन्त्रणा शूर्पणखा से,
तब कुछ लक्ष्य बनाऊँगा।
किया राजकुल दूषित जिसने,
जड़ से उसे मिटाऊँगा।।

मेघनाद है कहाँ अभी,
हे तात मुझे तुम बतलाओ।
जाओ विभीषण छोड़ उदासी,
रथ मेरा झट मँगवाओ।।

❄❄❄❄❄❄

केवल एक महेश्वर पूजित

त्रिकूट गिरि की उपत्यका में,
निकुम्भला सुन्दर उद्यान।
विधि मनोहर पुष्प कुंज थे,
दो योजन विस्तार प्रमान।।

मध्य भाग में मीन गोधिका[144],
आस पास थे वृक्ष सघन।
जलचर थलचर और गगनचर,
विचरण करते सदा मगन।।

वहीं तीर पर मेघनाद था,
शुभ्र फटिक वेदी आसीन।
शिखा बढ़ी थी, मौन वृती था,
मुख आभा थी हुई विलीन।।

याजक[145] गण विधिपूर्वक उससे,
करा रहे थे कर्म यजन।

144. मगरमच्छ
145. त्यागी/ तपस्वी

मेघनाद ले श्रुवा[146] हव्य[147] भर,
अग्निकुण्ड दे रहा हवन।।

हुआ कुपित रावण लख उसको,
बोला यह क्या आयुष्मान।
मूर्ख सुरों की पूजा करना,
रक्षस कुल का नहीं विधान।।

याज्ञिक बोला राक्षसेन्द्र,
है परम्परा यह वेद विहित।
अनुष्ठान कर याग[148] सिद्ध में,
जन मानस कल्याण निहित।।

रक्षस कुल में करता हूँ मैं,
रीति पुरातन का वर्जन।
केवल रूद्र महेश्वर पूजित,
बंद करो यह देवार्चन।।

मेघनाद प्रिय उठो जाओ तुम,
प्रेतेश्वर को सिद्ध करो।

146. हवन हेतु लकड़ी का चम्मच
147. हवन सामग्री
148. यज्ञ

देव विजय वर मांग रूद्र से,
दिव्य अस्त्र सब प्राप्त करो।।

बोला वह फिर भुजा उठाकर,
देव दैत्य सब असुर जनो।
यक्ष, नाग, नर किन्नर, दानव,
दैत्यराज का नियम सुनो।।

देव नहीं हैं पूजित अब से,
वे हैं दैत्य वंश के दास।
करे उल्लंघन जो विधान का,
सत्वर[149] उसका होगा नाश।।

काट शिखा हवि[150] डाल कुंड में,
यज्ञ सूत्र भी तोड़ा फेंक।
हुंकृति भर फिर मेघनाद ने,
पितृ चरण पर मस्तक टेक।।

बोला, दो आशीष तात मैं,
शरण भूतपति जाता हूँ।
महा मृत्युंजय, खेचरमुद्रा,
दिव्य अस्त्र भी लाता हूँ।।

149. शीघ्र/ तुरंत
150. घी/घृत

गर्दभ-रथ पर चला वेग से,
    मेघनाद हिमगिरी प्रदेश।
इधर मदोवै[151] के अंतःपुर,
    गया सोचता कुछ लंकेश।।

स्वागत भव्य हुआ रावण का,
    रति मंदिर के तोरण द्वार।
हुए विरहमय उपालम्भ[152] औ,
    मधुमय रजनी से मनुहार।।

रति विलास में मिलन यामिनी,
    बीती आया मधुर प्रभात।
प्राण प्रिया संग बैठ प्यार से,
    पूछी शूर्पणखा की बात।।

प्राणनाथ क्या प्रेम प्यार ही,
    केवल है जीवन का सार।
शुभारम्भ माना मैंने भी,
    यौवन का होता है प्यार।।

राक्षसेन्द्र, मैं नहीं चाहती,
    छोड़ें हम तरुणों पर भार।

151. मंदोदरी
152. ताना/उलाहना

अल्प आयु में प्रेम भावना,
कंटकमय करती संसार।।

नहीं प्रेम के तत्व समझती,
कन्या शूर्पणखा अज्ञान।
किन्तु प्यार में विद्युज्जिव के,
आतुर कोमल उसके प्राण।।

अंकुश नहीं चाहती रखना,
किसी तरह मैं नारी पर।
स्वयं चुने वे निज बुद्धि से,
अपने जीवन का स्तर।।

किन्तु नाथ वह नहीं जानती,
परख सके जो गुनिया को।
ज्ञान स्वयं का सीमित उसमें,
क्या जाने वह दुनिया को।।

प्रिये कदाचित् नहीं समझता,
तुमसे अधिक प्रेम के तत्व।
मत भूलो पर वज्रमणी पर,
न्योछावर मम जीवन सत्व।।

बिदा हुआ फिर शीघ्र वहां से,
      पहुँचा सभा भवन के द्वार।
विश्व विजय का सपना मन में,
      कुटिल नीति के लिये विचार।।

❄❄❄❄❄❄

शूर्पणखा

कालानल से नेत्र दमकते,
    घने घने थे काले बाल।
वज्रगात था रंग अनोखा,
    पिघले लौह वर्ण सा लाल।।

गरिमा से नृप कन्या जैसी,
    अहं मण्डिता से भरपूर।
थी कटाक्ष में तीखी प्रतिभा,
    लोक लाज से कोसों दूर।।

कण्ठ कमर भुज टखनों में थे,
    भिन्न रत्न के आभूषण।
यदपि नहीं आदर्श सुन्दरी,
    तदपि रूप में आकर्षण।।

प्रथम रक्ष कुल की कन्या वह,
    दूजे राज-नयन तारा।
तीजे वीर बन्धुओं की प्रिय,
    इकलौती थी सहोदरा।।

चौथे अहम् स्वभाव निराला,
पंचम गुण जीवन स्वच्छंद।
सबने मिलकर गढ़ी अनोखी,
बाला मूर्त रूप छल छन्द॥

लाड़ प्यार में पली दुलारी,
चंचल भूला सा स्त्रित्व।
सतर[153] प्रकृति, लम्बी तन्वंगी,
ऐसा था उसका व्यक्तित्व॥

क्योंकि बड़े नख सूर्प भांति थे,
भाई देख चिढ़ाते थे।
नाम वज्रमणि था उसका पर,
शूर्पणखा सब कहते थे॥

रावण के सम्मुख आ उसने,
किया प्यार से अभिवादन।
पूछा फिर आदेश कहो क्या,
प्रियवर भ्राता प्रिय दर्शन॥

बैठ प्रिये भगिनी तुझसे तो,
नहीं अधिक प्रिय मेरे प्राण।

153. कुपित/क्रोधित/आक्रोशित

कहूँ वदन्ती जीवन की कुछ,
जिसमें तेरा हो कल्याण।।

बता बहिन क्या सत्य बात तू,
विद्युज्जिव से करती प्यार।
अरे लजाती क्यों है इतना,
प्रेम नहीं है पापाचार।।

दानव कुल प्रियदर्शी है वह,
मेधावी भी तरुण कुमार।
सख्य भाव है रखता मुझसे,
करती मैं प्राणाधिक प्यार।।

निस्संदेह सही कहती तू,
जीवन पर तेरा अधिकार।
जीवनलय जीवन में हो यदि,
आनन्दित बनता संसार।।

किन्तु मात्र थोड़ा भी उसमें,
मृदु असत्य रह जाएगा।
खेद जनक कण्टकमय जीवन,
निरानन्द हो जाएगा।।

अतः बात यह आवश्यक है,
    जो जन जीवन में आएं।
सावधान हो ठोक बजा कर,
    खरा समझ कर अपनाएं।।

प्यार तुझे जिस रूपवन्त से,
    वह तुझ पर कितना आसक्त।
अन्य पुरुष के साथ भाग कर,
    स्वयं परख ले उसका रक्त।।

भला नहीं लगता प्रिय भ्राता,
    कैसी आज ठिठोली है।
प्राणाधिक भगिनी के सम्मुख,
    कैसी वाचा खोली है।।

नहीं कदाचित समझी अनुजा,
    मेरे गूढ़ प्रयोजन को।
अरे! तौल सकती तू कैसे,
    विद्युज्जिव औ' परजन को।।

भाग अनूढ़ा[154] प्रायः जातीं,
    प्रथम ब्याह या उसके बाद।

154. अविवाहित लड़की/चंचल स्त्री

प्रथम भागना उत्तम होता,
    पीछे का होता अपवाद।।

कौन प्यार के योग्य पात्र है,
    अनुभव लेने में क्या दोष।
तभी परख सकती है नारी,
    किसमें कितने बल का दोष।।

नहीं मूढ़ मैं उतनी जितना,
    समझ रखा है तुम सबने।
लगता आग लगाई तुमको,
    मातामह या भाभी ने।।

मातृपिता की नहीं आयु अब,
    करें प्यार करने का कष्ट।
भाभी कहती प्यार स्वप्न वह,
    करता जो जीवन को नष्ट।।

नहीं बहिन, वह भाभी केवल
    तेरी है अभिभावक भी।
कहीं अशुभ संतति का करते,
    उसके मंगल कारक भी?

सत्य बात वे बतलाते हैं,
    कहते अनुभव का इतिहास।
तरुणाई भूलों की जननी,
    लाती है अंधा विश्वास।।

इसी समय महिषी ने आकर,
    बिहँस कहा, कैसा विश्वास!
राक्षसेन्द्र क्या प्रिय भगिनी का,
    तोड़ रहे हैं प्रणय प्रयास!!

राक्षसेन्द्र संग महिषी का मैं,
    शत शत करती अभिवादन।
नहीं सहूँगी निज जीवन पर,
    किन्तु अनावश्यक शासन।।

राजनन्दनी भोली हो तुम,
    तुम्हें वस्तु का ज्ञान नहीं।
मदोग्रता से ओत प्रोत हो,
    तुम्हें स्वयं का मान नहीं।।

सप्त द्वीप-प्रति रक्ष राज की,
    अनुजा[155] हो क्या भूल गई।
यौवन में पग रखते ही क्या,
    स्वजनों को भी भूल गई?

सत्य नहीं होता है यौवन,
    सत्य समय ही होता है।
सत्य समझ आता है उस दिन,
    यौवन ढल जब खोता है।।

सुखमय जीवन तब होता जब,
    गात-आत्म होते चैतन्य।
उभय पक्ष में यही चेतना,
    देती है आनन्द जघन्य।।

विद्युज्जिव को निज जीवन से,
    तिलभर भी है प्यार नहीं।
अस्त व्यस्त असहाय डोलता,
    मात-पिता परिवार कहीं।।

155. छोटी बहन

शूर्पणखा बोली, महिषी! वह,
माना कि निःआश्रय है।
है समर्थ सब भाँति तरुण,
फिर कलिकेयों का प्रश्रय है।।

इतना है यदि प्रेम तुझे तो,
पूजित वह अभ्यागत[156] है।
लंकपुरी में श्लाघनीय[157] का,
रावण करता स्वागत है।।

उपकृत मैं आप्यायित[158] भ्राता,
चिर अनुगत का करो वरण।
मात पिता सम भाभी-तुम हो,
पड़ी आपकी करुण शरण।।

❄❄❄❄❄❄

156. अतिथि/पर्यटक
157. प्रशंसनीय/वंदनीय
158. संतुष्ट

मातृ-हन्ता

वीर तरुण विद्युज्जिव दानव,
यद्यपि था परिवार विपन्न।
अदम साहसी उत्साही भी,
सब प्रकार प्रतिभा संपन्न॥

थी उठान अति सुन्दर उसकी,
भ्रमर गुंच से काले बाल।
सुदृढ़ भुजाएं पुष्ट जघन थीं,
कृष्ण वर्ण था वक्ष विशाल॥

अश्मपुरी पर विजय प्राप्त कर,
बन कलिकेयों का सरदार।
आसपास के द्वीप पुंज में,
करता था स्वच्छन्द विहार॥

लंकपुरी में गुप्तचरी हित,
आखेटक का धर कर रूप।
विचरण करते शूर्पणखा ने,
पाया वर अपने अनुरूप॥

देव योग से पाणिग्रहण हित,
अनुमति भी दी भ्राता ने।
किन्तु अशुभ परिणाम दिखाया,
रच अन्यान्य विधाता ने।।

दृष्ट रजस विद्युज्जिव जननी,
दबी न जिसकी तृषित[159] उमंग।
शाल-भंजिका[160] बन बैठी थी,
मूर्ख अवश्या लंगक[161] संग।।

एक दिवस अवसर पा उसने,
अपने पति को बुलवाया।
कपट जाल से प्यार समन्वित,
अतिशय आदर दिखलाया।।

झुलस ज्वाल में रूप सुरा की,
मरे देव दानव नर भूप।
भ्रमवश पागल पति परिवंशित,
फँसे न क्यों कर वंचक[162] रूप।।

159. प्यासी/लालची
160. कठपुतली
161. प्रेमी
162. धोखेबाज/चालाक

रमण थकित जब सोया था वह,
    मदिर रूप की पी हाला।
इसी समय नष्टा ने उसका,
    परशु उठा वध कर डाला।।

विद्युज्जिव ने सुना, त्वरित
    जा पहुँचा घटनास्थल पर।
खींच खड्ग भरपूर जमाया,
    पापिन मां के मस्तक पर।।

बिखर उठीं शोणित[163] की लहरें,
    उड़ीं अधर फिर गिरीं धरा।
फूट गया योषित[164] का क्षण में,
    महापाप का घड़ा भरा।।

ज्ञात हुआ रावण को प्रकरण,
    कहा क्रोध में भगिनी से।
किया मातृवध पापी ने क्या,
    अब भी प्रणय तुझे उससे।।

163. रक्त /लहू
164. स्त्री/औरत

क्षमा नहीं मैं उसे करूँगा,
　　पापी कैसा मूढ़ जघन्य।
करूँ समर्पण भगिनी उसको,
　　रावण ऐसा नहीं वदन्य।।

किन्तु सुनो रक्षेंद्र, पुरुष पर
　　आता जब कर्तब का भार।
पाप पुण्य औ' लाभ हानि के,
　　फल का होता नहीं विचार।।

मातृवधिक है फिर भी मुझको,
　　विद्युज्जिव होगा स्वीकार।
तात! बिना अब उस प्रीतम के,
　　सूना सब लगता संसार।।

लंकराज ने केवल उसकी,
　　मातृचरण-वध सुनी कथा।
किन्तु नहीं कर्तव्य निष्ठ की,
　　ज्ञात करी है मनोव्यथा।।

शूर्पणखा रक्षस कुल मणि तू,
तोड़ रही परिवार विधान।
अंधकार में डुबा रही निज,
तरुणाई का मधुर विहान[165]।।

है महत्व क्या भिज्ञ नहीं तू,
रक्षस कुल में माता का?
मातृ वधिक क्या वरण करेगा,
लंकराज की जाता[166] का?

रक्षस कुल में पत्नी चाहे,
पति का वध कर सकती है।
या जीते जी उसे छोड़कर,
अन्य पुरुष वर सकती है।।

कृतघ्नता का पाठ मुझे क्यों,
पढ़ा रहे प्रिय भ्राता आज।
चिन्तित क्यों रक्षेन्द्र, नहीं मैं
छीन रही लंका का राज।।

गरज तरज कर रावण बोला,
देती मुझे चुनौती है।

165. प्रभात /आने वाला कल
166. दुहिता/ भगिनी

प्रेम प्यार से समझाता हूँ,
    कण्टक हृदय पिरोती है।।

इसीलिये क्या स्वतन्त्रता दी,
    सीखे तू व्यवहार अशिष्ट।
क्षमा तुझे जा कर देता हूँ,
    भगिनी मम तू प्रिये कनिष्ठ ।।

भ्रातृ अनुज्ञा की भगिनी तब,
    करती आज अवज्ञा है।
बड़ा दुखद दुर्भाग्य पूर्ण पर,
    मेरी यही प्रतिज्ञा है।।

विद्युज्जिव का हाथ नहीं मैं,
    किसी मूल्य पर छोड़ूँगी।
दोषपूर्ण मर्यादा कुल की,
    दृढ़ होकर मैं तोड़ूँगी।।

प्रबल प्रणय-हठ प्रेरित होकर,
    प्रिय भ्राता का कर उपहास।
झमक तमक चल पड़ी वहां से,
    पहुँची विद्युज्जिव के पास।।

शूर्पणखा को ले विद्युज्जिव,
    जा पहुँचा सागर के तीर।
बैठ शल्लिका पवन वेग से,
    अश्मपुरी आया वह वीर॥

शूर्पणखा समझी थी जिसको,
    दीन हीन असहाय विपन्न।
चकित हुई वह देख रमण को,
    सब प्रकार वैभव सम्पन्न॥

भव्य अलौकिक सुषमायुत थे,
    अश्मपुरी के सुन्दर धाम।
ललित कला परिपूर्ण महालय,
    वैभवशाली नगर ललाम॥

सुखद मनोहर केलि करण हित,
    दिव्य सजाया था प्रासाद।
सीमा तोड़ चला लख लख कर,
    वज्रमणी मन का आल्हाद॥

अल्हड़ मदनरुजा अनभिज्ञा,
    छाया तन मन्मथ का जाल।

कामदग्ध-ज्वर सता रहा था,
पृथुल[167] जघन यतियों को शाल।।

मधु रजनी थी द्वार खड़ी पर,
उजड़ गया सहसा व्यापार।
टूट गईं सब मदिर लताएं,
ठिठक गया मधुरस संचार।।

रण पोतों ने चहुँ ओर से,
घेरा अश्मद्वीप का तीर।
शूल खंग मुद्गर से सज्जित,
उतरे अगणित रक्षस वीर।।

विद्युत्जिव ने सुना त्वरित
आ रणस्थली में किया प्रवेश।
व्यूह-महाशुचि देखा सम्मुख,
मध्य भाग में था लंकेश।।

अर्द्धचक्र रच व्यूह उसी क्षण,
अश्मपुरी का सेनादार।
लगा जूझने विकट भटों से,
वीरों को ललकार प्रचार।।

167. बड़े एवं भारी

गुथीं परस्पर एक एक से,
तुमुल युद्ध में सेनाएं।
मार काट चीत्कार भयंकर,
बहीं रुधिर की सरिताएं।।

कड़क दामिनी दमक रहीं ज्यों,
शस्त्र कड़कते पल भर में।
बाणों की घन घोर घटाएं,
छा छा जातीं अंबर में।।

युद्ध भयंकर सूर्य ढले तक,
लड़ा अथक विद्युज्जिव वीर।
किन्तु काल के दुर्मुहुर्त में,
दुर्दम[168] कवलित[169] हुआ शरीर।।

देव योग से शूर्पणखा को,
मनवांछित था मिला सुहाग।
किन्तु भ्रात से मिला साथ ही,
मौतुक[170] में उपहार दुहाग।।

सद्यः विधवा नवल वधू ने,
विधिवत किया स्वयं श्रंगार।

168. अदम्य
169. जब्त/नष्ट
170. दहेज

कर परिक्रमा कंत[171] चिता की,
आरोहण हित थी तैयार।।

इसी समय रावण ने आकर,
लिया हाथ भगिनी का थाम।
नेत्र-ज्योति मम वज्रमणी तू,
हठ तज, चल प्रिय लंकाधाम।।

नहीं, वीर हम दोनों ने ही
अपना अपना प्रण साधा।
दैत्य कुलीन निभाई तूने,
मैंने अपनी मरयादा।।

जिस प्रिय हित लंकेश सुनो,
जब त्यागा वैभव लंका का।
छोड़ उसे फिर चलूँ वहीं मैं,
प्रकरण है यह शंका का।।

अच्छा सुन प्रिय कलिकेयों संग,
जा रह दंडक कानन में।
रानी बन स्वच्छन्द विचरना,
खर दूषण के शासन में।।

171. पति/स्वामी

मान गई प्रस्ताव मानिनी,
    अश्रु भरे फिर फफक उठी।
उधर चिता में विद्युज्जिव की,
    ज्वाल हुताशन[172] धधक उठी।।

❄❄❄❄❄❄

172. अग्नि

राम-जन्मस्थली

धरा पर कालिन्दी के तीर,
बसी है धर्मपुरी साकेत।
चतुर्दिश पूर्ण राज्य पर्यंत,
प्रतिष्ठित धर्मादर्श निकेत[173]।।

गुणी तेजस्वी वीर प्रचण्ड,
सदाचारी अति प्रतिभावान।
सभी भूपतियों में नृपरत्न,
नृपति हैं दशरथराज महान।।

नीति में निपुण धर्म में प्रीत,
नियम संयम में परम पुनीत।
प्रजा भी धर्म परायण शुद्ध,
नहीं दिखती है कहीं अनीत।।

सुमित्रा कौशल्या द्युतिमान,
सुमुखि कैकेयी युद्ध प्रवीण।

173. गृह / आवास

विदूषी विधु वदनी गुणखान,
नृपति की पट महिषी ये तीन।।

राज्य की रक्षा में सन्नद्ध,
सुभट अति शूरवीर बलवान।
विद्वतजन राज काज में दक्ष,
मन्त्रिमण्डल है चतुर सुजान।।

कर्म अनुसार चार हैं वर्ण,
सभी हैं वैभव में संपन्न।
सुखी है जीवन स्वर्ग समान,
नहीं है कोई कहीं विपन्न।।

प्रफुल्लित प्रजा सुखी हैं भूप,
किन्तु है चिंता एक महान।
भविष्य में भरा तिमिर है घोर,
नहीं है अद्यावधि[174] संतान।।

मानकर गुरु वशिष्ठ की बात,
बुलाये यजी[175] महर्षी श्रेष्ठ।
किया दशरथ ने सविध विधान,
वंश की वृद्धि हित पुत्रेष्टि।।

174. अब तक
175. त्यागी/योगी

समय पर कौशल्या से राम,
हुए कैकेई से भरत सुजान।
सुमित्रा से लक्ष्मण शत्रुघ्न,
दमकते चारों सूर्य समान।।

वर्ण में नील सरोरुह राम,
भरत ज्यों शस्य सौम्य घनश्याम।
लखन के कुन्द इन्दु दीप्तांग,
लखित शत्रुघ्न रूप अभिराम।।

प्रेम से मिलकर चारों भ्रातृ,
रहे शिक्षाओं में तल्लीन।
ग्रहण कर सब प्रकार के ज्ञान,
धनुर्विद्या में हुए प्रवीण।।

एक दिन कौशिक विश्वामित्र,
पधारे राजा के प्रासाद।
कुमारों का तेजस्वी रूप,
निरख मन हुआ परम आह्लाद।।

नवाँ चरणों में अपना शीश,
विनय से बोले दशरथ राज।
प्रभु! दें किंकर[176] को आदेश,
वही मैं करूँ प्रसादन आज।।

कहा कौशिक ने हे रघुराज,
भरा है ऋषियों में अवसाद।
बने अवसादक निशिचर दैत्य,
मखों[177] में करते हैं उत्पात।।

अतः यज्ञों की रक्षा हेतु,
मुझे दो वीर लखन श्रीराम।
सुयश पाएगा तव रघुवंश,
प्रतिष्ठित भू पर होगा नाम।।

सुना जब राजा ने प्रस्ताव,
शोक से अतिशय हुए अधीर।
बिना पुत्रों के व्याकुल प्राण,
तजेगा निर्बल जरा शरीर।।

किन्तु फिर देखी कुल की रीत,
अमोलक रघुवंशी निज बान।

176. अनुचर/सेवक
177. हवन/पूजा

कि जिसमें वचन सदा से मान्य,
रहें या जाएं चाहे प्रान।।

बुला कर राम लखन को पास,
कराया कौशिक को अभिवाद।
लगा दोनों को वक्षस्थल,
दिये कल्याणी आशीर्वाद।।

चूम कर कोमल मृदुल कपोल,
कहा प्रिय आज्ञा लो निज मात।
बिदा लेकर आओ अतिशीघ्र,
तुम्हें जाना है मुनि के साथ।।

नमन कर पहुँचे वे रनिवास,
किया जननी को विनत प्रणाम।
अनुज्ञा पाकर मुनि के संग,
चले वन लखन और श्रीराम।।

❄❄❄❄❄❄

सहस्त्रार्जुन से मुठभेड़

शक्ति शौर्य ही राक्षसेन्द्र के,
    जीवन पथ का था सिद्धान्त।
वह जीवन तो जड़-जीवन है,
    जीवित रह कर भी जो शान्त।।

वैभवशाली लंका का सब,
    सौंपा राज्य विभीषण को।
दस सहस्त्र भर विकट भयंकर,
    भेज दिये खर-दूषण को।।

धनुष कोटि की राह धँसा वह,
    सजा चतुर सेना के अंग।
महामात्य धूम्राक्ष महोदर,
    महाबली थे उसके संग।।

नदी नगर पर्वत वन उपवन,
    निशिदिन दुर्गम पथ कर पार।
त्वरित गति से आ पहुँचा वह,
    महिष्मती नगरी के द्वार।।

सन्निवेश[178] सेना का अपनी,
रेवा तट पर डाल दिया।
जल विहार मृगया[179] का कुछ दिन,
जी भर समुचित लाभ लिया।।

देवयोग से कार्तवीर्य भी,
शूर वीर भू पर विख्यात।
जल क्रीड़ा हित आया तट पर,
दिव्य रानियाँ लेकर साथ।।

ज्ञात हुआ रावण को ज्यों ही,
मन्त्रीगण को बुलवाया।
किस प्रकार अर्जुन हो वश में,
लगा पूछने छल माया।।

कहा किसी ने अति उत्तम हो,
बना इसे लें हम बन्दी।
रक्ष धर्म स्वीकार करे यदि,
विग्रह त्याग करें संधि।।

अन्य किसी ने कहा प्रभु यदि,
अभय मुझे दें त्यागें रोष।

178. पड़ाव/ शिविर
179. शिकार

सम्मति मेरी वह एकाकी,
वध करने में क्या है दोष॥

रुचे न यह मत रावण बोला,
नहीं प्रतिष्ठा के अनुकूल।
वेदर्षी हूँ नहीं करूँगा कर्म,
रक्ष संस्कृति प्रतिकूल॥

मध्य देश का स्वामी अर्जुन,
करे धर्म यदि वह स्वीकार।
आर्य वर्त भी शनैः शनैः फिर,
परिवर्तित होगा संसार॥

किया उसी क्षण लंकराज ने,
ऋषि कुमार का धारण वेश।
व्याघ्रचर्म कौशेय[180] पहिन कर,
काँधे पर धर परशु विशेष॥

चतुराई से एकाकी वह,
पहुँचा कार्तवीर्य अवरोध।
परिचय दे अभिनन्दन कर फिर,
किया मित्रता का अनुरोध॥

180. रेशमी वस्त्र

अहा स्वस्ति! लंकेश अरे आ,
महिष्मती में स्वागत है।
बता करूँ प्रिय क्या प्रसादना[181],
श्लाघनीय[182] अभ्यागत[183] है।।

एक सूत्र में बँधें जातियाँ,
आर्य रहें न अनार्य रहें।
मध्य बिन्दु हो वेद सभी का,
रक्ष धर्म स्वीकार करें।।

स्वस्थ प्रयोजन, पर आर्यों से,
स्वयं हमारा विग्रह है।
क्या तेरी यह युद्ध घोषणा,
या अनुरागित[184] आग्रह है।।

सरल रीति से जो स्वीकारे,
उसका तो मैं याचक हूँ।
दुराग्रही बन जो ठुकराये,
उसके लिये अराजक हूँ।।

181. सेवा
182. वंदनीय
183. अतिथि/पर्यटक
184. स्नेह भरा

अति प्रसन्न तव आवाहन पर,
मत रख मुझसे कुछ आशा।
युद्ध चाहता क्षत्रिय हूँ मैं,
पूर्ण करूँगा अभिलाषा।।

उभय पक्ष चतुरंगिनि सेना,
डटीं शीघ्र रेवा के तीर।
दुर्मद[185] लंकराज के सम्मुख,
दुर्जय[186] कार्तवीर्य था वीर।।

शंखनाद औ' रणभेरी से,
विन्ध्य शैल वन गूंज गये।
विकट वीर भट खंग गदा ले,
एक एक से जूझ गये।।

टूट गरुड़ की भाँति पड़ा जब,
कार्तवीर्य रावण दल पर।
फैल गईं ज्यों सहस भुजाएं,
अंबर और अवनि तल पर।।

विक्रम भीम असह्य वार से,
त्रस्त हुए दैत्यों के झुंड।

185. ख़ूँख़ार/भयंकर
186. अपराजेय

रक्त कुण्ड में पड़े रुण्ड थे,
　　दूर पवन में उड़ते मुंड।।

देख भयातुर निज सेना को,
　　दैत्यराज ने ललकारा।
परशु तीक्ष्ण विकराल झपट,
　　अर्जुन के सिर पर दे मारा।।

लिया गदा पर झेल परशु फिर,
　　किया वार भीषण ले शूल।
भीम प्रकम्पन घोर विगर्जन,
　　झड़ने लगे अग्नि के फूल।।

देख रही स्तब्ध वाहिनी,
　　लहू लुहान दोनों के गात।
डेढ़-पहर तक कालग्रास सम,
　　लड़े वीर दोनों अभिख्यात।।

अस्त्र शस्त्र सब चूर हुए तो,
　　मल्ल युद्ध में भिड़े तुरन्त।
मुष्टि प्रहारों को खा खाकर,
　　हुआ ओज रावण का अंत।।

पकड़ कमर से घुमा पवन में,
फेंका रावण उड़ा गगन।
मूर्छित हो जब गिरा रक्त की,
मुँह से करने लगा वमन।।

पूर्ण रूप से किया पराजित,
किन्तु नहीं फिर भी छोड़ा।
दबा काँख में कार्तवीर्य ने,
समरांगण से मुँह मोड़ा।।

महिष्मती में पुर वधुओं ने,
पहिनाए पुष्पों के हार।
जय अर्जुन जय सहस्त्रबाहु जय,
दिग् दिगन्त गूंजीं जयकार।।

दैत्य गणों ने व्याकुल हो,
बहुमूल्य उपायन[187] साथ लिये।
हुए उपस्थित कार्तवीर्य के,
चरणों में सब चढ़ा दिये।।

हाथ जोड़ फिर विनत वदन से,
बोले हे! अतुलित बलवान।

187. भेंट /उपहार

श्रेष्ठ श्रेष्ठतम वीर जगत में,
करुणा सागर दया निधान।।

दण्ड रूप धन रत्न राशि यह,
करो हृदय से प्रभु स्वीकार।
बनो यशस्वी, लंकराज को
मुक्त करो प्रभु कारागार।।

बिहँस हर्ष से कार्तवीर्य ने,
राक्षसेंद्र को बुलवाया।
सभा भवन में निज हाथों से,
बंधन उसका खुलवाया।।

दिव्य वसन औ' आभूषण से,
भली भाँति सत्कार किया।
कनक पीठ पर आसन देकर,
अर्घ्य पाद्य मधु पर्क दिया।।

रावण बोला युद्ध दान दे,
गौरव मुझको किया प्रदान।
सख्य भाव सा आदर देकर,
जग में यश का किया विधान।।

सहस्त्रबाहु ने लगा हृदय से,
　　कहा सुनो हे! ऋषी कुमार।
वेदों के उद्गाता हो तुम,
　　राजनीति के हो भण्डार।।

परशु हस्त थे प्रथम दिवस तुम,
　　शस्त्रों से होता अभिमान।
अतः शस्त्र ने शास्त्र श्रवण का,
　　दिया न मुझको तनिक वितान[188]।।

कहो कौन सी संस्कृति जिसका,
　　करने निकले जगत प्रसार।
मूल रूप उद्देश्य बताओ,
　　क्या गुण हैं, क्या धर्म विचार।।

सुनो चक्रवर्ती राजन् प्रिय,
　　इसमें जनकल्याण निहित।
ग्रहण करे यदि यह जग सारा,
　　हो जाए संग्राम रहित।।

देव दैत्य गंधर्व यक्ष सब,
　　असुर नाग किन्नर नरवंश।

188. आभास/मौका

हैं बान्धव दायाद[189] परन्तु,
विग्रह कर होते विध्वंस।।

यद्यपि धरा बहुत विस्तृत है,
जनसंख्या तो नहीं सघन।
अधिकृत भू पर दाँत गड़ाकर,
करते क्यों निजशक्ति हनन।।

पृथक रीतियों के कारण ही,
लड़े परस्पर नाश हुए।
सुना नहीं क्या बारह अब तक,
देवासुर संग्राम हुए।।

इन वंशों की रीति नीति का,
मूल स्रोत है वेदों में।
पर वशिष्ठ ने परम्परा कुछ,
रची अन्य मतभेदों में।।

गर्व बड़ा आर्यों को राजन्,
निज संस्कृति पर कितना मान।
किये बहिष्कृत अगणित वंशज,
स्वयं सिद्ध क्या नहीं प्रमान।।

189. वारिस/उत्तराधिकारी

इन वंशों को एक वेद के,
किया न हमने यदि आधीन।
विग्रह कर ये सभी नृवंशी,
होंगे पौरुष प्रतिभा हीन।।

इसीलिये बस एक संस्कृति,
स्थापन हित चला स्वयम्।
मूल मन्त्र बस यही हमारा,
रक्षामः सर्वत्र वयम्।।

साधु! साधु! स्तुत्य लक्ष्य तव,
स्वस्ति! स्वस्ति हे रक्षस राज।
सिद्ध शीघ्र हो शुभ अभीष्ट यह,
पूर्ण तुम्हारे हों शुभ काज।।

प्रजा हमारी निर्भय होकर,
करो धर्म में तुम शिक्षित।
किन्तु तुम्हारी इस संस्कृति में,
हो न सकूंगा मैं दीक्षित।।

प्रश्न जहाँ तक आर्यजनों के,
स्वाभिमान के भंजन का।

इसी प्रतीक्षा में आतुर मैं,
मिले समय मदगंजन का।।

स्वस्ति रक्षपति! जा तू ले जा,
जो कुछ प्रिय वह पाएगा।
स्वागत होगा महिष्मती में,
शस्त्र रहित जब आएगा।।

अरे बन्धु संपन्न हुआ मैं,
नहीं चाह कुछ लेने की।
स्वजनों के हित सदा रही है,
प्रबल लालसा देने की।।

आह्लादित चल पड़ा वहां से,
लौट शिविर आया रावन।
जंबूनद लिंग स्थापित कर,
किया ध्यान से शिव पूजन।।

मन्थर गति से रक्ष सैन्य संग,
जा पहुँचा नैमिष आरण्य।
देख हुआ आश्चर्य चकित वह,
सन्निवेश[190] था रक्ष नगण्य।।

190. शिविर / पड़ाव

लगा सोचने वीर सुबाहू,
　　सेना पति मारीचि कहाँ?
नष्ट भ्रष्ट उजड़ा वन सारा,
　　विकट ताड़का गई कहाँ?

बड़ी खोज के बाद मिला,
　　मारीचि गुफा में छिपा हुआ।
जीर्ण शीर्ण संपूर्ण गात्र,
　　था रक्त व्रणों[191] से भरा हुआ।।

क्यों कर हुई दुर्दशा ऐसी,
　　रक्षस दल सब गये कहाँ?
अरे बता है कहाँ ताड़का,
　　वीर सुबाहू नहीं यहाँ!

कहूँ विपति मैं कैसे स्वामी,
　　कैसा था वह झंझावात।
मानव के पुत्रों ने ढाया,
　　दैत्य वंश पर उल्का पात।।

क्या कहता है! कैसे मानव!!
　　मानव का क्या इस थल काम?

191. घावों

गये कहाँ वे देखूँ उनको,
बतला क्या है उनका नाम?

सुना यही दशरथ के जाये,
दिखने में दोनों सुकुमार।
कौशिक के संग मख[192] रक्षा हित,
आये थे वे राजकुमार।।

खेल खेल में सुभट हमारे,
चटपट कर डाले विध्वंस।
दस सहस्त्र कुंजर की शक्ति,
एक बाण में की प्रध्वंस।।

किसी तरह मैं प्राण बचाकर,
गिरि गह्वर में छिपा रहा।
शुभागमन स्वामी का प्रतिपल,
बाट जोहता पड़ा रहा।।

अद्भुत है! या कल्पित है यह!!
ऐसा शौर्य कुमारों का।

192. हवन पूजन

श्लाघनीय[193] यदि ऐसा है तो,
वंदन राजकुमारों का।।

उदग्र हूँ मैं देखूं उनको,
गये कहाँ वे मानव पुत्र?
सुना यही मिथिला नगरी को,
गये संग ले विश्वामित्र।।

जनकपुरी में जनकराज के,
प्रण का भी है आकर्षण।
धनु पिनाक संधान करे जो,
सीता का ले पाणि ग्रहण।।

भरतखण्ड औ' दूर दूर के,
राजा अगणित आए हैं।
महाकाल दैत्येन्द्र बाण औ'
ऋषि मुनि भी धाए हैं।।

है सुयोग यह उत्तम मैं भी,
धनुष यज्ञ में जाऊँगा।
धनु पिनाक, त्रैलोक सुन्दरी,
राम लखन को परखूँगा।।

193. प्रशंसनीय/वंदनीय

मातुल तू आरोग्य लाभ कर,
कर एकत्रित सेना को।
गुप्त रूप से शनैः शनैः चल,
धन कुबेर की अलका को।।

मेघनाद औ' कुंभकर्ण भी,
छद्म वेष में गये वहाँ।
सुभट अनेकों दैत्य वंश के,
तुझे मिलेंगे जहाँ तहाँ।।

छोड़ सैन्य निज सेना पति को,
आवश्यक आदेश दिया।
काँधे पर विकराल परशु धर,
एकाकी प्रस्थान किया।।

❇❇❇❇❇❇

अंतर्द्वंद

स्वर्णपुरुष का शुभागमन सुन,
प्राची खिली अरुण मुस्कान।
रजत पुरुष जा छिपा ओट में,
त्याग ज्योत्सना का परिधान।।

ऊषा ने आनन्द मगन हो,
बिखराये कुंकुम के थाल।
पंखुरियाँ निज आलिंगन तज,
सजा रहीं विटपों के भाल।।

मलयानिल[194] ने भरा मदिर रस,
लता मल्लिका तरुवर में।
विहग नंदिनी चहक उठीं लो,
अमृत भरे मधुर स्वर में।।

194. मलय पर्वत (जहाँ चंदन के वृक्ष हैं) से आने वाली हवा

रंग बिरंगी पंखी झूमी,
झूम उठे भ्रमरों के पुंज।
किंकिणि[195] शिंजित[196] छुनछुन ध्वनिमय,
मुखरित हुए वाटिका कुंज।।

घोल दिया ज्यों तरल मृदुल रस,
राम-लखन के कर्णों में।
ठहर गये कर, वहीं ठिठक बस,
सुमन तोड़ते पर्णों में।।

अनुज लखन क्या, स्वयं चंद्रिका,
रूप अलौकिक धारण कर।
दिव्य लोक की किंवा मंजुला,
विचर रही हैं धरणी पर।।

मुग्धकरी सौंदर्य अनागत[197],
प्लावित कनक लुनाई[198] है।
नील गगन से उतर धरा पर,
स्वयम् उषा क्या आई है।।

195. छोटी घंटी
196. छोटी घंटी की मंद मंद आवाज
197. अपरिचित
198. सुंदरता/लावण्य

मोहक वशीकरण मंत्रों सी,
छबि कैसी अभिमन्त्रित है।
भुवन सुन्दरी सहित सतोगुण,
निरख हृदय अनुरंजित[199] है।।

उधर सिया के हीरक लोचन,
संपुट में थे डोल रहे।
हरित कुंज में उदित बाल-रवि,
गगनमणी से तौल रहे।।

चित्र लिखित सी तन्मय होकर,
लोक लाज का त्याग विचार।
कोटि कोटि कंदर्प[200] रूपमय,
देख रही थी युगल कुमार।।

अति विचित्र अलि! कुंद इन्दु संग,
नील सरोरुह[201] विकसित है।
प्रकृति नियम का निपट उल्लंघन,
या मति मेरी भ्रामित है।।

199. आकर्षित/रोचक
200. अप्सरा
201. कमल का फूल

या मृगांकश्री[202] प्रिय सुधांशु[203] से,
तरुणाई पा हुई स्वतन्त्र ।
विलग किया क्या शिवम् सत्य से,
सुन्दरता ने रच षड्यन्त्र।।

कहा सखी ने चपल तड़ित मय,
श्यामल धन शोभा का धाम।
इन्द्रनील मणि स्वर्ण खचित ज्यों,
चन्द्र धनुष सा अति अभिराम।।

इधर लखन ने कहा मुझे तो,
होता है कुछ ऐसा भास।
इन्द्र धनुष में पीत रंग या,
कुसुमासव में मृदु उल्लास।।

रत्न-अलंकृत सद्य किशोरी,
वन भू वधु सा रूप अनूप।
प्रगट हुई ज्यों कनक छाँह में,
पुष्प वाटिका धरकर रूप।।

202. चन्द्रमा
203. चाँदनी

नेह युक्त है चितवन, ममता,
झलक रही है आनन पर।
मन कहता है श्री चरणों में,
पड़ा रहूँ मैं जीवन भर।।

इन्द्रजाल में ग्रसित राम थे,
मानस में मृदु आन्दोलन।
परम शान्ति का सृजन साथ ही,
सरस तरल सा आलोढ़न[204]।।

त्रिया वर्ग पर रहा सदा ही,
जननी का सा आदर भाव।
नहीं आज तक हुआ प्रणय का,
कभी हृदय में प्रादुर्भाव।।

किन्तु आज क्यों मन विचलित सा,
फड़क रहे शुभ अंग-प्रत्यंग।
रूप राशि की ज्योति देख क्यों,
मिलन हेतु मन बना पतंग।।

मौन पुष्प में सौरभ जैसे,
अंगारक[205] में अरुणाई।

204. आन्दोलित/उत्तेजित
205. कोयला

उसी तरह क्या अंतरंग में,
छिपी हुई थी तरुणाई।।

सद्यः मुकुलित हृदयांबुज में,
मदन भ्रमर कर मृदु दंशन।
प्रणय प्रताड़ित मनोदाह में,
लगा रहा है क्यों ईंधन?

जनक लली के हृदय कुंज में,
बही बसंती प्रणय बयार।
सुखद भावना लगी विचरने,
उर मण्डल में पंख पसार।।

शस्य श्याम द्युति[206] सहित पिंजरिमा[207],
बर्बस मन को लुभा रही।
शनैः शनैः घुल घुल काजल सी,
मनस्चक्षु में समा रही।।

अति प्रचण्ड भुज दण्ड शौर्य का,
लक्षित होता मुख पर भाव।
नख शिख छबि से साथ साथ ही,
मधुरसता का अविरल स्राव।।

206. चमक
207. स्वर्णिम

उमड़ पड़ी फेनिल[208] सरिता सी,
प्रणय धार सीमा को छोड़।
बोल उठी नयनों की भाषा,
उर के सब प्रतिबन्धन तोड़।।

मदन[209] ऋतु की मूक मधुरिमा,
आज समझ में आती है।
मधु तितली मकरन्द पान, क्यों
सरित सिंधु तक जाती है।।

अमल भावना वाणी हतप्रभ,
था विचित्र सा सम्मोहन।
किया समर्पित नमित दृगों से,
पद्म-पाद पर अभिनंदन।।

इसी समय श्रुतिकीर्ति, माण्डवी,
दौड़ उर्मिला भी आई।
निकट यजन[210] की पावन बेला,
मातृ संदेशा थी लाई।।

208. झाग से अच्छादित
209. बसंत ऋतु
210. यज्ञ

सिहर उठी सीता सुधि आई,
चुम्बक सहसा छूट गया।
वसुन्धरा का गुरुत्वाकर्षण,
अम्बर मणि से टूट गया।।

सकुच शनैः निज सखियों के संग,
लिये कामना जीवन की।
चली भवानी मंदिर मन में,
दिवा आरती पूजन की।।

मन्थर गति पग चाप मृदुलता,
दृश्य श्रव्य सी वह माया।
रहे देखते राम ठगे से,
नियति नटी की प्रतिछाया।।

जनक लली की थिरक कनखियाँ,
और और जाती थीं घूम।
हृदय तरंगें बाँह पसारे,
चरण कमल आती थीं चूम।।

ओझल हुए परस्पर दोनों,
मधुर हृदय में स्पंदन।
किन्तु राम मय जनकनंदिनी,
सीतामय थे रघुनन्दन।।

वैदेही तल्लीन स्वप्न में,
पहुँच गई मंदिर की पौर।
जिधर नयन सकुचा कर उठते,
शस्य श्याम दिखते चहुँ ओर।।

चरण चाप सीढ़ी पर गिरते,
मधुर पैंजनी बज जातीं।
सरस स्वरों में लहरें उठकर,
हृततन्त्री से मिल जातीं।।

गौरी के सम्मुख तन्मय हो,
हाथ जोड़कर विनत वदन।
अक्षत रोली श्री चरणों में,
अर्पण कर तन मन जीवन।।

माँ! जगदम्बे! अन्तर्यामिनि,
प्राणमयी ममता की खान।
मनोकामना पूर्ण करो मम,
मन वांछित दो मां! वरदान।।

इतना कह वह खड़ी मूर्तिसम,
कांप रहे थे बिंबाधर।
सुन पड़ता था कभी कभी बस,
पलक झपकने का ही स्वर।।

अद्भुत रस था जगदम्बा के,
सम्मुख निज की प्रतिबिंबा।
मांग रही ज्यों जगदम्बा से,
मनवांछित फल जगदम्बा।।

फैल गया सीता के कोमल,
हृदयकुंज में स्वर्ण प्रकाश।
हुआ उसी क्षण रश्मि तरंगित,
सुरभित प्रतिमा का आभास।।

आदिशक्ति थी खड़ी सामने,
वरद हस्त था उठा हुआ।
गात दिव्य ज्यों शरद चन्द्रिका,
नेह सुधारस पगा हुआ।।

दिव्य दमकते अन्तर्मन में,
    सहसा देखा सीता ने।
मंगलमय कर कमल शीश पर,
    रखा मंगला माता ने।।

वसुन्धरे! प्रिय सुता जानकी,
    कौस्तुभ मणि सी शोभागार।
जनम जनम से तरणि वंश के,
    कुल दीपक की तू श्रंगार ।।

शुभाशीष ले द्रवित नयन से,
    रघुनन्दन का कर अवधान[211]।
गिरिजालय से निज सखियों संग,
    सीतालय को किया प्रयाण।।

रघुनन्दन उद्यान भ्रमण कर,
    ग्रहण कर रहे त्रिविध बयार।
मान सरोवर में पर उनके,
    बार बार उठता था ज्वार।।

211. समर्पण

ज्योंही हाथ चयन करने हित,
छूते कोमल कलियों को।
शंका होती प्रिय वियोग में,
पीड़ा होगी अलियों[212] को।।

आम्रवृन्त पर बैठा कोकिल,
कभी कभी जब देता कूक।
लगता जैसे अंग अंग में,
मदन दुंदभी देता फूंक।।

मीन-गोधिका[213] के अंचल में,
कूज रहे जो हंस अनेक।
भासित होते प्रिया विरह में,
खो बैठे संपूर्ण विवेक।।

शुक-सारिक भी मदिर स्वरों में,
भेज रहे ज्यों प्रणय संदेश।
चली गईं क्या रूठ प्रियाएं,
शून्य गगन में दूर प्रदेश।।

212. भंवरों को

213. मगरमच्छ

हरित दूब में शांत भाव से,
    खड़ा हुआ है एक कुरंग[214]।
मृगी बिना चंचलता मानो,
    चुरा ले गया क्रूर अनंग[215]॥

उहापोह में राम खड़े थे,
    बीत गये थे स्वप्निल क्षण।
अनायास सुधि आई बोले,
    चलो चलें भैया लक्ष्मण॥

❄❄❄❄❄❄

214. हिरण
215. अदृष्य

स्वयंवर

◇◇

ठौर ठौर पर रंग बिरंगे,
　　शिविर अनेकों भव्य तने।
हर्षोल्लासित छत्रपधारी,
　　विचर रहे थे बने ठने।।

जनकपुरी के भव्य भवन सब,
　　रंग बिरंगी गली गली।
स्वर्गपुरी सी शोभा अनुपम,
　　जगमग जगमग दीवाली।।

चतुरंगिनि सेनाएं अगणित,
　　गज घोड़े रथ वाहन भी।
ऋषि मुनि थे बटुक हजारों,
　　शूरवीर मन भावन भी।।

यज्ञ भूमि जिस दिव्य रूप में,
　　सजी धजी थी सुषमा में।
देवराज की इन्द्रपुरी भी,
　　फीकी लगती उपमा में।।

दुर्लभ मणि मुक्ता से शोभित,
स्वर्ण रजत के सिंहासन।
मध्य भाग में हवन कुंड के,
चहूँ ओर थे चर्मासन॥

था विशाल पंडाल सहस्त्रों,
मदन मंजरित[216] बंदनवार।
दुग्ध धवल स्तंभ शिखर पर,
कलश स्वर्ण के तोरणद्वार॥

परिचारक गण विविध भेष में,
दौड़ दौड़ कर रहे टहल।
यज्ञ भूमि में तड़क भड़क थी,
धूम धाम औ चहल पहल॥

देव दैत्य गंधर्व आर्यकुल,
आदि अनेकों राजकुमार।
धीर वीर ओजस्वी आनन,
कहीं कहीं थे कुछ सुकुमार॥

216. फूलों के गुच्छे

सिंह सदृश तेजस्वी सब में,
    बैठा बाण दैत्य सम्राट।
वहीं पास ही रक्षपति था,
    निपट निराला जिसका ठाट।।

घनन् घनन् घन् घना उठे,
    ढप ढोल झाँझरें झनक उठीं।
बजी दुंदभी तूर्य शंख संग,
    मंगल ध्वनियाँ गूंज उठीं।।

जनक नंदिनी पार्थिवी को,
    लिये पालकी दिव्य विशेष।
सहित मांगलिक उपचारों के,
    यज्ञ भूमि में किया प्रवेश।।

शुभ्र-पीत परिधान धार कर,
    जनकपुरी का पावन प्यार।
नमित वृन्त[217] ज्यों पारिजात का,
    सह न सके पुष्पों का भार।।

217. डाली/डगाल

लज्जा से अवनत[218] थी सीता,
कर कमलों में जय माला।
नभ मणियों से मंडित मानो,
स्वर्णिम चन्द्र किरण-बाला।।

स्तंभित थी सभा चकित हो,
देख अलौकिक सी सुषमा।
सरस्वती की रुकी लेखनी,
खोज सकी न कुछ उपमा।।

रावण ने उत्सुकता वश हो,
कहा बाण के कानो में।
अमृत सिंचित रूप रश्मि सी,
समा गई है प्राणों में।।

बिहंस बाण ने कहा लंकपति,
तृषा सदा जीवन में ज्वाल।
लब्ध वही होता इस जग में,
लिखा नियति ने जो कुछ भाल।।

218. झुकी हुई

सिंह द्वार से अश्व सैकड़ों,
शकट[219] खींच कर लाये एक।
दिव्य-पिनाकी-धनुष देखकर,
लगे सिकुड़ने वीर अनेक॥

यही धनुष है दक्ष यज्ञ में,
जिसको धूर्जटि ने धारा।
त्रिभुवन के वीरों को इसने,
आज यहां है ललकारा॥

जनक राज का प्रण इस धनु पर,
कर सकता जो शर संधान।
वही वीर बस ग्रहण करेगा,
राजनंदिनी का शुभ दान॥

उठे नृपति औ छत्रपती भट,
निज भुज शक्ति परीक्षण को।
नहीं पूर्ण कर सका एक भी,
जनक राज के दृढ़ प्रण को॥

219. रथ/वाहन

यज्ञ देव गंधर्व असुर सब,
  जूझे एक साथ धनु पर।
किन्तु उठाना दूर कहें क्या,
  हिला न पाये वे तिल भर।।

देख रहा था रावण अब तक,
  तथाकथित वीरों के ढंग।
अट्टहास कर उठा तमक कर,
  बदल गया था उसका रंग।।

वीर मर्दलक घुमड़ उठे ज्यों,
  बोला कर्कश वाणी में।
रत्न अलौकिक प्राप्त करें वह,
  शक्ति नहीं इन प्राणी में।।

लंकराज ही अखिल विश्व में,
  एकमात्र है अधिकारी।
पौरुष शुल्का पा सकते क्या,
  कायर केवल अभिसारी।।

ज्यों गजेन्द्र मदचूर डोलता,
पहुँचा दिव्य धनुष के पास।
मानो क्षण में कर डालेगा,
जनकराज के प्रण का नाश।।

प्रखर दृष्टि से लगा परखने,
रुद्रायुध को चारों ओर।
उत्तरीय को झपट कमर में,
कसा पकड़कर दोनों छोर।।

लगा ध्यान से करने कुछ क्षण,
रुद्र देव का अभ्यर्थन[220]।
इष्ट देव मम रखो लाज प्रभु,
किंकर[221] का कर बल वर्द्धन।।

उठा भुजा फिर नागपाश सी-
मारी धनुर्दंड के बीच।
मानो क्रोधित हो भुजंग दो,
डसने लगें गरुड़ को खींच।।

220. प्रार्थना
221. अनुचर /सेवक

अति विशाल भुजदण्ड मध्य में,
रावण का तन यों चंचल।
अमृत मंथन में नियुक्त ज्यों,
बंधा शेष से मंदराचल।।

लहू टपकने लगा नेत्र से,
बहीं स्वेद की रेखाएं।
नीलम गिरि से फूट फूटकर,
निकली ज्यों जल धाराएं।।

चार घड़ी तक चरम शक्ति से,
जूझा पर धनु था निश्चल।
मुख लटकाये चला सकुचता,
सिकुड़ गया था वक्षस्थल।।

उधर पार्थिवी व्याकुल होकर,
जगदम्बा का धर कर ध्यान।
धनुष उठे उसके पहले ही,
मना रही थी छूटें प्रान।।

इसी समय कोलाहल सुनकर,
दृष्टि घुमाई चारों ओर।
वही कुँवर दो चले आ रहे,
कौशिक मुनि के दोनों ओर।।

उठे नृपति बरबस उत्सुक हो,
देख अलौकिक राजकुमार।
लगे बताने परिचय अपना,
अभिवादन कर बारंबार।।

ऋषि मुनियों ने देखा अपलक,
तृषित नयन निज किये सफल।
मिला अचानक बिन साधन ही,
कठिन तपस्या का यह फल।।

लगे सोचने मन ही मन में,
महावीर रण दिग्गज भूप।
धीर वीर रस प्रगट हुए क्या,
सूर्य चन्द्र सा धरकर रूप।।

गाधिपुत्र[222] संग कौन ये बालक,
खड़े सोच में थे मिथिलेश।
अरे! अपरिचित पर मन कहता,
स्वजन सनेही अतिथि विशेष।।

देख सलोनी छबि माताएं,
ममता भर भर हुलसाईं।

222. विश्वामित्र (पिता का नाम गाधि था)

तजी तरुणियों ने मर्यादा,
लोक लाज सब बिसराई।।

नव जीवन मय रश्मि तरंगित,
जनक लली के तन मन में।
विश्व विमोहक छबि प्रतिबिंबित,
निरख रही कर कंगन में।।

किया दण्डवत जनकराज ने,
महामुनी के चरणों में।
कौन रत्न ये पूछा जिनकी,
चकाचौंध छबि किरणों में।।

अवधपुरी राजा दशरथ के,
आत्मज प्राणों से प्यारे।
रघुवंशी अंबर के दोनों,
दिव्य दमकते हैं तारे।।

धन्य धन्य राजा दशरथ तुम,
धन्य धाम है अवधपुरी।
अहो भाग्य मम स्वागत वत्सल,
धन्य आज है जनकपुरी।।

धन्य विश्व यह धन्य सभा के,
नयन आज हो गये सफल।
आनंदित हर चेतन मन क्या,
जड़ में भी है हर्ष प्रबल।।

मुनि बोले हे राजन! यद्यपि,
आनंदित तव मन अतिरेक।
दिख पड़ती कुछ मुख मंडल पर,
गहन क्षोभ की विकसित रेख।।

कौशिक मुनि की वाणी सुनकर,
जनक नयन हो गये सजल।
कहा देव! मैं जनक अभागा,
जनक धर्म हो गया विफल।।

त्रिभुवन में सीता सी बाला,
कोई और अलभ्या थी।
मिले योग्य वर कन्या के हित,
ठानी एक प्रतिज्ञा थी।।

धनु पिनाक की चढ़ा प्रत्यंचा,
कर देगा जो शर संधान।
हृदय अंश सीता को तत्क्षण,
उसी वीर को करूं प्रदान।।

किन्तु देव किस अशुभ घड़ी में,
दृढ़ व्रत मैंने था ठाना?
भूमण्डल पौरुष विहीन है,
नहीं आज तक था जाना।।

सुना लखन ने क्रोधानल से,
रक्तिम हुआ बदन का वर्ण।
प्रखर अग्नि की ज्वाला पाकर,
पिघल गया हो जैसे स्वर्ण।।

बोले, राजन! क्या कहते हो,
है कुछ वाणी का भी ध्यान।
नहीं वीर त्रिभुवन में कहकर,
रघुकुल का करते अपमान।।

धनुष यज्ञ में आमंत्रित कर,
जिन वीरों से की विनती।
भानुवंश करता है उनकी,
कीट पतंगों में गिनती।।

तात राम यदि आज्ञा दें तो,
कुछ करतब कर दिखलाऊँ।
जर्जर धनु क्या क्षण भर में मैं,
भू-मण्डल तक उलटाऊँ।।

अति तेजस्वी रूप देखकर,
सुनकर ओजस्वी वाणी।
स्तंभित हुई सभा भयासुर,
शब्द हीन था हर प्राणी॥

देख समय तब मृदु भाषा में,
बोले कौशिक विश्वामित्र।
राम तनिक देखो तो जाकर,
कैसा है वह धनुष विचित्र॥

विनत वदन से अभिवादन कर,
पहुँचे राम धनुष के पास।
जनक-प्रिया ने त्रिया वर्ग से,
कहा कि यह कैसा परिहास॥

जिस कार्मुक[223] पर महा धुरन्धर,
जूझ मरे हों बारंबार।
नहीं सुहाता भरी सभा में,
अपमानित हों ये सुकुमार॥

कुंवरि दशा को देख क्षोभ से,
हुए नाथ यदि संज्ञा हीन।

223. धनुष

त्रिकाल दर्शी कौशिक मुनि की,
    किस कारण धृति[224] हुई विलीन।।

उधर जानकी के मानस में,
    क्षण क्षण होता परिवर्तन।
आदि कवि भी मनोदशा का,
    कर पाये न विशद[225] वर्णन।।

मात पिता फिर सभा सदों को,
    कभी धनुष पर जाता ध्यान।
कभी भवानी कभी राम को,
    अर्पण करती अपने प्रान।।

अकथ वेदना ने आनन पर,
    बिखरा दिये स्वेद के कण।
ग्रसित चन्द्र की मलीनता पर,
    पुलक रहे ज्यों तारा गण।।

सहसा देखा धनुष राम ने,
    उठा लिया था निज कर में।
धूम्र केतु ज्यों लहराता सा,
    दमक उठा हो अंबर में।।

224. निर्णय लेने की क्षमता
225. सटीक

हुआ अचानक कर्ण विदारक,
भीषण तम भीषण विस्फोट।
लगे भागने वीर छिपे कुछ,
एक एक की लेकर ओट।।

पुर अंगनाएं लटपट भागीं,
मूर्छित हुईं कुछ तितर बितर।
लिपट परस्पर लगीं दौड़ने,
यज्ञस्थल में इधर उधर।।

गज घोड़े रथ वाहन जितने,
खड़े हुए मंडप की पौर।
उछल कूद कर लगे भागने,
मचा कुलाहल चारों ओर।।

जगदम्बा में निरति खड़ी थी,
केवल सीता शान्ति समान।
इसीलिये कर सकी न विचलित,
धनुर्भंग की गरज महान।।

धीरे धीरे सभा व्यवस्था
सुधरी, मूर्छित हुए सचेत।
भग्न धनुष के पास जनक तब,
पहुँचे विश्वामित्र समेत।।

शुष्क हृदय में मिथिला धिप के,
सहसा विधि ने अमृत घोल।
मृत प्रायः चातक चंचू[226] में,
दिये स्वाति के जलकण ढोल॥

प्रियदर्शी श्रीराम खड़े थे,
पड़ा सामने था कोदण्ड[227]।
दिग् विराट के चरणों में ज्यों,
निखिल विश्व का घोर घमण्ड॥

बल विक्रम कंदर्प[228] रूप में,
पाकर हुआ परम परितोष[229]।
हाथ उठाकर जनकराज ने,
किया उसी क्षण यह उद्घोष ॥

रघुवंशी कुल तिलक राम हैं,
वीर शिरोमणि सुविद् महान।
चरण कमल में अर्पित करता,
नत मस्तक हो कन्या-दान॥

226. चोंच
227. धनुष
228. कामदेव
229. संतुष्टि

शंख तूर्य घण्टों की ध्वनि संग,
गूँजे बिरदावलि के स्वर।
जय जय जय श्रीराम जयति जय,
दशरथ नंदन जय रघुवर।।

दिव्याभूषण परिधानों में,
लिये तरुणियाँ स्वर्णिम थाल।
लगीं उड़ाने यज्ञ भूमि में,
केशर कुंकुम रंग गुलाल।।

रमणी दल ने पुष्पांजलियाँ,
अक्षत लाजा[230] बरसाईं।
ललनाएं भी सजा आरती,
नूपुर ध्वनि संग लहराईं।।

लटपटान लज्जा से गुंफित,
वेत्रवती[231] कंचुकियों संग।
कोटि कोटि रति रूपसी सीता,
चली जहाँ थे राम अनंग।।

230. भुने हुए अन्नकण
231. महिला दरबान

नमित शीर्ष सकुचा पहनाई,
    जनक सुता ने जय माला।
रक्त कमल ने नील कमल को,
    सर्वस अपना दे डाला।।

शत मणि लाल जटित जयमाला,
    श्याम बदन पर यों शोभित।
नील व्योम में दिव्य दिपित ज्यों,
    नक्षत्रों के दल अगणित।।

देख राम का वय किशोर,
    लावण्य धैर्य अति विक्रम रूप।
अनुभव कर अज्ञात टीस से,
    विचलित हुआ लंक का भूप।।

धीर मन्द गति परशु उठाए,
    आकृति थी कुछ कुम्हलाई।
पहुँचा वह जय माल सिया ने,
    जहाँ राम को पहनाई।।

चरण चिह्न सीता के देखे,
    वहीं पुष्प की पंखुरियाँ,
उठा यत्न से पंखुरियाँ, रख,
    चरण चिन्ह पर अंगुलियाँ।।

निर्मल छबि सीता की लेकर,
हृदय राम की पौरुषता।
चला सोचता योग अनूठा,
कोमलता में पौरुषता।।

❄❄❄❄❄❄

पुष्पक-हरण

शैल हिम की श्रेणियों के गगन छूते थे शिखर।
घाटियों में सघन वन जहँ घोर तम आठों पहर।।
छद्मधारी निशचरों के घूमते थे विविध दल।
क्योंकि इनपर छत्रछाया रुद्र की थी अति प्रबल।।

वीर रावण की प्रतीक्षा में सुमाली घूमकर।
युद्ध रचना का निरीक्षण कर रहा था हर प्रहर।।
अश्वरथ औ' कुंजरों से सैन्य को सज्जित किया।
गंध-मादन कूच का आदेश मारिचि को दिया।।

आ गया लंकेश तब तक चू रहे थे श्रमित कण।
कह सुनाई यज्ञ की सारी कथा औ जनकप्रण।।
सुन सुमाली ने कहा विश्राम कर प्रिय धैर्य धर।
मंत्रणा तुझसे करूँगा रात्रि के अंतिम प्रहर।।

दो दिवस पश्चात ही बहु सैन्य लेकर लंकराज।
जा घुसा निधड़क जहाँ अनरण्य राजा का था राज।
कर विरथ अनरण्य को निशिचर भटों ने घेर कर।
छेद डाला शत सहस्त्रों खड्ग तन में भेदकर।।

फिर तुरत मोड़ी चमू[232] हिमवन्त की अलकापुरी।
यक्ष नगरी पर अचानक तड़ित जैसे आ गिरी।।
कुंभकर्णी सुभट अगणित औ' सुमाली मेघनाद।
गंध मादन के निकट करने लगे जब शंखनाद।।

खंग[233] तोमर[234] शक्ति लेकर यक्षपति, यक्षों के दल।
विविध आयुध दमदमाते खड़खड़ाते युद्ध थल।।
भिड़ गये निशचर भटों से यक्ष पति के विकट भट
बन गया रोरव क्षणों में हिमगिरी का शांत तट।।

दिव्य शस्त्रों की विकट झनकार से गूँजे दिगन्त।
सतत क्रमशः रुधिर धाराएं बहीं होता न अंत।।
रुण्ड गिरते मुण्ड उड़ते कर भयानक चीत्कार।
सह न पाये दैत्य यक्षों की विकटखड्गों की मार।।

लख पराजय परशु लेकर रक्षपति दौड़ा स्वयम्।
युद्ध की वीभत्सता ने तोड़ दी सीमा चरम।।
यक्षपति ने परिघ लेकर रक्षपति के वक्ष पर।
वेग से मारा कि क्षण में गिर पड़ा वह भूमि पर।।

232. सेना/फौज
233. तलवार
234. भाला

क्रुद्ध हो घननाद औ विकराल छाया कुंभकर्ण।
यक्ष कट गिरने लगे ज्यों टूटते वृक्षों से पर्ण।।
चल रहे चहुँ ओर से मुदगल मुशल खड्गों के वार
अर्थपति को रोंध डाला घेरकर कर कर प्रहार।।

देख अवसर तुरत रावण जा धँसा अलका पुरी।
भागने प्रहरी लगे लख विकट सेना निशचरी।।
कर लिया अधिकार में अति दिव्यतम पुष्पक विमान
सौम्यदर्शी हृदयहारी वेग में मन के समान।।

मन में रावण दर्प से फूला अमित हर्षित हुआ।
मिल गया पुष्पक समझ लो दिग्विजय हमने किया।
लाँघ कर हिम श्रंखला आया शरण देवाधिदेव।
प्राप्त कर आशीष लौटा मिले पथ में वाम देव।।

नमन कर मन्तव्य निज देवर्षि नारद से कहा।
सोचकर बोले मुनि करताल धीरे से बजा।।
वैश्रवण[235] क्यों शौर्य खोता भटक आर्यावर्त में।
जा दिखा सामर्थ्य राजा इन्द्र को अपवर्त में।।

बिहँस रावण ने कहा मुनि पूर्ण होगा यह कथन।
दिग्विजय के साथ होगा रक्ष संस्कृति का प्रथन[236]।।

235. रावण
236. फैलाव/विस्तार

शक्ति से संपन्न रावण रुद्र की संहारिणी।
और थी सीमा रहित चतुरंग सन्नद वाहिनी।।

सार्वभौमिक लालसा का तन में छाया था प्रमाद[237]।
बढ चली निशिचर चमू[238] कर विजयडिंडिम[239] घोरनाद।।
बल पराक्रम हस्त लाघव से मरुत गणराज्य को।
कर पराजित वरुण औ' अपवर्त में यमराज को।।

विजय यात्रा के प्रथम विजयन्त की अमरावती।
सुदृढ़ सेना पूर्ण हो यह सोचकर लंका पति।।
मुक्त हेमा सास के आतिथ्य को स्वीकार कर।
सैन्य को विश्राम करने शिविर डाला उर नगर।।

❄❄❄❄❄❄

237. नशा
238. सेना/फौज
239. छोटा ढोल

विविध-परिणय

वीर यशस्वी जामाता का,
उरपुर में कर अभ्यर्थन।
मय दानव ने धूमधाम से,
किया भोज का आयोजन।।

असुर वंश के अगणित स्वामी,
राजा रानी भूमि पति।
तन्तुकच्छ, विकटाक्ष सदृश थे,
दानव पति औ दैत्य पति।।

यथा योग्य वंदन कर सबका,
मय ने दिया उचित सम्मान।
दस योजन विस्तृत धरणी पर,
हुआ भोज संग मदिरा पान।।

द्राक्ष सोम मध्विज मधूलिका,
चषक अनेकों भरे हुए।
मृग, शूकर, भैंसे कुक्कुट थे,
भुने हुए कुछ तले हुए।।

नाना विधि के भक्ष्य भोज्य औ,
लेह्य[240] आदि कर भोजन पान।
चले रसालय को मदमाते,
करने नृत्य गान रस-पान॥

रत्न सभा में नूपुर ध्वनि संग,
गूँजा मादक मृदंग नदन।
लगीं नाचने मदालसा,
वामोरु-तरुणियाँ अर्द्धनगन॥

नमुची दानव की बाला जो,
मूर्ति कला सी थी चित चोर।
मदिराक्षी का नृत्य देखकर,
हुए सभी जन मदन विभोर॥

चटुल[241] अंग में हाव भाव को,
उत्तेजित करते अविलम्ब।
विलासिका के विलास वाहक,
पुष्ट पयोधर[242] पीन[243] नितंब॥

240. चटनी
241. चंचल
242. उरोज/स्तन
243. मांसल

भ्रमर गुंच सी केशावलि औ',
बंकित भ्रू के बीच तिलक।
झाँक रही ज्यों मेधावलि से,
मंगल ग्रह की लाल झलक।।

क्षण क्षण होते विचलित कुच[244] थे,
क्षीण कंचुकी आवेष्टित[245]।
पाल बाँध दो पोत किये ज्यों,
प्रलय वेग उद्वेग-रहित।।

थकित हुई रावण के सम्मुख,
ऋजु प्रणाम कर चली गई।
हृदय पटल पर रसायनी सा,
निज छबि अंकन छोड़ गई।।

परामर्श कर मय दानव से,
विलासिका का कोमल हाथ।
दिया नमुचि ने राक्षसेन्द्र को,
विविध बहुल रत्नों के साथ।।

और दैत्य कुंजर कुमार ने,
लंकराज का कर सम्मान।

244. उरोज/स्तन
245. घेरे हुए/लपेटे हुए

प्रहष्टरोमा प्रिय कन्या संग,
दिये अनेकों यौतुक[246] दान॥

दुरारोह ने कुमुदावति फिर,
तन्तुकच्छ ने प्रभावती।
मदन केतु ने श्यामल अंगी,
चटुल सुभद्रा कान्तिवती॥

किसलय[247] कोमल सुबाहु बाला,
रसालिका प्रिय माधुरी।
दी सुभाय ने कली सुमाया,
सुन्दर सब गुण आगरी॥

भद्रजंघ दानव ने आकर,
किया प्रेम से अभिवादन।
राक्षसेन्द्र प्रिय करो कृतारथ,
कर मेरा आतिथ्य ग्रहण॥

दिव्य देव अंगनाएं बारह,
सुरपुर से जो करीं हरण।
भद्र जंघ-अंगजाई की ये,
सखियाँ थीं अनमोल रतन॥

246. दहेज/स्त्रीधन
247. कोमल कली

अंजनिका औ' अनंग भद्रा,
रूप किशोरी चन्द्र कला।
सौदामिनी उज्ज्वला केशरा,
और भद्रिका रूप कला।।

अमृत प्रभा, केशिनी चंचल,
कालिन्दी दर्पक माला।
मधुर पीवरा गंधर्वी थीं,
सुरबाला औ ऋषि बाला।।

यथा योग्य सत्कार समन्वित,
पाकर रूप राशि का कोष।
रावण अतिशय आनंदित था,
कामनियों[248] को था परितोष[249]।।

इसी तरह फिर नाग भट्ट ने,
कन्या रत्न मदन सेना।
वरुण राज कुम्भीरक ने दी,
रूपसि दिव्य वरूण सेना।।

दैत्य, देव औ' मृत्यु लोक के,
जितने राजा भूमिपति।

248. सुंदरी/सुंदर स्त्री
249. संतुष्टि

सबने सौंपी लंकराज को,
निज कन्याएं रूपवती।।

उरपुर में नित पाणिग्रहण कर-
नव-वधुएं लावण्य वती।
रहा मनाता मधु यामनियाँ,
काम कलभ लंकाधिपति।।

बिदा समय रावण का मय ने,
विधिवत कर आदर सम्मान।
स्वर्ण जटित रथ अश्व सैकड़ों,
दिये सहस्त्रों अनुपम दान।।

❄❄❄❄❄❄

अनमोल-सत्य

त्रिभुवन की सब सुषमाएं,
षड् ऋतुओं की प्रतिमाएं।
भरीं एक ज्यों गगरी में,
आज अयोध्या नगरी में।।

सुरभित जल से सिंचे हुए,
घर आँगन पथ सजे हुए।
केशर कुंकुम चंदन की,
रोली रूपा कुंदन की।।

कीच मची हर द्वारे पर,
गली गली गलियारे पर।
स्वर्ण-खचित हैं तोरण द्वार,
इन्द्र धनुष से बंदनवार।।

पुर वधुओं ने पूरे चौक,
बहुरंगी जिनका आलोक।
कनक कलश जल भरे हुए,
मणि दीपों को धरे हुए।।

प्रतिबिंबित रूपों के अंग,
    झाँक रहे ज्यों कोटि अनंग।
ध्वज पताक प्रासादों पर,
    हर्म्य[250] भवन आवासों पर॥

चंचल के कारण चंचल,
    ज्यों अंगनाओं के अंचल।
पंचशब्द की मृदु गुंजार,
    मंगल मन्त्रों के उच्चार॥

मधुर मधुर गीतों के राग,
    हर प्राणी में है अनुराग।
शस्य श्यामला पुण्य धरा,
    सरयू में ज्यों क्षीर भरा॥

मृगी मृगों के चरते झुंड,
    फव्वारों से हैं गज शुंड।
जगह जगह फुलवारियाँ,
    खिलती हँसती क्यारियाँ॥

बीन सदृश अलियों की तान,
    फूँक रही कलियों में प्रान।

250. महल

अगणित सुंदर रंग बिरंग,
फुदक चहकते विविध विहंग।।

कोकिल केकी की सुन कूक,
उठती मन में कोमल हूक।
पादांगुद[251] की झनन छनन,
गमक रहे हैं रंग भवन।।

दिशा दिशा मन भावती,
लगती ज्यों अमराऽवती[252]।
हर्षित जन जन है अतिरेक,
आज राम का है अभिषेक।।

किन्तु समय होता बलवान,
निर्मित करता और विधान।
जो कुछ मन करता है सोच,
विधि तोड़ता निःसंकोच।।

यद्यपि होते ध्येय अनेक,
कारण कोई बनता एक।

251. पायल
252. इन्द्र की राजधानी

ऐसा ही कुछ सोच विचार,
किया मन्थरा को तैयार।।

मुँह लटकाये बनी उदास,
बैठ गई देहरी के पास।
उधर कैकई कर श्रंगार,
लेकर अनुपम रत्निम हार।।

चलूँ राम को पहिनाऊँ,
प्रथम बलैयाँ ले आऊँ।
आज मोद का ओर न छोर,
मानस मन ले रहा हिलोर।।

साधा प्रभु ने मंगल काज,
मेरा राम करेगा राज।
जग में होगा मेरा नाम,
प्रियवर वत्सल मेरा राम।।

अखिल विश्व का है अभिराम,
नयनों का तारा है राम।
सीता सी कान्ता का राम,
जन सुखदायक सीताराम।।

सबका है हितकारी राम,
अद्भुत बेटा ललित ललाम।
भव भय भंजक मेरा राम,
रिपुदल गंजक मेरा राम।।

मुनि मन रंजक मेरा राम,
धरणी का पावन सुखदाम।
लेकर मन में मधुर विचार,
आई अंतःपुर के द्वार।।

वहाँ मन्थरा दासी को,
प्रतिमा रूप उदासी को।
देख त्रिभंगी सहमे प्राण,
भगवत आज करे कल्याण।।

अरे! यहाँ क्यों बैठी मात?
कैसा सुन्दर देख प्रभात !
आज पर्व है सूर्य कुलीन,
तेरा मुख क्यों हुआ मलीन?

कहा मन्थरा ने फुसकार,
मेरे मन में उठता ज्वार।
अरे! तुम्हें क्या सोच विचार,
नहीं यहाँ हैं भरत कुमार।।

रानी बोली मुसका कर,
आँखों को कुछ मिचका कर।
तुझे भरत से बहुत दुलार,
मुझे राम से अतुलित प्यार।।

दासी बोली झुंझलाकर,
मगरों से आँसू बो कर।
होने दो उनको युवराज,
धन के साथ मिलेगा ब्याज।।

रानी बड़ी करेंगी राज,
करना तुम चेरी के काज।
कहा कैकई ने वाचाल,
नाच रहा क्या सिर पर काल?

क्या कहती कुछ लाज नहीं?
गिरती तुझ पर गाज नहीं !!
तभी किंकरी ने सिर फोड़,
लंबी लंबी सांसें छोड़।।

फिर अंगुलियाँ चटका कर,
बोली कर को मटका कर।

मैं चेरी हूँ मुझको क्या?
रानी कभी बनूंगी क्या ?

बनो राम की तुम माता,
मेरा इसमें क्या जाता ?
सोची थी कुछ हितकर बात,
देखी तुम पर होते घात॥

रचकर कुछ ऐसा षड्यन्त्र,
राजा को फुँकवाकर मन्त्र।
कौशल्या रानी ने चाल,
चली भरत जब है ननिहाल॥

तुम्हें नहीं वे बातें ज्ञात,
किन्तु मुझे आता है याद।
तुम संग था जब पाणिग्रहण,
राजा ने था दिया वचन॥

करता एक प्रतिज्ञा आज,
कैकई सुत होगा युवराज।
किन्तु यतन से उसको त्याग,
दिया राम को उसका भाग॥

रानी के मन बैठी बात,
मुख का रंग हुआ अवदात[253]।
अरी मातु मैं थी अज्ञान,
नहीं मुझे था इसका भान।।

बता कौन अब करूँ उपाय,
जिससे मिले भरत को न्याय।
तुरत मन्थरा हुई खड़ी,
देखा रानी रान चढ़ी।।

बोली यह क्या बात बड़ी,
अभी धरोहर पास पड़ी।
तुम्हें कदाचित हो अनुमान,
राजा के वे दो वरदान।।

उनका हो सकता उपयोग,
नहीं मिलेगा ऐसा योग।
पहला भरत बने युवराज,
दूजा राम विपिन[254] में वास।।

वर्ष चतुर्दश रहें वहाँ,
मुनियों की है थली जहाँ।

253. मलिन / पीला
254. जंगल /वन

पहन कुचेले फटे वसन[255],
    जाओ पड़ो तुम शयन सदन॥

सुनकर हर्षित हुई रानी,
    समझी वह अमृत बानी।
दासी यह कहती है ठीक,
    बात सत्य है नहीं अलीक॥

''कौशल्या रानी ने चाल,
    चली भरत है जब ननिहाल।''
उठे प्रातः जब दशरथ राज,
    देख व्यवस्थित सारे काज॥

मन ही मन पाकर आह्लाद,
    पहुँचे कैकई के प्रासाद।
अंतःपुर में था सुनसान,
    चहल पहल का नहीं निशान॥

सभी दासियाँ खड़ीं उदास,
    मुख पर नहीं किसी के लास[256]।
हर्म्य[257] जहाँ झड़ते थे फूल,
    गड़ने लगे वहीं अब शूल॥

255. वस्त्र
256. उत्साह/चंचलता
257. महल

कैसे किससे पूछें हाल,
साहस कर न सके भूपाल।
झटपट पहुँचे शयनागार,
विस्मय का देखा व्यापार।।

फटे पुराने पहिन वसन,
अस्त व्यस्त कर आभूषन।
शैया से ज्यों जड़ी हुई,
नागिन जैसे पड़ी हुई।।

प्राण प्रिया का लख ये हाल,
जड़वत खड़े रहे महिपाल।
तभी मूर्छना में हिल डौल,
कैकई गई शब्द कुछ बोल।।

''कौशल्या रानी ने चाल,
चली भरत है जब ननिहाल।''
दशरथ थे चिन्ता में लीन,
शब्द कक्ष में हुए विलीन।।

बैठ थाम रानी के हाथ,
बोले प्रिय बतला क्या बात?
चौंकी फिर कुछ इठलाकर,
सिमट गई वह बल खाकर।।

लेकर कैकई का सिर गोद,
कहा अरे यह कैसा क्रोध।
जिस सुत पर है तुझको गर्व,
आज उसी का मंगल पर्व।।

कहीं भरत की आई याद,
हाय! मुझे भी बहुत विषाद।
किन्तु उसे यदि बुलवाता,
लग्न तिलक का टल जाता।।

हुआ स्वास्थ्य में कहीं विकार,
अभी करूँ उसका उपचार।
किया किसी ने हो अपमान,
नहीं बचेंगे उसके प्रान।।

अरी सुमुखि तेरे आधीन,
दशा देख मैं हुआ मलीन।
जो कुछ प्रिय मन में हो भाव,
कह तू मत रख कोई दुराव।।

प्रिय की सुन कातर वाणी,
बोली धीरे से रानी।
चलो हटो प्रिय झूठी प्रीति,
रही सदा ही ऐसी नीति।।

कह कर हो जाते हो शान्त,
नहीं कभी कुछ देते कान्त[258]।
सुनकर रानी के मृदु बैन,
राजा के मन आया चैन।।

अरे! मानिनी ऐसा ढंग,
मार रही है कैसे व्यंग।
धर कर उसके मृदुल कपोल,
कहा चाह क्या कुछ तो बोल।।

झूठ मूठ ही मुझ पर दोष,
इसी लिये क्या इतना रोष।
बता कभी कुछ मांगा क्या?
बिन मांगे मैं देता क्या?

बोली करते व्यर्थ विवाद,
कहते हो मेरा अपराध।
चलो यही मैं लेती मान,
भूल गये क्या वे वरदान।।

राजा बोले भरकर साँस,
सदा रहा मैं तेरा दास।

258. पति/स्वामी

आज्ञा दे तू रख विश्वास,
दूंगा जो कुछ मेरे पास॥

त्रिभुवन में हो जो भी लब्ध,
होगा तुझे अभी उपलब्ध।
रघुवंशी कुल की यह आन,
वचनों का करते सम्मान॥

करते पूरी अपनी बात,
हो जाएं चाहे बलिदान।
सुनकर सीधे सादे बोल,
जो थे सत्य और अनमोल॥

उंगली में लिपटाकर केश,
बदला नारी ने निज वेश।
बोली प्रीतम खोलो कान,
पहला तो दो यह वरदान॥

राज मुकुट का गुरुतर भार,
मिले भरत को यह अधिकार।
दूजा राम जाएं वनवास,
वर्ष चतुर्दश करें निवास॥

गिरा वज्र ज्यों आकर टूट,
लिया दस्यु ने सर्वस लूट।
अजगर ने पाकर आखेट,
गुन्जली में धर लिया लपेट

राजा की थी करुण दशा,
बोले नागिन बुरा डसा।
बता रही है तेरी मांग,
प्रेम प्यार का था सब स्वांग।।

जिसका गाती थी गुणगान,
उसी राम का यह सम्मान।
तू रटती थी आठों याम,
भरत नहीं सुत मेरा राम।।

आज उसी का यह परिणाम,
वन में भेज रही तज धाम।
मिले भरत को कौशल राज,
नहीं बिगड़ता है कुछ काज।।

किन्तु राम का निष्कासन,
कर सकता हूँ मैं किस मन?
कुल घातिन कुछ सोच विचार,
बिना मौत मत मुझको मार।।

मांग प्रिये बस पहला वर,
    दूजे के हित हठ ना कर।
जीवित रह पाऊँ तब तक,
    करूँ भरत का राज तिलक।।

मूंग दलन सा छाती पर,
    नमक छिड़क कर घावों पर।
बोली दोनों में ही श्रेय,
    देय कहो या कहो अदेय।।

सुनकर दशरथ हुए अधीर,
    सह न सके मर्मांतक पीर।
नहीं नार तू कुल पाली,
    महा मृत्यु है विकराली।।

हाय राम कह ठोक कपाल,
    मूर्छित होकर गिरे नृपाल।
उधर सुमित्रा कौशल्या,
    लिये राम औ' राम प्रिया।।

राज तिलक के हित तैयार,
    प्रमुदित करती थीं श्रंगार।
बैठी थी सीता मुदमान,
    पंचामृत से कर स्नान।।

पहने थी वह पीताम्बर,
बिखर रही थी कांति प्रखर।
तिलपर्णी[259] सा ओढ़ दुकूल[260],
मुकुलित ज्यों कुंकुम का फूल।।

वेणी में रत्निम लड़ियाँ,
फणधर धारे ज्यों मणियाँ।
बाहों में हीरक कड़ियाँ,
नवग्रह जैसी करधनिया।।

अंगारक[261] सा बेंदा गोल,
उशना जैसे थे संदोल।
रवि नन्दन मणियों का हार,
चन्द्रक[262] पर चन्द्रज[263] सा भार।।

धूम्रकेतु से थे भुज बन्द,
अंगुलि मुद्रा ज्यों नवचन्द।
स्वर्णिम पायल में पुखराज,
शरण पड़े हों ज्यों गृहराज।।

259. रक्त चंदन
260. रेशमी वस्त्र
261. मणि
262. चंद्रमा
263. पारा

हंसक रोचित यों पदतल,
    हिम कण धारी रक्तोत्पल[264]।
माथे पर बिंदिया अपलक,
    प्रगट रोहिणी रही दमक।।

ऊषा जैसी सज्जा शील,
    सन्ध्या जैसी लज्जा शील।
लखो राम का रूप अनूप,
    घन मिश्रित ज्यों कंचन धूप।।

अरुणिम रेशम का परिधान,
    उत्तरीय चंपई द्युतिमान।
भ्रमर पुंज से कुंचित केश,
    मुखमण्डल किरणों का देश।।

रत्नाभरण भरे थे अंग,
    कटि में रत्न जटित था खंग।
काँधे पर धनु औ' तरकश,
    धीर वीर दोनों ही रस।।

264. लाल कमल

कनक पीठ पर कोटि अनंत,
आ बैठे हों ज्यों रतिवंत[265]।
इन्हें देख था हर्षित हर्ष,
नूतन से अनकथ आदर्श।।

पूर्ण हुई जब अलंक्रिया[266],
माताओं को नमन किया।
कर कमलों में कोमल हाथ,
लेकर चले लखन को साथ।।

मां कैकई के चलो सदन,
पहले उनके छुएं चरन।
पूज्य पिता गृह तत्पश्चात्,
ग्रहण करेंगे आशीर्वाद।।

हर्षित मन में भर उल्लास,
पहुँचे कैकई के रनिवास।
पूर्ण सदन था खड़ा उदास,
जैसे भूत प्रेत का वास।।

265. मनोहर/रमणीय
266. सजाना/गहने पहनाना

खड़ी दासियाँ थीं निःस्तब्ध,
    बोली नहीं एक भी शब्द।
माँ कहकर चिल्लाते थे,
    पग पग ठोकर खाते थे।।

व्याकुल मन ही मन अतिशय,
    आ पहुँचे वे शयनालय।
देख वहाँ का दृश्य विचित्र,
    समझ गये वे त्रिया चरित्र।।

बोझिल पलकों को मीचे,
    पिता पड़े शैया नीचे।
वहीं पास थी कैकइया,
    पत्थर सा था आज हिया।।

मूर्त रूप था मानो पाप,
    पड़ा सामने था अभिशाप।
कहा राम ने मां यह क्या?
    प्रकरण मुझे बताओ क्या?

अश्रु कणों से हो सिंचित,
    तात पड़े हैं क्यों मूर्छित?
दुश्मन सा कर उच्चारण,
    बोली राम तुम्हीं कारण।।

अरे पड़े हैं ये तो व्यर्थ,
मांगा मैंने जो अभ्यर्थ।
मिले भरत को सिंहासन,
और तुम्हारा निर्वासन।।

चौदह वर्ष रहो तुम वन,
यही दिये हैं मुझे वचन।
कहें तुम्हें ये किस मुख से,
अतः प्रताड़ित हैं दुख से।।

खड़े राम थे अति गंभीर,
किन्तु लक्ष्मण हुए अधीर।
बोले माँ तू क्या कहती?
माँ होती छाती फटती।।

कुल घातिन सा काम किया,
कलुषित मां का नाम किया।
वाह! स्वार्थमय तेरा लोक,
हुआ ज्ञान का समुचित लोप।।

पिता सरल अति वामाधीन,
उनकी बुद्धि हुई विलीन।
दिये उन्होंने तुझे वचन,
नहीं करेंगे हम पालन।।

अरी! बनी थी तू माता,
झूठ जताती थी ममता।
नहीं चलेगी बरबरता,
देखूँ किसकी क्या क्षमता?

कैकई बोली मैं नारी,
तुम हो शूर धनुर्धारी।
खड़ी यहाँ लो तुम मारो,
मातृवधिक का यश धारो।।

बोले राम अनुज हो शान्त,
करो न माता को आक्रान्त।
यह तो है रघुकुल की रीत,
सदा वचन से रहती प्रीत।।

दिया पिता ने है वनवास,
पूर्ण करूँगा उनकी आस।
मिले भरत को सिंहासन,
मैं करता हूँ अनुमोदन।।

नहीं भरत औ' मुझमें भेद,
तुच्छ बात पर इतना खेद।
तभी भूप कुछ हुए सचेत,
देख राम फिर हुए अचेत।।

धधक रहा था विरहानल,
गया ताप से हृदय पिघल।
विचलित हुआ तनय[267] का प्यार,
बहने लगा नयन के द्वार।।

मुख से नहीं सके जो बोल,
कहने लगे अश्रु अनमोल।
खड़े राम थे झुके झुके,
बिन्दु नयन में आ छलके।।

दृश्य देख थे नयन थके,
हृदय विदारक सह न सके।
किया मात को विनत नमन,
पितृ चरण के ले रज कण।।

आज्ञाकारी राम सदा,
अनुज सहित वे हुए बिदा।
पुनः लौट माता के पास,
पहुँचे मुख था पूर्ण सुहास।।

कहा मातु दो आशीर्वाद,
करना मन में नहीं विषाद।
सुत का धर्म निभाना है,
मुझे अभी वन जाना है।।

267. पुत्र

और राज्य का सिंहासन,
भरत करेंगे संचालन।
माता को था अतिशय मोद[268],
समझीं इसको मनो विनोद।

बोलीं छेड़ा क्या प्रहसन,
दुश्मन तेरे जाएं वन।
आज वचन मत ऐसे बोल,
मेरा मन जाता है डोल।

लखन खड़े थे वहीं उदास,
बोले मातु नहीं परिहास।
इनकी यही प्रतिज्ञा है,
मात-पिता की आज्ञा है।।

अरे! सुमित्रा सुनो बहन,
क्या कहते हैं राम लखन।
सुना सुमित्रा ने विवरण,
लगा धधकने तन औ मन।।

268. खुशी/प्रसन्नता

अधर काट शक्ति तौली,
वीर प्रसूता यों बोली।
लक्ष्मण तू क्या देख रहा,
नहीं रक्त क्या उबल रहा।।

नहीं दूध क्या पिया सबल,
खड़ा आज बन क्यों निर्बल?
कहा लखन ने मैं निर्दोष,
माँ मेरा तो था निर्घोष[269]।।

जो भी आएं आज विघन,
मारूँ अभी सभी अरिगण[270]।
किन्तु आर्य ने मना किया,
बरबस हो सिर झुका लिया।।

कहा राम ने माँ देखो,
कुल की आन बान लेखो।
चौदह वर्ष नहीं है दूर,
वन में भी हैं सुख भरपूर।।

269. ऊँची आवाज में घोषणा
270. शत्रु गण

कहा लखन ने तो हे! तात,
मेरा भी प्रिय पकड़ो हाथ।
उन्हें राम ने समझाया,
किन्तु नहीं कुछ फल पाया।।

वहीं पास ही जनक सुता,
खड़ी हुई थी अनूगता[271]।
अश्रु पोंछकर बोली नाथ!
मैं भी चलूं तुम्हारे साथ।।

माताओं ने सुना कथन,
सीता को लिपटाया तन।
अतिशय हुआ हृदय में द्राव,
और अश्रु का अविरल स्राव।।

कहा कोमले! मृगनयनी,
कहती क्या तू अनहोनी।
यहां हर्म्य[272] में जब सब मीत,
हो जाती है तू भयभीत।।

वन के कष्ट सहेगी तू?
कैसे वहां रहेगी तू?

271. समर्थक/ अनुयायी
272. महल

माँ तुमने ही समझाया,
पति के साथ रहे भार्या॥

तरु से अलग कहीं छाया,
मन से विलग कहीं माया।
ऐसा भी होता है क्या?
और कभी भी होगा क्या?

समयोचित पा प्रत्युत्तर,
माताएं थीं निर उत्तर।
बचा नहीं कुछ कहने को,
कह न सकी फिर रहने को॥

घन गर्जन सा घहराकर,
विद्युत जैसा लहरा कर।
समाचार यह डगर डगर,
फैल गया था पूर्ण नगर॥

स्वर्गिक था उल्लास जहाँ,
सुन पड़ता था रुदन वहाँ।
पुरवासी सब छोड़ सदन,
भाग रहे थे राज भवन॥

राज भवन के प्रांगण द्वार,
सौध[273] हर्म्य[274] औ' सब आगार।
उलट पड़ा ज्यों सब संसार,
मचा हुआ था हाहाकार।।

कैकई पर छाया था रोष,
सभी देव को देते दोष।
पंख निकल पाए न इधर,
नीड़ कर दिया तितर बितर।।

बिना राम क्या काम यहाँ,
चलें वहीं वे जाएं जहाँ।
येन केन कुछ समझाकर,
धीरज सबको बंधवा कर।।

लेकर मन ही मन अवसाद,
माताओं का आशिर्वाद।
लखन सिया के संग श्री राम,
चले विपिन तजकर निज धाम।।

273. सदन
274. महल

आये चलकर तोरण द्वार,
    चारों ओर उठी जय कार।
देख सभी जन हुए विकल,
    तीनों पहने थे वल्कल[275]।।

रथ लेकर के सचिव वरिष्ठ,
    और खड़े थे गुरु वशिष्ठ।
नर नारी को मृदु संदेश,
    रघुकुल के बीते उपदेश।।

कहते करने को मन शांत,
    किन्तु नहीं पाते विश्रान्त।
किसी तरह से देकर आस,
    और दिलाकर दृढ़ विश्वास।।

मात पिता को कर सुमिरण,
    छूकर गुरु के कमल चरण।
राम लखन औ' जनक सुता,
    अवधपुरी से हुए विदा।।

❄❄❄❄❄❄

275. पेड़ की छाल के वस्त्र

इन्द्र-विजय

विश्व विजय की प्रबल कामना,
अहम् भावना अति बलवान।
लंकेश्वर को प्रेरित करती,
इन्द्रपुरी पर करो प्रयाण।।

कटक[276] चमू[277] चतुरंग[278] सैन्य सब,
अस्त्र शस्त्र का ले भण्डार।
चले दैत्य दल उमड़ घुमड़,
घन घोर घटा के ज्यों अंबार।।

मेघनाद रावण रण दिग्गज,
सिद्ध महाभट लघिमा[279] में।
बिना परिश्रम पहुँच गये वे,
देव लोक की सीमा में।।

276. फौज
277. सेना
278. हाथीं, घोड़े, रथ एवं पैदलसैनिक
279. एक सिद्धि

पिता-पुत्र ने गुप्तचरी हित,
धरकर देव पुरुष श्री वेश।
नव प्रभात में कीर्तन करते,
अमरपुरी को किया प्रवेश।।

सिंहपौर से दिव्य अलौकिक,
दर्शनीय था इन्द्र भवन।
राज-मार्ग मरकत[280] मणि निर्मित,
पुण्य निचय[281] तरु लदे गहन।।

शंख-पद्म से चित्रित तोरण,
विविध रंग पथ भव्यागार।
पुण्य भूमि में वस्त्राभूषण,
ललित कलाओं के भण्डार।।

ठौर ठौर पर वारियन्त्र[282] से,
सिंचित होते थे उद्यान।
मोहन गृह युत बनी वापियाँ[283],
सुन्दर सजे धजे सोपान।।

280. चमकीले हरे रंग का रत्न/पन्ना
281. ढेर/अत्याधिक
282. रहट (पानी निकालने का चक्र)
283. जलकुंड

नाग मतंगज सिंधुर कुम्भर,
एरावत गज-शालाएं।
सेंधव, श्यामकर्ण अश्वों से,
भरी हुई हय-शालाएं[284]।।

स्यंदन[285] स्वर्णयान पारद युत,
विविधायुध के शस्त्रागार।
कार्मुक[286]-धारी सुभट अनेकों,
सजग घूमते थे प्रतिहार[287]।।

नंदन कानन की सुषमा लख,
रहा न सुख का पारावार।
दृष्टि जहां तक जा सकती थी,
अचरज सा लगता संसार।।

शस्य श्यामला हरित पीत तृण,
ओढ़ चुनरिया रम्य धरा।
मंद सुवासित मृदुल समीरा,
बहा रही थी सरस सुरा।।

284. घुड़साल
285. रथ
286. धनुष
287. चौकीदार/पहरेदार

मन मोहक बहुरंग छटा थी,
शुभ्र ताल शुचि नीर भरे।
झरने झर झर झरक रहे थे,
कुंज अनेकों हरे भरे।।

रंग बिरंगी श्रृंग[288] शैलियाँ,
निर्मित जिन पर प्रणय कुटीर।
स्वर्ण-रजत-रत्नों से शोभित,
खड़ीं तरणियाँ सरवर तीर।।

किसलय[289] कुसुम अपार फूल फल,
वसुधा को देते थे अर्घ्य।
खाते खग मृग चहक किलक कर,
प्रमुदित नहीं कोई अपसर्ग।।

अंगनाप्रिय[290] मंदार[291] प्रियांबू[292],
पारिजात औ' मदिरागंध[293]।
प्रवालवर्णी[294] पुष्प गुंच से,
मधुर मदिर उड़ता मकरंद।।

288. पर्वतों की चोटी
289. नव पुष्पित
290. अशोक
291. पलास
292. आम
293. कदम्ब
294. नये पत्ते

बालपुष्पिका[295], कनकप्रभा प्रिय,
चारुयेसरा[296] औ' बंधूल।
लता प्रियंगू, मुकुल[297] केतकी,
भृंगप्रिया[298] में टटके फूल।।

नील श्वेत संग रक्तोत्पल बिच,
प्रिय दर्शित यों कनक कली।
सुरपुर श्री बन स्वयं विराजी,
कमलासन पर उदधि लली।।

अरुण प्रियाएं जलक्रीड़ा रत,
फुही उड़ातीं दे दे ताल।
मुक्ताफल के भ्रम में पड़ पड़,
चुग चुग लेते बाल मराल[299]।।

अलियों[300] की सुन मधुर बीन,
खिलखिला रहीं कोमल कलियाँ।
पीतीं कुसुम सुरा परिमल[301] से,
रंग बिरंगी तितलियाँ।।

295. चमेली
296. गुलाब
297. मौलश्री/अधखिला फूल
298. मालती
299. हंस
300. भौरा/भ्रमर
301. सुगंध

किन्नरियाँ बहु गंधर्वी थीं,
दिव्य अप्सरा ललनाएं।
ललित कलाएं दक्ष यक्षिणी,
अंगनाएं औ' बालाएं।।

जल तरंग वीणा मृदंग मृदु,
वेण बजातीं मोहनियाँ।
मदिर तान में रस बरसातीं,
कोकिल कंठी कामनियाँ।।

दोला[302] रोहित[303] कहीं युवतियाँ,
खोंस कर्ण में कुसुम शिरीष।
कुछ मुग्धाएं चषक[304] चूमतीं,
रखे मृणाल[305] कुचों[306] के बीच।।

भोज पत्र पर रचना करतीं,
मदन लेख विद्या धरियाँ।
लिये तूलिका मनहर रंजतीं[307],
चित्र फलक पर अनुकृतियाँ।।

302. नीला
303. लाल
304. मदिरा पात्र
305. कमल फूल की डंडी
306. उरोज/स्तन
307. चित्र बनाना

वहीं कहीं थी छिपी सारिका,
बैठी सुमन गुच्छ की गोद।
देख उर्वशी लगी छेड़ने,
सरस स्वरों में व्यंग विनोद॥

अरी रूपसी! कहाँ चली री,
तजा केश का क्यों विन्यास।
पुष्पदंत संग चन्द्र प्रभा में,
मिटी न तेरे तन की प्यास॥

ठहर ढीट! सुरपति से तुझको,
मिला अत्यधिक प्रोत्साहन।
इसीलिये वाचाल हुई तू,
भूल गई है अनुशासन॥

क्रुद्ध न हो अलि, नहीं कहूँगी,
कभी धृताची[308] से यह बात।
अरे! और सुन तिलोत्तमा[309] भी,
लगा रही है अपनी घात॥

308. प्रधान अप्सरा

309. प्रधान अप्सरा

तभी पार्श्व में अलंबुषा[310] से,
शुक का होते देखा द्वंद्व।
बैठ पृष्ठ[311] पर गज गामिनि के,
खोल रहा था कंचुक बंध।।

देख दृश्य खिल खिला रही थी,
खड़ी सुकेशी[312] सरवर पास।
अरे दुष्ट! वह नहीं कलह प्रिय,
यह कैसा तेरा परिहास।।

कनक किरण हित विश्रामित सी,
रंभा थकित अलस गमना।
मांसलांग[313] गुदगुदा रहा था,
श्रृँग नोक से मृग छौना।।

सुमुखि मेनका मदिराक्षी के,
नयनों को निज दृग से तौल।
खंजन[314] शिशु सुकुमार चंचु[315] से,
घर्षण करता अधर कपोल।।

310. प्रधान अप्सरा
311. पीठ
312. प्रधान अप्सरा
313. कोमल अंग
314. लंबी पूंछ वाला पक्षी
315. चोंच

प्रियक कुंज में मंजूघोषा,
फूँक रही मुरली में प्रान।
उसी वेणु पर बैठ पपीहा,
छेड़ रहा था अपनी तान।।

कुंभीनस औ' मेघनाद कर,
अद्भुत दृश्यों का रसपान।
विचरण करते घड़ियाँ बीतीं,
आ पहुँचा दिन का अवसान।।

सोमबन्धु ने स्वर्णिम अरुणिम,
किरणों को घिस कर चकचूर।
सांध्य कुमारी की अलकों में,
अंजलिगत फेंका सिंदूर।।

विभावरी[316] के अवराधन[317] हित,
गगन चूमता भू विख्यात।
दमक उठा अंजनकेशों[318] से,
सुरपति का क्रीड़ा प्रासाद।।

316. रात्रि
317. पूजा /अर्चना
318. दीपक

कर्णिक रथ औ शिविकाओं[319] में,
विधु वदनी कर कर श्रंगार।
अश्वारोहित रूपवन्त संग,
हुईं एकत्रित नृत्यागार।।

इन्द्र सभा की वैभव श्री का,
कर न सका रावण अनुमान।
अद्वितीय, उपलब्ध नहीं थे,
ऐसे सुन्दर और प्रमान।।

रत्न जटित स्तंभ अवस्थित,
रम्य सुशोभित हर्म्य[320] अनिंद।
दुर्लभ मणि मुक्ता से टंकित,
पटल यवनिका[321] डले अलिंद[322]।।

फटिक मणी निरमित एरावत,
लिये कर्णिका[323] रुद्रज माल।
मालाओं पर टंगा हुआ था,
रत्निम सिंहासन सुरपाल।।

319. पालकी
320. महल
321. परदा/आवरण
322. दरवाजे का अग्रभाग
323. हाथी की सूंड का अग्रभाग

शत चन्द्रों सा दीप्तिमान था,
छत्र अनोखा मन भावन।
कोटि किरण आभा से जिसकी,
आलोकित था रंग भवन।।

किरण प्रभा भी आलोकित थी,
कोटि रत्न अवलम्बों से।
रत्नावलि दैदीप्यमान थी,
स्वर्ण दीप प्रतिबिंबों से।।

रंगालय नेपथ्य भाग में,
हुआ किसी का अभिनन्दन।
जयति देव जय जयति सुरेश्वर,
प्रियदर्शी तव अभ्यर्थन।।

हुई सभा उत्तिष्ठ शची औ',
देवराज ने किया प्रवेश।
बीर बहूटी सी इन्द्राणी,
इन्द्र दमकता दिव्य दिनेश।।

महाभूत तत्वों से सिर-जित,
शची और सुर भूपाला।
तोड़ दिये वे विधि ने मानो,
साँचे जिनमें था ढाला।।

मोहनीय अति मंजु रसीली,
सहसा झनक उठी झंकार।
मृदंग गमक संग झुमक छुमक की,
मदिर मन्द्र गूँजी गुंजार।।

लिये सोमरस मद्य वारुणी,
चषक[324] पूरती चपलाएं।
रुचिर रूप रस मद बरसातीं,
चलीं डोलती मदनाएं[325]।।

हिलीं यवनिका[326] प्रगट हुईं,
कान्ताएं कोमल मृदुल मसृण[327]।
कृषांगिनी तन्वंगी थिरकीं,
कंकण किंकिण मदिर क्वणन।।

तभी उर्वशी हर्म्य शिखा से,
सुरपुर की अनमोल रतन।
शुभ्र उर्मि सी लहरा उतरी,
भासित ज्यों गंगावतरन।।

324. मद्य पात्र
325. चंचल स्त्री
326. परदा/आवरण
327. कोमल/नरम

अरुण प्रियाएं रत्न विभ्राजित[328],
    अलंकरण की आभा से।
पारदर्शिनी देह रची ज्यों,
    केशर कुंकुम मिश्रण से।।

झमक् झुमक् झूम्, ठुमक् ठुमक् ठूम्,
    पायल नूपुर रणन क्वणन।
डिमिक् डिमिक् डीम्, तिनक् तिनक् तिन्,
    मुरज[329] खंजरी झनन् ढनन्।।

अवनद्ध-घन-तत सुषिर ध्वनी का,
    आरोहन औ' अवरोहन।
राग रागिनी चटुल[330] भाव संग,
    घुंघरू झाँझर अनुबन्धन।।

मदरागित लय ताल समन्वित,
    रूप उदधि ले रहा हिलोर।
मदनोन्मत्त दर्शक बौराये,
    झूम रहे थे आत्मविभोर।।

---

328. उगते /दिखते

329. ढोल

330. झूमते हुए

लाल महावर चर्चित पग जहँ,
　　ठुमुक उठातीं कामनियाँ।
वहँ अंकलसित होते जैसे,
　　बिखराईं अरुणिम पंखुरियाँ।।

रास रंग के सम्मोहन में,
　　इन्द्र सभा थी जब तल्लीन।
लंकराज निज राज कुंवर संग,
　　इन्द्रपुरी से हुआ विलीन।।

सैन्य शिविर में मातामह के,
　　परामर्श से रचकर व्यूह।
रणभेरी के तीव्र नाद संग,
　　रक्षस दल के चले समूह।।

रक्ष वाहिनी देख देवगण,
　　पहुँचे देवराट् के पास।
घोर विपत्ति आ पड़ी अचानक,
　　नहीं स्वप्न में जिसकी आस।।

देवराज ने सुत जयंत को,
देकर दिव्य धनुष औ' खंग।
प्रतिकंचुक[331] से लोहा लेने,
भेजा धनुर्द्धरों के संग।।

रणस्थली में एक ओर था,
रथ पर मेघनाद बलवंत।
सम्मुख जिसके प्रतिरथ[332] वैसा,
देवराट् सुत वीर जयंत।।

शंखनाद संग भिड़ीं वाहिनी,
चले खंग मुदगर के वार।
धनुर्युद्ध फिर दिव्य शक्तियाँ,
मार काट भीषण संहार।।

मेघनाद ने माया रचकर,
फैला अंधकार घनघोर।
प्रास[333] मुसल[334] औ' शतघ्नियों[335] से,
देव सारथी को झकझोर।।

331. शत्रु
332. बराबरी से लडने वाला
333. फेंकना
334. गदा/मुग्दर
335. भालेनुमा हथियार

इन्द्र तनय के स्यन्दन[336] छत पर,
विकट गदा मारी भरपूर।
क्षत विक्षत रथ हुआ देखकर,
गिरा उपेन्द्र छिटककर दूर।।

वहाँ पुलोमा[337] दानवेन्द्र ने,
दोहित[338] को झट रथ में डाल।
जोरा जोरी व्यूह तोड़कर,
संकट से ले गया निकाल।।

सुना इन्द्र ने वज्र हस्त हो,
युद्धस्थल में चला स्वयम्।
घन गर्जन कर बढ़ा वेग से,
हेमगिरी सा रथ अनुपम्।।

रुद्र बसू आदित्य मरुद गण,
सुर पति के थे चारों ओर।
कुंभर प्रतिकुंजर[339] एरावत[340],
अश्व अनेकों ओर न छोर।।

336. रथ
337. इन्द्र के श्वसुर
338. नाती
339. अनियंत्रित हार्थी
340. इन्द्र का हाथी

लंकपति ने तुरत भयंकर,
मय निर्मित रथ बुलवाया।
भीम सुमाली पीछे, आगे,
कुम्भ करण को रखवाया।।

दक्षिण वाम शुक्र सारण कर,
वज्र व्यूह का किया गठन।
दृश्य भयानक लगता जैसे,
ग्रहनायक पर लगा ग्रहन।।

ढोल जुझाऊ लगे घुमड़ने,
लगीं गूँजने रण भेरीं।
घमासान मच गई क्षणों में,
पटीं भूमि पर शव ढेरीं।।

विकट गर्जना भीम प्रकम्पन,
सुभट परस्पर भिड़ जाते।
दमक दमक उठती दामनियाँ,
वज्र वज्र से टकराते।।

चक्र सदृश थे रुण्ड घूमते,
नभ में छा छा जाते मुण्ड।
तैर रहे थे मुर्दे जैसे,
जलचर भरे रुधिर के कुण्ड।।

कुम्भकर्ण तो अँधाधुंध बस,
सोच समझ कर करना क्या?
फाड़ दाँत से, मसल लात से,
अपना और पराया क्या।।

देख दृश्य वीभत्स सुरों में,
त्राहि त्राहि की उठी चिकार।
देवराज ने किया विकर्षण,
विद्धायुध[341] में दी टंकार।।

मन्त्र फूँक शर खींच प्रत्यंचा,
अग्नि अस्त्र छोड़ा विकराल।
अंतरिक्ष में लगीं लहरने,
अगणित लाल हुताशन[342] ज्वाल।।

यातुधान[343] सेना में भगदड़,
मची भयातुर हाहाकार।
मेघनाद ने मन्त्र पूतकर,
जल शक्ति का किया प्रहार।।

घटाटोप घन गरज तरज कर,
लगे बरसने मूसलधार।

341. विशेष लम्बाई का धनुष
342. अग्नि
343. दैत्य

शीतल जल से दैत्य सैन्य में,
फैला नूतन बल संचार।।

रावण ने खर दूषण त्रिशरा,
देवान्तक को दे ललकार।
अमरपती[344] के रथ को घेरा,
करने लगा परिघ[345] की मार।।

वज्रपाणि[346] ने काल दण्ड सा,
वज्र घुमा मारा भरपूर।
मूर्छित हो गिर पड़ा भूमि पर,
दैत्य पति लंका का शूर।।

मरुद् गणों औ' रुद्रों ने मिल,
कुम्भकरण बलशाली को।
वसुओं ने खर दूषण त्रिशरा,
घेरा भट्ट सुमाली को।।

युद्ध भूमि में कर्ण विदारक,
उठतीं चारों ओर चिंघाड़।
खड्ग मुशल[347] हथियार खड़गते,
चीर फाड़ धर मार पछाड़।।

344. इन्द्र
345. भाला
346. इन्द्र
347. गदा/मुद्गर

दो मुहुर्त के तुमुल युद्ध में,
हुआ सुमाली श्रम से जीर्ण।
मार गदा सावित्र बसू ने,
क्षत विक्षत कर दिया विदीर्ण।।

मेघनाद ने देवान्तक से,
सुनी सुमाली वध की बात।
रथारुढ़ हो झपट इन्द्र पर,
टूट पड़ा ज्यों उल्कापात।।

विसंभूत[348] ने बींध सारथी,
रथ अश्वों को मार बिदार।
विचकित[349] इन्द्र वक्ष पर भीषण,
महाशक्ति से किया प्रहार।।

संज्ञाहीन हुआ विभु क्षण में,
गिरिकंकट[350] का खा आघात।
बाँध जकड़ कर मधवाजित[351] ने,
लिया पृष्ठ पर झटपट लाद।।

348. सहसा सामने आना (जिसकी संभावना न हो)
349. भौंचक्का/ घबराया हुआ
350. वज्र
351. मेघनाथ

गर्जन कर फिर उड़ा गगन में,
    उद् घोषित की नभवाणी।
पितृ प्रयोजन नहीं युद्ध में,
    बंदी किया वज्रपाणी[352]।।

हुए त्रिलोकी नाथ तात प्रिय,
    हुआ प्रतिष्ठित रक्षस कुल।
विजय गर्व से हर्षित रावण,
    बिबुध विसूरण[353] से व्याकुल।।

विजय नाद संग दैत्य गणों ने,
    वीर जयंती नृत्य किया।
इन्द्र जयी को लंकेश्वर ने,
    उठा वक्ष से लगा लिया।।

कहा पुत्र तू प्रतिग्रह[354] को ले,
    लंकपुरी को कर प्रस्थान।
पीछे पीछे मैं आया,
    गंधर्व राज का कर सम्मान।।

❄❄❄❄❄❄

352. इन्द्र
353. दुख /निराषा /चिंता 80.
354. दान/ भेंट

पर्ण कुटी

विंध्याचल की उपत्यका में,
गोदावरी गंग पर्यंत।
दण्डक वन विख्यात धरा पर,
फैला है कान्तार[355] अनन्त।।

सतत तरंगित शुभ्र उर्मियाँ,
दूर दूर तक बाँह पसार।
अमृतांबु से सिंचित करतीं,
सुर सारी के कूल कछार।।

कूल कछारों पर विकसित हैं,
हरित शैल की श्रंखलियाँ।
श्रंखलियों से झरक रही हैं,
दुग्ध फेन सी निर्झरियाँ।।

स्वर्णारुढ़ हो अस्ताचल में,
अर्चिमान[356] जाता जब अर्क[357]।

355. विशाल वन
356. चमकता हुआ
357. सूर्य

रोचित होती अर्चक[358] अचला,
अर्चनीय[359] को देती अर्घ।।

अमृतांशु[360] तब अंबरांत[361] से,
किरणों की पिचकारी खोल।
अर्घपात्र से रजत सलिल को,
खींच अवनि[362] पर देता ढोल।।

पुलक त्रियामा नभ सागर से,
खिलीं कुवलियाँ लिये अनेक।
शुभाशीष देती वसुधा को,
तुहिन कणों से कर अभिषेक।।

उषांगना तब हरी प्रिया को,
चर्चित कर रक्तिम चंदन।
दीप शिखा ले स्वर्ण थाल में,
नंदित करती नीरांजन[363]।।

358. पुजारी
359. पूज्य/आराध्य
360. चंद्रमा
361. आकाश/क्षितिज
362. धरती/पृथ्वी
363. दिया/आरती

सुरभिवर्तिका कली टटकतीं,
बौर उड़ाते मसृण[364] अबीर।
अगरु धूम्र सा फैला देता,
परिमल[365] भर भर मंद समीर।।

वृक्ष वल्लरी अर्पण करतीं,
कंद मूल फल का नैवेद्य।
विविध विहंगम मधुर स्वरों में,
गाते झूम ऋचाएं मेध्य[366]।।

तपो भूमि में वेदमन्त्र का,
ऋषि मुनि करते उच्चार।
शंख तूर्य[367] घड़ियाल घंटियाँ,
मंगल ध्वनियों की गुंजार।।

यों सुश्राव्य[368] रमणीक वन्य में,
वनस्थली है पंचवटी।
शमी काँस कुश निर्मित जिसमें,
दर्शनीय इक पर्णकुटी।।

364. नरम/ कोमल
365. सुगंध/इत्र
366. पवित्र/यज्ञ संबंधी
367. वाद्य यंत्र
368. अति मधुर

एक वीर-धन्वा एकाकी,
मृण्मय रुचिर पीठ आसीन।
अर्द्ध निमीलित[369] राजिव लोचन,
बोझिल भावों में तल्लीन।।

मानव मन व्यवसाय झलक कर,
भुवन कोष व्यापारों में।
आते हैं प्रतिक्षेपित[370] होकर,
मानव के व्यवहारों में।।

जड़ चेतन में गुप्त रूप से,
दृश्य अदृश्यों का सम्बन्ध।
बिंब और प्रतिबिंब निरंतर,
प्रतिपल करते हैं अनुबन्ध।।

यही बिंब प्रतिबिंब परस्पर,
अंतः करण ग्रहण करता।
सुमति कुमति का भाव इन्हीं,
प्रतिबिंबों पर निर्भर रहता।

369. बंद पलकें
370. खंडित

एक तत्व के दो अणुओं का,
होता है यदि कहीं विछोह।
मौलिकता तो अक्षुण रहती,
प्रेम कहो या ममता मोह।।

एक वर्ष ही रहा शेष अब,
स्वजन रहे भूले बिसरे।
बीत क्षणों में गया भूत पर,
भावी कितना दूर अरे।।

मां कैकई ने ममता के वश,
देखा था सुत का कल्याण।
उलझ कुमति के कुटिल जाल में,
ले बैठी निज पति के प्राण।।

ज्ञात नहीं क्या दशा भरत की,
मेरे कारण माँ को त्याग।
बना क्षीण कृशकाय तपस्वी,
त्यागा राज-भोग अनुराग।।

और अधिक क्या बढ़कर होगा,
निजमन से निरमम विद्रोह।

पति समीप है किन्तु मांडवी,
भोग रही है दुसह विछोह।।

प्रिय-वियोग में वधू उर्मिला,
विरह वेदना से संतप्त।
मर्यादित नारी लज्जागत,
करती होगी क्या अभिव्यक्त।।

विगत स्मृतियों में जननी का,
उमड़ उमड़ पावन वात्सल्य।
राह जोहते थकता होगा,
नयनों से झर झर तारल्य।।

आलम्बन[371] से ही आश्रित बस,
रह सकते हैं पूर्ण सुखी।
विप्रलम्ब[372] से चेतन ही क्यों,
जड़ भी दिखते सदा दुखी।।

विलग वासु[373] से सूर्य चन्द्र को,
प्रिय वियोग ही सता रहा।
एक शीत से ठिठुर क्षीण तो,
एक अग्नि में धधक रहा।।

371. भावनाओं का सहारा
372. प्रिय वियोग/प्रेमी से विछोह
373. आत्मा/विष्णु का एक रूप

विष्णु चरण से गंग वियुक्ता,
  विरहा कुल हो भटक रही।
पृथक हुई ब्रह्मा से वाणी,
  जन जन में है अटक रही।।

रत्नाकर से अलग वारिधर[374],
  गरज तरज रिसता सारा।
शेष शयी से विलग क्षीर निधि,
  विरह वेदना से खारा।।

तभी देख सीता लक्ष्मण को,
  बिखर गया भावों से ध्यान।
लौट रहे हैं देवर भाभी,
  सुर सारी से कर स्नान।।

और साथ हैं सद्य यौवना,
  वन कन्याएं उत्कंठित।
पल पल करतीं हँसी ठिठोली,
  क्षण में होतीं अवगुंठित[375]।।

374. बादल
375. छिप जाना/परदे की ओट लेना

पीन[376] नितम्बी पर तन्वंगी,
सद्यः[377] मुकुलित तरुणाई।
विधि ने मानो स्पर्धा में,
व्यय कर डाली सुघराई।।

कितनी सुन्दर सुघर सलोनी,
शिलाजीत सा रूप अनूप।
मधुर रसीली वाणी इनकी,
श्यामा मयुरी के अनुरूप।।

अद्भुत इनका रहन-सहन है,
ऊँच-नीच का नहीं विचार।
जीवन इनका पावन कितना,
सरल तरल सा है व्यवहार।।

छू भी गया नहीं सपनों में,
राग द्वेष का मनोविकार।
भौतिकता से निपट निराला,
अलग थलग इनका संसार।।

376. मांसल

377. अभी अभी

कितने कोमल मनोभाव हैं,
    लज्जागत है उद् बोधन।
नहीं ग्रन्थियाँ अन्तःस्तल में,
    या उरमण्डल में गोपन।।

शुचिमय सौम्य सरल सुन्दरता,
    लेकर चेतनता का भार।
वेदों में जो कथित देवियाँ,
    भासित प्रतिमाएं साकार।।

नहीं लोभ झूठी स्पर्धा,
    झूठ प्रशंसा नहीं चाहतीं।
नहीं चाह निज क्षेत्र बढ़ाना,
    हिंसा को ये नहीं जानती।।

सभ्य समझता निज को मानव,
    कृत्रिमता पर कर अभिमान।
श्रेष्ठ श्रेष्ठतम इनका जीवन,
    कहता जिन्हें निरा अज्ञान।।

पंचवटी की दीर्घावधि में,
    पाकर इनका आसंजन[378]।

378. लगाव /अपनापन

भूल गई नृप सुता भयानक,
    वनस्थली के उत्पीड़न॥

ये तो हैं सामाजिक प्राणी,
    बुद्धिवान, पर वे अज्ञान।
सुन्दरतम पशु पक्षी भी तो,
    करते हैं वात्सल्य प्रदान॥

शाखा मृग नित नव प्रभात में,
    सीता को प्रांगण में देख।
किलक उछल कर तोड़ तोड़ कर,
    रसद फलों को देते फेंक॥

वन-धेनू निज लेरु के संग,
    प्रतिदिन आतीं कुटिया द्वार।
देख हमें वे खूब रंभातीं,
    प्रमुदित देतीं दुग्धाहार॥

मृगी मृगों के झुंड चौकड़ी,
    भर भर करते यहां रमण।
सिंह ऋक्ष[379] से हिंसक पशु भी,
    निर्भय करते हैं विचरण॥

379. भालू

हंसों के दल मुखरित करते,
वनस्थली कल कूजन[380] से।
निर्जन वन में लगता मादक,
मधु उत्सव अलि-गुंजन से।।

मोर पपीहा सुना प्रभाती,
करते निंदिया की चोरी।
दादुर झींगुर ले जाते हैं,
स्वप्न जगत में गा लोरी।।

सुन पड़ती है चन्द्र प्रभा में,
वन परियों की मदिर क्वणन्[381]।
निबिड़[382] गहन में पथ दिखलाते,
जल उठते हैं पट-बींजन[383]।।

मन मोहक रंगों की तितली,
वनोद्यान की रानी सी।
कली कली को मुकुलित करती,
कह कुछ बात सुहानी सी।।

380. कूकना
381. वाद्ययंत्र जैसी आवाज
382. घना वन
383. जुगनू

वर्ण वर्ण के विहग स्वरों से,
कलरव पूरित पर्णकुटी।
स्वजन सनेही ये प्राणी,
साकेत बनी है पंचवटी।।

भव्य अनूठा कितना पावन,
वन जीवन का यह संसार।
इन्हें देखकर ही तो पाती,
कलाकार की कला निखार।।

अनल[384] अनिल[385] जल गगन रसा के,
जिन तत्वों ने विश्व रचा।
उन्हीं दिव्य तत्वों की मिश्रित,
सुषमा से वन प्रान्त सजा।।

कण कण अति उल्लास पूर्ण है,
वन शोभा कमनीय ललाम।
पुर वासी क्या जान सकेंगे,
कितना कोमल यहँ विश्राम।।

384. अग्नि
385. वायु

मन ही मन तन्मय थे राघव,
मधुर विचारों में था ध्यान।
सीता बोली ''आर्य आज क्या,
ग्रहण नहीं करना जलपान।।

अर्घ्यपाद्य ले बैठ कुशासन,
पितृ चरण को कर अर्पण।
अनुज सहित तीनों ने मिलकर,
फलाहार को किया ग्रहण।।

पर्णोटज[386] निकटस्थ सुहावन,
स्वच्छ नीरयुत सुंदर ताल।
सघन वृक्ष हैं घिरे तटों पर,
जम्बुल मध्वल और रसाल।।

कमल कुमुद जहँ रंग बिरंगे,
विकसित रहते हैं दिन रात।
क्रीड़ास्थल सा प्रकृति वधू का,
नर्तन करती सांध्य प्रभात।।

386. पर्ण कुटी

वनचर का विश्राम शिविर यह,
 मानव मन हरने वाला।
विहँगों का संगीत भवन सा,
 भ्रमर पुंज की मधुशाला।।

वहीं तीर पर बिछी हुई थीं,
 भाँति भाँति की शिला अनेक।
सरवर तल भू गर्भ भाग का,
 समुचित करती थीं उल्लेख।।

राम लक्ष्मण सीता मिलकर,
 इन्हीं शिलाओं पर आ बैठ।
धर्म कर्म की चर्चा करते,
 या फिर कभी कभी आखेट।।

प्रतिदिन के अनुसार आज भी,
 बैठे थे दिन था अवशेष।
हुआ दृष्टिगत पार सरोवर,
 दीर्घकाय इक जंतु विशेष।।

धनुष उठा तूणीर टांग झट,
 राघवेन्द्र होकर गतिमान।
कूद फाँद चट्टान खड्ड सब,
 हुए विपिन में अंतर्ध्यान।।

मृगया को लख गुहा द्वार पर,
    किया पनच[387] पर शर संधान।
हुई प्रत्यंचा शिथिल शीघ्र ही,
    पड़ा बीच आ कुछ व्यवधान।।

तीर तूण में लगा राम ने,
    धनुष धरा पर टिका दिया।
देख सामने विस्मित होकर,
    स्वेद पोंछ निःशवास लिया।।

खड़ी एक विभ्राट सुन्दरी,
    युग्मपर्ण की लेकर टेक।
दीपध्वजित[388] मद रंजित आँखें,
    वक्र हास्य की मुख पर रेख।।

सघन गुच्छ केशों के श्यामल,
    अलकें थीं मुख पर बिखरीं।
चरम सूर्य की किरणों से वह,
    दमक रही ज्यों अग्नि भरी।।

387. धनुष की डोर /प्रत्यंचा
388. काजल लगी हुई

था उलंग[389] उरसिज[390] नितांत ही,
सिंधु-सुता-सुत[391] की माला।
सुमणित श्रोणिबिंब[392] थी कटि में,
रूप गर्विता थी बाला।।

एक हाथ था नमित वृन्त[393] पर,
एक श्रोणि[394] पर रखा हुआ।
एक चरण था टिका पींड़ से,
एक अधर में उठा हुआ।।

अंगहार कर इधर उधर जब,
तरुणी कुछ हिलती डुलती।
रत्निम आभा दमक दमक,
शंपाओं[395] सी खिल खिल पड़ती।।

मद मुकुलित थे नेत्र मदान्धा,
सुमन चाप की पीड़ा से।
कहते कहते रुक जाती ज्यों,
झिझक रही हो व्रीड़ा[396] से।।

389. नग्न
390. उरोज
391. मोती
392. करधनी/कमरबंद
393. डाल
394. कमर
395. आकाशीय बिजली
396. लज्जा/शर्म

खोज खोज आखेट बनी थी,
आखेटक वह आज स्वयम्।
आखेटी को पा समक्ष ही,
पहुँच गई थी ठौर चरम।।

युग्मपर्ण के पुष्प तोड़ कुछ,
गूँथी तुरत सुमन माला।
ज्यों अहेर[397] हित अष्टपदी ने,
फंदा अपना बुन डाला।।

ठिठक खड़े थे शान्त राम पर,
सोच रहे थे मन ही मन।
लगा विचारों का ताँता था,
चक्रव्यूह सा बना सघन।।

हो न कहीं यह मृतक आत्मा,
होता है कुछ यों संदेह।
कौन यौवना इस कानन में,
भटकेगी तज कर निज गेह।।

397. शिकार

या कि स्वप्न मैं स्वयं देखता,
किन्तु नहीं मैं तो चैतन्य।
खड़ी त्रिगर्ता[398] एक सामने,
मैं सीता का राम अनन्य॥

आश्वासित हो कहा राम ने,
''रमणी! क्या तुम मानव हो?
दानव, दैत्य, यक्ष-कन्या या,
और कोई हो उत्तर दो॥

असमय में तुम निर्जन वन में,
घूम रहीं हो विस्मापन[399]।
किसी राज्य की भूली भटकी,
लगती हो अनमोल रतन॥

कर कटाक्ष मुसका कर बोली,
हाय! आज मैं छली गई।
शूरवीर लुब्धक[400] देखो तो,
मृगी जाल में फँसी हुई॥

398. कामुक स्त्री
399. भ्रांति/आश्चर्यप्रद
400. शिकारी

हृदय धनुष तैयार करो, लो,
प्रणय प्रत्यंचा को तुम तान।
मृदु चंबन नाराच[401] छोड़ कर,
बींधो व्याकुल मेरे प्रान॥

प्रश्न किया क्या शुष्क अनर्थक,
"कौन वर्ग की कन्या हूँ"।
केवल इतना कान्त समझ लो,
मैं मदनांग वदन्या हूँ॥

आओ चलें हम सन्निवेश[402] में,
तुम्हें बताऊँ मम ऐश्वर्य।
निज दृग से सामर्थ्य कूत लो,
मिटे तुम्हारा भ्रम वैकल्य॥

किन्तु क्षमा, मैं भूल गई थी,
देख सुमद[403] अनथक यह रूप।
चलो कुशल! अब सुभग बताओ,
कौन देश के तरुण अनूप॥

401. तीर
402. शिविर/मिलने का स्थान
403. मतवाला

अमरपुरी के या कि देव तुम,
आतंकित हो रावन से।
भटक रहे क्या छद्म वेष में,
जो भी हो, मनभावन से।।

कोटि कोटि सरसिज सी छबि का,
करते हो क्यों दुर्-उपयोग।
नहीं मिलेगी मुझ सी गृहणी,
करो सुमुखि का सद्-उपभोग।।

कहा राम ने आर्यवर्त मैं,
पुरी अयोध्या है सुखधाम।
मैं राजा दशरथ का नंदन,
रामचन्द्र है मेरा नाम।।

और सुनो तुम प्रमदे! मुझ पर,
किसी अन्य का है बंधन।
पत्नी व्रत के धर्म नियम का,
कारण नहीं करूं लंघन।।

क्या निछोह पुरुषत्वहीन से,
आज हुई है अनुपम भेंट।
किये नहीं क्या अब तक जिसने,
एक तीर से दो आखेट।।

तरुणाई पा कभी विटप में,
होता नहीं ओज का अंत।
पतझर पर पतझर होते हैं,
फिर फिर आता नया बसंत।।

और अन्य जीवों को देखो,
नित नव प्रणय रचाते हैं।
पौरुषता स्वच्छन्द प्रकृति का,
ही तो भास कराते हैं।।

अहा! सुन्दरी हर्षित हूँ मैं,
सुन तेरी दर्शन वाणी।
जड़, जन्तू सम तुलना में हैं,
मानव देह प्राप्त प्राणी।।

किन्तु नहीं मैं विटप जड़ों से,
खींच सकूँ जो तरुणाई।
पतझर के पश्चात् नहीं फिर,
पा सकता मैं अरुणाई।।

मिला नहीं स्वच्छन्द जीव सा,
प्रकृति प्रदत्त प्रणय का ज्ञान।
पौरुषता की इस विद्या से,
मैं तो निपट निरा अज्ञान।।

अतः खोज लो तरु सा साथी,
जिसके मन में यदि भाए।
तुम जैसी मदिराभ[404] मल्लिका,
अपने तन में लिपटाए।।

या कि जीव जो प्रणय कला की,
पौरुषता में हो स्वच्छन्द।
जाओ सुमुखि! खोजो वर ऐसा,
तभी सफल होगा सम्बन्ध।।

खोज खोज खो दिया स्वयं को,
विश्व खोज मैं आई हूँ।
खोज रही थी जिसे उसी को,
आज खोज मैं पाई हूँ।।

क्या प्रयोज्य को छोड़ सकूंगी,
जिससे गूढ़ प्रयोजन हो।
कहीं बुभुक्षित त्याग सकेगा,
रुचिर सामने भोजन हो।।

404. चंचल /नशीली

सूर्य ढला जा रहा क्षितिज में,
काल संक्रमण का आया।
शुभ मुहुर्त भी विधि यह देखो,
पाणिग्रहण का है लाया।।

सुमन माल ले बढ़ी कि देखा,
चन्द्र किरण हेमन्ती सी।
कोई बाला, अन्य तरुण संग,
झाँक रही लजवन्ती सी।।

उधर नील परिधान चीर कर,
क्षितिज तीर पर चित्रा चीर।
विकच[405] रहा रजनीगंधा सा,
जगमग पूर्णामृता शरीर।।

एक बार रमणी ने विधु को,
फिर देखा विधु वदनी ओर।
विद्युत पूंजी रूप रश्मियाँ,
फूट रही थीं लक्ष करोर।।

405. फैलना /पुष्पित होना

निरख स्वयं को सिमिट गई वह,
मुख की आभा हुई विलीन।
चन्द्र अंशु को देख कमल की,
हुई संकुचित कली नवीन।।

रघुनन्दन ने रमणी मुख से,
पाकर किसी और का भास।
मुड़कर देखा लखन खड़े थे,
विनत वदन सीता के पास।।

नयनों को बिचका कर सीता,
मुसकाकर बोली, हे आर्य।
नहीं समझ पाई थी तिलभर,
ऐसा कितना भारी कार्य।।

जिसके कारण सहसा दौड़े,
झटपट उठकर हिरण समान।
वह प्राणी जो दीख पड़ा था,
वो ही है क्या यह द्युतिमान।।

अहा! गगन भी देख रहा है,
सुधा नेत्र से ज्योति प्रसार।
अरे! लखन तुम भी तो देखो,
भैया का गोपित अभिसार।।

कहा लखन ने निपट वंचना[406],
नहीं ठिठोली में कुछ सार।
तात खड़े हैं विस्मित होकर,
गले पड़ी है मादक नार।।

परनारी से यदि भ्राता को,
सचमुच देखूँ करते प्यार।
भाभी! मैं समझूँगा इसको,
मेरी आँखों में व्यभिचार।।

तभी राम ने कहा कि चपले,
वह मेरा है अनुज लखन।
कूंवारा है यह पूर्ण निरंजन,
प्रायः रहता है अनमन।।

406. धोखा/मिथ्या

देख उसे जी भर कर पहले,
कैसा सुन्दर पाया रूप।
वरमाला जा डाल उसे तू,
वही सुभग तेरे अनुरूप।।

सीता बोली लो देवर जी,
आई कैसी कुशल घरी।
बिना श्रांति[407] ही मिली अचानक,
सेंत मेंत में तलोदरी[408]।।

अच्छा हो यदि दुर्गमपथ में,
मिले अलि[409] सुन्दर का साथ।
समय कटेगा अपनी उसकी,
कह सुन मीठी-मीठी बात।।

हम दोनों भाभी देवर को,
हितकारी है यह प्रस्ताव।
सच कहती हूँ नहीं रखेगी,
बहिन उर्मिला कोई दुराव।।

407. मेहनत/थकान
408. पत्नी/भार्या
409. सखी

बोले लखन कि प्रिय भाभी तुम,
करो न ऐसा कटु उपहास।
रखी तुम्हारे शरण धरोहर,
तोड़ो मत कोमल विश्वास।।

नहीं! नहीं! यह अनुचित भैया,
शुभ अवसर पर अनजाना।
घोर अमंगल कारी होता,
अधिकृत लक्ष्मी ठुकराना।।

याचक को तो द्वार द्वार पर,
कठिन भीख भी होती है।
बिन माँगे ही विधि ने देखो,
दिया अमोलक मोती है।।

अरे! इधर तुम आओ सीते,
बोले राम हाथ सनकार।
उन्हें समय दो दोनों मिलकर,
निज जीवन पर करें विचार।।

प्रश्न जटिल है हल करने दो,
इस रमणी बेचारी को।
क्रय विक्रय का समय इन्हें दो,
ग्राहक औ' व्यापारी को।।

अंगहार कर मदिर लोचना,
पहुँची जहाँ खड़े सौमित्र।
सूर्य चन्द्र की आभा प्लावित,
लगता था वह तरुण विचित्र।।

वह मलीन मुख पीत वर्ण सा,
पड़ कर घोर निराशा में,
हुआ प्रफुल्लित कुसुम काल के,
नव विकास की आशा में।।

प्रियवर लो तुम ही अपना लो,
मदन प्रताड़ित बाला को।
तृप्त करो मम तृषित[410] वासना,
पहनो लो जय माला को।।

कला प्रवीणे! ठहर दूर रह,
पल पल करती परिवर्तन।
दुविधाओं में पड़कर होता,
नहीं किसी से अनुबन्धन।।

तरल अग्नि सी धधक रही तू,
तेरे तन की गागर में।

410. प्यासी/लालची

नहीं शमन हो सकती चाहे,
    उसे डुबा दे सागर में।।

मैं तो अनुचर इन दोनों का,
    आज्ञाकारी वीर व्रती।
निर्भोगी वन सेवारत हूँ,
    घर में ग्रहणी त्याग सती।।

जो नर नारी द्वैत परस्पर,
    रखते हैं ओछा संबन्ध।
घोर नरक में यम ने उनके,
    लिये किया है घृणित प्रबन्ध।।

ये सब मानव कल्पित बातें,
    इनमें नहीं मुझे विश्वास।
जीवन है भव भोग भोगना,
    वृथा न हो जीवन का नाश।।

सागर क्या केवल है करता,
    गंगा का ही आलिंगन।
दूर दूर की सरिताओं का,
    नित करता है आवाहन।।

मधुप नित्य क्या एक कली के,
संवेष्टन[411] में बँध रहता?
चन्द्र एक ही क्या चकोर पर,
सुधा रश्मि बरसा देता?

अतः कान्त तुम भी बन देखो,
मधुप चन्द्र औ' रत्नाकर।
सुख भोगोगे कली, चकोरी,
सरिता सी मुझको पाकर।।

मदननालिके[412]! अब तक भ्रम था,
नारी केवल श्रद्धा है।
शनैः शनैः मैं समझ रहा हूँ,
कहीं कहीं वह विपदा है।।

कहा किसी ने अंबु नयन में,
दूध नार के आँचल में।
किन्तु नहीं, ज्वाला भी दृग में,
गरल[413] भरा है केंचुल[414] में।।

411. आलिंगन
412. दुष्चरित्र स्त्री
413. जहर
414. अंगिया/चोली/कंचुक

किया उपेक्षित कथन युवति ने,
लिया हाथ लक्ष्मण का थाम।
पड़ा तुरत आघात शीश पर,
गिरी चरण में जा श्रीराम।।

सुना नतांगी ने विधुवदनी,
व्यंग्य मार खिल खिला उठी।
देख घोर अपमान हास वह,
आस त्याग तिलमिला उठी।।

अच्छा तो तुम स्वयं देख लो,
आज धरा पर महाप्रलय।
तरुण! तभी झक मार करोगे,
निज बाहों में मुझे विलय।।

सचमुच देखा चन्द्र छटा में,
भू पर उठा बवंडर सा।
प्रगट हुआ ज्यों गढ़ लंका का,
टूटा फूटा खंडहर सा।।

वह मुख अग्नि परी सा सुन्दर,
बना चिता की ज्वाला सा।
दाँत निकल बाहर थे अटके,
एक एक था भाला सा।।

नथुने ज्यों गिरि के गव्हर हों,
आँखें गँदले डबरों सी।
नागफणी से कान खड़े थे,
जटा लटकती मगरों सी।।

बने पयोधर[415] गुम्बज जैसे,
कमर बनी बरगद की पींड़।
ज्वालमुखी के मुख सी नाभी,
जहाँ बरैयों की थी भीड़।।

बड़हल धड़ जंघाएं लगतीं,
भुजा दण्ड ज्यों डाल बबूर।
ताड़ पत्र से पगतल दोनों,
रोम रोम था पर्ण खजूर।।

नव विकसित कचनार पुष्प की,
लिये हुए थी जो जयमाल।
सुमन माल की ठौर हाथ में,
लटक रहे थे नर कंकाल।।

हरित शैल का सुन्दर मस्तक,
धधक फूटते देखा था।

415. उरोज /स्तन

नील गगन से घन गर्जन संग,
वज्र टूटते देखा था।।

देखा था वर्षा की ऋतु में,
महा भयंकर जल प्लावन।
दावानल के रुद्र रूप में,
भस्मसात देखा कानन।।

घोर बवंडर में अंबुधि का,
देखा उथल पुथल मंथन।
किन्तु कभी क्या सुमुखि नार में,
देखा ऐसा परिवर्तन।।

मृत्यु लोक के वीभत्सों की,
प्रतिमूर्ती बनकर विकराल।
झपट पड़ी सीता पर सहसा,
मानो टूटा वज्र कराल।।

तभी लखन ने तीक्ष्ण बाण से,
काटे उसके दोनों कान।
पकड़ खींच कर नथुने दोनों,
फाड़े मार कटारी तान।।

हुई कुरूपा सूर्पणखा जब,
भीम गर्जना कर रोई।
उठी गूँज से दण्डक वन की,
नीरवता सारी खोई।।

निकल गुफाओं से भागे सब,
वनचर जितने खोये थे।
पंख फड़फड़ा रोर मचाते,
उड़े विहग जो सोये थे।।

रुधिर बहाती रावण भगिनी,
भगी प्रलय की आँधी सी।
छोड़ गई अज्ञात टीस सी,
सीता के मन क्रान्ती सी।।

नारी की उद्दाम वासना,
और हठीले पन की भूल।
भस्मसात कर गई स्वर्ण को,
उड़ने लगी लंक में धूल।।

दुहाई

तृप्त मनोरथ हर्षित हो दिग्विजयी रावण,
मित्रावसु गंधर्व राज का कर अभिनन्दन।
विप्रलम्ब[416] से पीड़ित प्रिय गंधर्व कुमारी,
चला साथ ले अमित[417] उपायन[418] लंका नगरी।।

पड़े मार्ग में जो भी जनपद जिन पर शंका,
लूट मार कर पीट रक्ष संस्कृति का डंका।
धर समेट ले पीन[419] नितंबी अति लावण्या,
अवरोधों से उठा नतांगी[420], चटुला कन्या।।

पुष्पयान पर बैठ मुदित लंका को आया,
पौर[421] जनों से भव्य भव्यतम स्वागत पाया।
अर्घ्यपाद्य दे किया मदोवै[422] ने प्रिय पूजन,
रावण ने कर प्राण वल्लभा का आलिंगन।।

416. प्रियवियोग
417. असीमित
418. भेंट/उपहार
419. मांसल
420. महिला/स्त्री
421. प्रजा/जनता
422. मंदोदरी

कहा प्रिये गंधर्व लली यह राजदुलारी,
    लाया मैं सौगात चारु अनुगता[423] तुम्हारी।
और साथ संभ्रान्त चेरियाँ ये बालाएं,
    नाग,देव,गंधर्व,मनुज कुल की ललनाएं।।

घर घर मंगल पर्व दिपित हुई दीपावलियाँ,
    नृत्यगान रसपान मदन मदिराभ[424] गोष्ठियाँ
तभी रंग में भंग हृदय में तीव्र वेदना,
    फैल लंक में गयी विषादित क्रोध भावना।।

बैठा था उद्विग्न हर्म्य में भूपति रावन,
    खड़ी विरुपी शूर्पणखा होकर शरणापन्न।
भ्रातृ देख, दुर्गति मेरी यदि सहन करेगा,
    तू भी हे अमिताभ ! अछूता नहीं रहेगा।।

धैर्य बहिन रख रावण को जो क्रुद्ध करेगा,
    देव मनुज क्या सुखी नहीं यमराज रहेगा।
निष्कासित उन राज कुमारों का कर वर्णन,
    कौन कहाँ कब किया उन्होंने क्यों संपर्षण[425]।।

423. समर्थक/अनुयायी
424. चंचल/नशीली
425. सहसा आक्रमण

यम कुबेर दिग्पाल सहित क्या दण्डक वन में,
    अथवा वे एकाकी आए जनस्थान में।
सभी हजारों रक्ष सुभट मारे खर दूषण,
    ऐसे हैं वे कौन शूरवीरों में भूषण।।

दशरथ सुत वह निठुर कहाता है रघुराया,
    अनुज लक्ष्मण और साथ है सीता भार्या।
श्याम गात मृदु कृष्ण सघन अति काकपक्ष[426] है,
    कान्ति सलोनी भुज प्रलम्ब औ' दीर्घवक्ष हैं।।

अरे! तो है यह राम वही जो जनकपुरी में,
    धनु पिनाक प्रतिद्वंद विजेता धुरंधरी में।
अहा! वही है कोमल कान्ता चम्पक वरनी,
    और साथ वह मुखर कि जिसकी गिरा[427] कतरनी।

किन्तु हुआ यह विग्रह कैसे कुछ बतलाओ,
    अद्भुत है यह चमत्कार कैसा समझाओ।
मिली सूचना जनस्थान में तीन तपस्वी,
    तरुणी के संग आए हैं दो तरुण मनस्वी।।

426. सिर के बाल/गेसु

427. बोलने की शक्ति/जीभ

अनुष्ठान कर रहे बना कर तीनों आश्रम,
तेरा था आदेश कि वर्जित रहें यज्ञ कर्म।
अतः स्वयं ही गई देखने क्या है प्रकरण,
भव्य रूप का किन शब्दों में दूँ मैं विवरण।।

देह यष्टि थी सुदृढ़ सुशोभित अति अभिरामा,
तेजस्वी सौंदर्य देख मैं हुई सकामा।
प्रश्न किया तू कौन धनुर्द्धर मुनि वेश में,
बता प्रयोजन बसा निषेधित इस प्रदेश में।।

कहा सुन्दरी! ''मैं राजा दशरथ का नन्दन,
साथ धर्मणी सीता औ' अनुगामी लछमन।
मात पिता की आज्ञा से हम प्रेरित होकर,
धर्म पालने बसे यहाँ मुनि वेश बनाकर।।''

अहा शुभे! अब कहो हमें दो अपना परिचय,
किस कारण तुम घूम रहीं इस वन में निर्भय।
दिव्य पुरुष के वचन रसीले सुन श्रुतिहारी,
कहा कि ''मैं हूँ लंकपुरी की राजकुमारी।।''

''अग्रज मेरे सार्वभौम लंकेश्वर रावण,
कुम्भकर्ण से महा सुभट औ शान्त विभीषण।
विश्व प्रतिष्ठित रक्षस कुल का प्राप्त श्रेय है,
मृदुलांगी पर बल यदि पूछो अप्रमेय है।।''

कहा राम ने सुमुखि! ''हुआ मैं हर्षित सुनकर'',
कहो कौन अभिप्राय आगमन हुआ यहाँ पर?
बोली मैं ''तुम भव्य दिव्य कमनीय सुदर्शन,
रूप राशि में अमित भरी है शक्ति विकर्षण।।''

वयः संधि में बना वानप्रस्थी सा जीवन,
तरुणोचित भव भोग छोड़कर भटक रहे वन।
अतः एक प्रस्ताव तुम्हें जो होगा हितकर,
मान्य करो कृत कृत्य रहूँगी मैं जीवन भर।।

देखो मेरी ओर कि मैं कैसी मनहारी,
यौवन मेरा पक्व कदम फल सा कचनारी।
नहीं अभी तक मिला योग्य वर भूमण्डल पर,
मदन प्रताड़ित हृदय डोलता नीचे ऊपर।।

किन्तु आज मैं धन्य नयन के प्रथम मिलन में,
उद्वेलन हो उठा तीव्रतम तन में मन में।
उहापोह की झंझाओं में ग्रसित नाव है,
कान्त सम्हालो इसे कि तुमपर कामभाव है।।

प्राण गृहीती बना मुझे यदि ग्राह्य करोगे,
दैत्य वंश में राजोचित सम्मान पाओगे।
रावण बोला समीचीन था अनुचित क्या था,
क्या तेरा उपकार उसे स्वीकार हुआ था।।

नहीं नहीं वह बोला प्रमदे! "मैं परिणित हूँ,
मणिहर्म्यो से कहीं अधिक वन में प्रमुदित हूँ।"
और साथ फिर पतिव्रता है मेरी गृहणी,
सौत डाह में कैसे तू रह सकती रमणी।।

उत्तम हो यदि यह मेरा है अनुज लक्ष्मण,
बिन पत्नी रहता है प्रायः क्लांत खिन्न मन।
द्रवित जो वह हो जाय कहीं कुलवन्ती बाला,
पति कामा! तू डाल उसे अपनी वरमाला।।

वहीं खड़ा वह अन्य तरुण चित्रेश पूनम सा,
नख शिख से दीप्तांग रम्य आकाश कुसुम सा।
ह्लादनीय है समझ पास जा करी प्रार्थना,
किन्तु वहाँ से मिली मुझे जब घोर विडम्बना।।

विप्रलब्ध[428] हो टूट पड़ी मैं उस तरुणी पर,
"तिरस्कार करते हो मेरा इस नारी पर"।

428. निराश/छली हुई/चाहीहुई वस्तु न मिलना

तभी दुष्ट ने पाकर कुछ संकेत राम का,
काट दिये क्षण भर में मेरे कर्ण नासिका।।

अंग भंग हो खून बहाती दुखित दौड़कर,
पहुंच शिविर में गिरी भूमि पर मूर्छित होकर।
हुए कई उपचार कहीं जब संज्ञा आई,
खर दूषण को कथा व्यथा सारी बतलाई।।

भरे क्रोध से लगे काँपने दोनों थर थर,
लगा छलकने मुखमण्डल पर रक्त उबलकर।
हुए वीर सन्नद्ध चले जब सहस चतुर्दश,
लगता भू पर उफन रहा विकराल रुद्र रस।।

उठे धूल के बादल दिनकर छिपा गगन में,
भीषण रव कम्पायमान था दण्डक वन में।
किन्तु राह में हुए शकुन कुछ अनहित कारी,
हुई रक्त से मिश्रित जल की वर्षा भारी।।

स्वर्ण ध्वजा पर आ बैठा इक गीध भयानक,
खर के रथ में जुते गधे गिर पड़े अचानक।
मांसाहारी पशु गर्जन कर लगे डराने,
प्राची[429] दिशि में लगे शिवालू[430] अनथक रोने।।

429. पूर्व दिशा
430. सियार

देखे यह उत्पात परन्तू निडर रक्ष दल,
उनको था विश्वास भुजाओं में अतुलित बल।
पंचवटी को घेर गर्जना कर ललकारा,
अरे धूर्त वह कौन? नियति ने जिसको मारा।।

पर्णकुटी से निकल तपस्वी आए तीनों,
खर गरजा तरुणों को मारो तरुणी छीनो।
शिलाखण्ड पर बैठ गई नारी निःशंका,
वहीं पार्श्व में खड़ा रहा खोटा बरिबंका[431]।।

दसों दिशा में देख राम ने भृकुटि चढ़ाई,
बोला क्या है बात, कहो क्यों धूम मचाई?
दूषण गरजा, मूर्ख कहा क्या ''धूम मचाई''?
त्रिभुवनपति भगिनी की कैसी दशा बनाई?

बोल दुष्ट क्या बचने के हैं कोई बहाने?
कहा राम ने ''नहीं कहा क्या दैत्य लली ने?''
दूषण बोला ''नीच हमारी ही भूमि में,
भगिनी को कर अंग भंग डाला उर्मी[432] में।।''

431. महा योद्धा
432. दुख

राज्य भ्रष्ट हो भटक रहे पापी कुलघाती,
इसीलिये क्या स्वयम् मृत्यु को भेजी पाती?
दमक उठा तत्काल बंड वह लघू तपस्वी,
''हमें चाह थी देखें रावण कौन यशस्वी।।''

तुम सबमें है कौन कथित वह वीर त्रिलोकी?
शक्ति शौर्य की कथा सुनी है बड़ी अनोखी।
शब्द तौल कर बोल सके तेजस्वी वाणी,
नहीं दृष्टिगत तुम में होता ऐसा प्राणी।।

नीच नराधम कहें और को नीच नराधम,
तुच्छ और को, निज को समझें वीर नरोत्तम।
पुण्य भूमि को दलित समय का विनशन करने,
वाह! निशा के जन्तु पधारे शौर्य दिखाने।।

खर-दूषण ने सुनी टर्र गर्वीली भाषा,
शूल परिघ[433] प्रक्षेप, करी बाणों की वर्षा।
शस्त्र अस्त्र घनघोर गगन में धुआंधार था,
किन्तु कहूँ क्या बात कि कैसा चमत्कार था।।

433. भाला

शस्त्रों का अम्बार पुरुष में यों खो जाता,
सागर में ज्यों सरिताओं का लय हो जाता।
दिव्य पुरुष ने काल पाश फिर शस्त्र चलाए,
रक्ष भटों को बींध बींध भू पर लौटाए।।

मारे सहसा तीक्ष्ण बाण जब धनुष तान कर,
निकल गये खर दूषण के ब्रह्माण्ड फाड़ कर।
बात बात में हुए दैत्य दल भू पर लुण्ठित[434],
बचे खुचे जो भागे वे सब होकर कुण्ठित[435]।।

किसी तरह मैं गिरती पड़ती लंका आई,
जीवन मेरा व्यर्थ कि जैसी दशा बनाई।
मेरा प्रण हृत्खण्ड कुमारों के खाने का,
देखूँ तेरा शौर्य त्रिलोकी कहलाने का।।

शूर्पणखा के मर्मांतक वचनों को सुनकर,
बोला यों लंकेश तमक कर ताल ठोक कर।
''सार्वभौम यदि चाहूँ मैं त्रैलोक जला दूँ,
क्षणभर में मैं सूर्य किरण की ज्वाल बुझा दूँ।।

434. गिरे हुए/लुटे हुए
435. निकम्मे

इन्द्रजीत मैं, मृत्यु काँपती मेरे भय से,
महाप्रलय भी डरते मेरे वज्र-प्रलय से।
कर विषाद का त्याग बहिन तू तनिक धैर्य धर,
लाता हूँ तत्काल मनुज-रमणी को हर कर।।

प्रिय वियोग में रो रो कर हत भाग्य मरेगा,
मेरा होगा स्वार्थ सिद्ध प्रतिकार चुकेगा।
रथ मेरा तैयार करो तुम जाओ अकम्पन,
कहाँ त्रिलोकीनाथ कहाँ ये मनुज अकिंचन।।

❄❄❄❄❄❄

मरण-योजना

धनुषकोटि के निकट सिंधु से,
तनिक दूर कुछ हटकर।
था अरण्य रमणीय मध्य में,
निर्मल एक सरोवर।।

इसी सरोवर तट पर फैला,
था सुभद्र वट तरुवर।
दैत्य श्रेष्ठ मारीचि यहीं था,
तप करता निशिवासर[436]।।

वीतराग हो मूक मौन ही,
रहता वृद्ध तपस्वी।
दूर दूर तक ख्याति प्राप्त था,
सर्वभूत राजर्षी।।

436. रात दिन/आठों पहर

थकित युद्ध पश्चात् युद्ध से,
विभव भव्य भव तजकर।
बना दयारत भूल गया था,
सभी एषणा[437] निशचर।।

भगिनी का प्रतिशोध चुकाने,
का करके आयोजन।
आ पहुँचा इस तपस्थली में,
अकस्मात ही रावण।।

किया तपस्वी ने राजा का,
सादर विधिवत पूजन।
कुशल क्षेम पश्चात् विनम्रित,
पूछा कहो प्रयोजन?

रावण बोला तात कहूँ क्या,
कैसी व्यथा हृदय की।
नहीं समझ में आती मुझको,
गति कैसी कुसमय की।।

437. इच्छा/कामना

इन्द्र विजित कर लौटा ही था,
भरा मोद तन मन में।
आनंदित सब मना रहे थे,
उत्सव लंक सदन में।।

गिरा वज्र आ तभी अचानक,
तोड़ दिये सब सपने।
त्रिभुवनपति का पद भी अर्जित,
किया वृथा[438] ही हमने।।

मारिच बोला तात बताओ,
कौन विपद वह भारी?
लंकराज की सुख की घड़ियाँ,
हर लीं जिसने सारी।।

वही तुम्हारे चिर शत्रू जो,
नैमिष वन से आए।
दण्डक वन में पहुँच घोरतम,
फिर उत्पात मचाए।।

438. अनावश्यक/बेकार

सुना पिता ने पत्नी के संग,
किया उन्हें निर्वासित।
हैं विपन्न असहाय घूमते,
हुए राज्य से वंचित।।

सभी हमारे भट सेनानी,
त्रिशरा खर औ' दूषण।
मार काट कर सन्निवेष[439] का,
कर डाला है मर्दन।।

चलो कुशल यह कृत्य यहीं तक,
सीमित होता तो भी।
आँख बंद कर घूँट रक्त का,
पी लेता मैं तब भी।।

किन्तु उन्होंने त्यागी सारी,
पुरुषोचित मर्यादा।
अंग भंग कर शूर्पणखा के,
ठानी है स्पर्धा।।

439. शिविर/स्थान

मनस्ताप से पीड़ित, लेकर
एक मनोरथ आया।
बुद्धिमता में तुमसा मैंने,
नहीं धरा पर पाया।।

अतः तात प्रिय कंचन मृग का,
रूप करो तुम धारण।
पंचवटी में पर्ण कुटी के,
सम्मुख करना विचरण।।

तापस नारी आकर्षित हो,
तुम्हें देख ललचेगी।
स्वर्णिम मृग पाने की इच्छा,
पति से वह चाहेगी।।

रखना इतना ध्यान कि दोनों,
भाई करें जब पीछा।
भटकाना दोनों को वन में,
दौड़ भाग कर तिरछा।।

इसी बीच मैं अवसर पाकर,
कनक सुंदरी हरकर।
गगन मार्ग से लंकपुरी को,
ले भागूंगा उड़कर।।

जीभ कण्ठ से लगी सूखकर,
काँप उठा मारीचि।
नेत्र फटे रह गये हृदय में,
उठी भयंकर वीचि[440]।।

धैर्य धार फिर नम्र विनत हो,
बोला वह रक्षेन्द्र।
नहीं राम को पहिचाना वह,
वीरों में वीरेन्द्र।।

बहुत मिलेंगे जग में ऐसे,
ठकुर सुहाती बोलें।
जैसी चले बयार पीठ वे,
उसी ओर को कर लें।।

440. विचार शून्यता/लहर

बड़ा खेद है लंकराज क्यों,
नहीं गुप्तचर रखते?
तेजस्वी प्रतिभा रखकर भी,
अस्थिर चित ही रहते।।

इसीलिये तो नहीं राम की,
क्षमता अब तक बूझी।
तभी आपकी बुद्धि में यह,
मरण योजना सूझी।।

देख रहा हूँ मैं भविष्य को,
घोर क्रूर विकराल।
जनक नन्दिनी सीता आई,
बनकर तुम पर काल।।

किया कर्म यदि ऐसा अनुचित,
निश्चित ही यह मानो।
स्वर्णपुरी लंका मिट्टी में,
मिली सत्य ही जानो।।

यहीं एक दृष्टांत सामने,
मुझे गर्व था कैसा।
अतुलनीय था बल भी मुझमें,
कई कुंजरों जैसा।।

किन्तु भुलाये नहीं भूलता,
श्याम तरुण का विक्रम।
एक बाण में योजनभर तक,
उछल उड़ा कंदुक सम।।

धनुष यज्ञ में स्वयं आप भी,
देख चुके हैं उसको।
अद्वितीय बल किया प्रदर्शित,
सजग किया यों सबको।।

हितकर कहता बात, आग प्रिय,
मत पल्ले में बाँधो।
तात शेखचिल्ली सी खिचड़ी,
मत मन ही मन राँधो।।

रावण बोला दाँत पीसकर,
होकर आग बबूला।
किसके सम्मुख बोल रहा है,
अरे दुष्ट तू भूला।।

क्लीव[441] कलंकी नहीं समझता,
क्या होता अनुशासन।
करना होता राजा से,
अनुकूल सदा ही भाषण।।

चतुर पुरुष तो वह कहलाता,
जो स्वामी के सम्मुख।
मधुरोत्तम वचनों को बोले,
कभी न होवे दुर्मुख।।

नहीं जानता क्या राजा में,
रहता तेज अखण्ड।
सौम्य पराक्रम क्षमा दान के,
साथ साथ ही दण्ड।।

नहीं पूछने आया था मैं,
क्या मुझमें गुण दोष।
कर्म विमुख हो मूर्ख बताता,
मुझे राम की धौंस।।

441. नपुंसक

कहीं आज तू आज्ञा मेरी,
पालन यदि न करेगा।
निश्चित ही तत्काल नराधम,
मेरे हाथ मरेगा।।

आज्ञा पालन सदा आपकी,
करता ही तो आया।
और करूंगा वही आपके,
मन में जो है भाया।।

किन्तु कहा जो कुछ भी मैंने,
बार बार फिर कहता।
वही भोग सकता भव सुख से,
स्थिर मन जो रहता।।

भरी आपके अवरोधों में,
दिव्य रूप वनिताएं।
हाटकपुर में वैभव की भी,
घुमड़ रही सरिताएं।।

सार्वभौम पद हुए प्रतिष्ठित,
मिली ऋद्धि औ' सिद्धि।
रक्षस कुल की तीन लोक में,
हुई प्रतिष्ठा वृद्धि।।

और साथ ही ओज पूर्ण भी,
मिली आपको मेधा।
अमरपुरी में सुरनायक को,
अपने पद से भेदा।।

किन्तु कमी बस एक बात की,
प्रवर मंत्रिगण होते।
नीति निपुण तो समय देखकर,
उचित मन्त्रणा देते।।

घोर विपत्ति पड़ने पर जिसको,
मिलते जो न सुमीत।
नाशकाल में सदबुद्धि भी,
हो जाती विपरीत।।

जहाँ बुद्धि पर घोर कुमतियाँ,
हो जातीं आच्छादित।
नहीं समझ में आती है फिर,
सत्य बात प्रामाणित।।

उभय पक्ष से आज नहीं तो,
कल निश्चित जब मरना।
चलो चलें परवशता वश हो,
यह कुकर्म है करना।।

सुनकर यह अनुकूल वचन,
मारीच संग तब रावण।
दण्डक-वन को चला हर्ष से,
रत्न जटित ले स्यंदन[442]।।

आ पहुँचा वह पवन वेग से,
अल्प समय में उड़कर।
पंचवटी जा विपट[443] ओट से,
लगा देखने छिपकर।।

उटज[444] सामने मृग छाला पर,
बैठे राम लखन थे।
उदित सूर्य की उपासना में,
तन्मय कमल नयन थे।।

अग्निगर्भ सम मुख मण्डल पर,
अग्नि चक्र थे ऐसे।
हेम किरण से प्लावित मानो,
सूर्यमुखी हों विकसे।।

442. रथ
443. वृक्ष
444. घासपत्तों की कुटी/ ऋषिकुटी

मणिक श्रोणि[445] पर रखकर सीता,
निकली जब कुटिया से।
रोचिस[446] स्वाति-सुता[447] उपजी हो,
जैसे सिंधु-सुता[448] से।।

उदित हुई या स्वयं प्रकृति ही,
श्री का धरकर रूप।
मूर्तरूप में या कि समन्वित,
अरुणोदय की धूप।।

कहीं कहीं वल्कल[449] वसनों[450] से,
कांति दमकती छनकर।
जलकण इन्द्रधनुष बन जाते,
घट से छलक छलक कर।

लता वल्लरी वृक्ष क्षुपों[451] को,
भर भर जल से झारी।
जनक सुता ने सींची सारी,
प्रांगण की फुलवारी।।

445. कमर
446. चमकदार
447. मोती
448. सीप
449. वृक्ष की छाल/पत्ते से बने
450. वस्त्र
451. झाडियों /वृक्षों

सीता को लख चहकचहक कर,
विविध विहंगम आए।
मृग छौने, शश[452], बच्छ, करभ भी,
उछल प्लवंगम[453] धाए।।

कुहू, कूक, चें चें, में में से,
थली मुखर हुई सारी।
उन्हें दुलारे जनक दुलारी,
होड़ लगी थी भारी।।

कोमल कर से थपकी देकर,
या कर किसी का मर्दन।
मृदुल स्वरों में बात किसी से,
लिया किसी का चुम्बन।।

प्रकृति प्रिया ने हर प्राणी को,
स्नेहिल दुलराया।
डलियों से फिर मुखप्रिय भोजन,
प्रांगण में बिखराया।।

452. खरगोश
453. बंदर

तभी निवृत हो आ बैठे थे,
राम लखन पूजन से।
थे प्रफुल्ल मन शरदऋतू की,
कनक किरण सेवन से।

कौंध गई विद्युत सी सहसा,
सम्मुख पर्णकुटी के।
भासमंत[454] हो उठे अंग सब,
कोमल प्रकृति नटी के।।

अचरज में पड़ देखा सबने,
स्वर्णिम चंचल मृग था।
उतर धरा पर उछल रहा क्या,
अंतरिक्ष का दृग था।।

सीता बोली अहा! आर्य यह,
कितना चारु कुरंगम्[455]।
दिव्य मनोहर दर्श विशद्[456] छबि,
किसे न हो हृदयंगम्।।

454. चकाचौंध/तीव्रप्रकाश
455. हिरण की एक जाति
456. उज्जवल/ बेदाग

पकड़ इसे लो तो बढ़ जाए,
इस कुटिया की शोभा।
घोर निशा में भी बिखरेगी,
इसकी अद्भुत आभा।।

लौट अवध जब मैं जाऊँगी,
इसे साथ में लेकर।
देखेंगे इस मन मोहक को,
सब अचरज में पड़कर।।

कहा लखन ने ऐसा प्राणी,
नहीं आज तक पाया।
किसी असुर की मुझको लगती,
है यह शम्बरमाया[457]।।

जनक सुता ने कहा कि देवर,
यह है शक्ति परीक्षा।
जब अलभ्य होती यदि वस्तु,
कहते आम्लिक द्राक्षा।।

457. जादू - टोना

प्रत्युत्तर दें लखन कि तब तक,
कार्मुक[458] राम उठाकर।
बोले प्रजावती के प्रति प्रिय,
रहना अति प्रतिजागर[459]।।

अद्वितीय यह सचमुच ही तो,
है यदि कोई मृगचर।
और अन्यथा काल गाल में,
स्वयं पड़ा आ निशचर।।

चले राम कर सजग लखन को,
उस वनचर के पीछे।
चढ़ा शैल पर वह प्राणी फिर,
पार उतर कर नीचे।।

मृगरूपी वह चतुर निशाचर,
दिखता फिर छिप जाता।
देख निषंगी[460] को अभिद्रुत[461] था,
रह रहकर अनखाता[462]।।

458. धनुष
459. सतर्क/सावधान
460. धनुर्धर/तीरंदाज
461. आक्रांत/भागते हुए
462. क्रोधित/ झुंझलाहट

कभी पास फिर दूर भाग कर,
हो जाता था ओझल।
जीवित उसे पकड़ पाने का,
हुआ परिश्रम निष्फल॥

वृथा[463] हुए जब यत्न, राम ने
धनुष क्रोध कर धारा।
ब्रह्मबाण धर लक्ष साध कर,
खींच प्रत्यंचा मारा॥

सह न सका आघात अस्त्र का,
गिरा भूमि पर तक्षण[464]।
घोर गर्जना कर चीत्कारा,
हा सीता! हा लक्ष्मण॥

सुने शब्द सीता ने भय से,
होकर अतिशय कातर।
अरे! लखन संकट कुछ भारी,
देखो तो झट जाकर॥

463. अनावश्यक/ बेकार
464. आहत भावना से

बोले लखन नहीं भ्राता का,
कोई अहित है लगता।
भार तुम्हारी रक्षा का मैं,
छोड़ नहीं जा सकता।।

नहीं नाद यह तात राम का,
है दुश्मन का हाँका।
अरे! राम का कर न सकेगा,
बाल काल भी बाँका।।

तमक रोष से सीता बोली,
आज तुम्हें पहिचाना।
स्वयं शत्रु तुम छिपे हुए हो,
पहिन भाई का बाना।।

देख मुझे असहाय चाहते,
निज अधिकार जमाना।
बिना राम क्षणभर भी मुझको,
जीवन कठिन बिताना।।

धरे हाथ कानों पर दोनों,
बोले लखन कि माता।
पति होने के प्रथम तुम्हारे,
राम अनुग[465] के भ्राता।।

नहीं सुहाता अपने मुख से,
अशुभ शब्द तुम बोलो।
कहती क्या हो सोच विचारो,
शब्दों को भी तौलो।।

कैसा यह कुविचार तुम्हारा,
कैसा यह संदेह।
हाय क्षणों में तोड़ दिया माँ,
तुमने अतुल सनेह।।

जाता हूँ मैं कुटी छोड़ कर,
जहाँ वीरवर भ्राता।
पशु पक्षी गंधर्व देव सब,
बने तुम्हारे भ्राता।।

465. सेवक /अनुयायी

गये लखन जन शून्य कुटी थी,
केवल सीता शेष।
विटप[466] ओट से रावण निकला,
धर साधू का वेष।।

सीता को इंगित कर वंचक[467],
करने लगा प्रशंसा।
अहा! सुन्दरी विजन वन्य में,
देख तुम्हें है संसा।।

कुंदन जैसा रूप तुम्हारा,
कितने सुंदर अंग।
देख तुम्हारी छबि, रति का भी,
होता गौरव भंग।।

इन्द्रवधू तुम शची, कीर्ति हो,
श्री या हो सुरबाला।
घृणा और वीभत्स छोड़कर,
सप्तरसों की हाला।।

466. वृक्ष
467. धोखेबाज

नयन तुम्हारे नील वर्ण हैं,
सौरिरत्न[468] की मणियाँ।
रदन[469] समुज्ज्वल दमक रहे हैं,
शालिपिष्ट[470] सी लड़ियाँ।।

वदन ज्योत्सना पूर्ण चन्द्र पर,
केश छदन है श्यामल।
मदन मत्त इस रूप सदन से,
उड़ता मादक परिमल[471]।।

बसीं यहाँ तुम हो एकाकी,
निशाचरों के देश।
अरे सुमुखि! क्या इस कानन में,
नहीं तुम्हें भय लेश।।

अये महात्मन् इदम् आसनम्,
कह सीता दे आसन।
अर्घ्यपाद्य फिर पर्ण पात्र में,
दुग्ध फलों का भोजन।।

468. नीलम
469. दाँत
470. साफ/ पारदर्शी
471. सुगंध

बोली हे! द्विजराज साथ,
    श्रीराम पति हैं मेरे।
और लखन से वीर यशस्वी,
    देवर भी हैं प्यारे।।

इनके रहते साथ भला फिर,
    भय किसका हो सकता।
इन्हें देखकर महाप्रलय भी,
    नत हो सकुचा जाता।।

बोलो हे! मुनिश्रेष्ठ कहो अब,
    अपने निज का परिचय।
गोत्र वंश अभिप्राय बताओ,
    करो निवारण विस्मय।।

सुनो सुन्दरी! मैं रावण हूँ,
    जिसके कारण भीत।
देव यक्ष गंधर्व असुर सब,
    रहते सदा विनीत।।

कहां भव्य यह रूप तुम्हारा,
    कहाँ तपस्वी मानव।
ऐसे पति के साथ भोग,
    तुम कैसे सकतीं वैभव।।

मेरा है अभिप्राय तुम्हें मैं,
लंकपुरी ले जाऊँ।
सार्वभौम हूँ त्रिभुवन की,
पट्टमहिषी तुम्हें बनाऊँ।।

सुन सीता दुर्वचन क्रोध से,
लगी काँपने थर थर।
बोली रे तू नीच भेष में,
संन्यासी के पामर[472]।।

पतित नराधम दुष्ट अरे यह,
कैसी तेरी क्षमता।
पट-बिंजने[473] तू कहाँ सूर्य से,
करने आया समता।।

विषधर की तू दाढ़ चाहता,
सम्मुख आकर तोड़े।
मंदराचल की नींव चाहता,
करांकुशों[474] से फोड़े।।

472. असभ्य /मंदबुद्धि गंवार
473. जुगनू
474. नाखून

कहाँ केशरी[475] रघुवंशी वे,
    और कहाँ तू श्रगाल[476]।
कहाँ पुरुष परमोत्तम जग के,
    कहाँ व्रती-वेडाल[477]।।

धनुष यज्ञ के सिंधु थाह में,
    तू भी तो अभिमानी।
डूब मरा फिर गर्दभ अब क्या,
    पूछ रहा है पानी।।

अनुरागिन[478] श्री रामचन्द्र की,
    रघुकुल की जो सिंहनी।
लंपट दानव चाह रहा है,
    उसे बनाना रानी।।

कृतघ्नता का खंग वक्ष में,
    धन कुबेर के हूला।
बना छद्म से इन्द्र विजेता,
    तभी दंभ से फूला।।

475. सिंह/शेर
476. गीदड़/सियार
477. ढोंगी साधु
478. प्रेयसी /प्रियतमा

भिक्षुक बन कर कैलाशी से,
अस्त्र शस्त्र ठग लाया।
इसीलिये क्या थोथे बल पर,
तू इतना इतराया।।

अमित क्रोध से लंकेश्वर ने,
कटु वचनों को सुनकर।
पकड़ लिया सीता को सहसा,
मूल रूप निज धर कर।।

बल पूर्वक फिर उठा अंक में,
ला पटका निज रथ में।
पवन वेग से चला दैत्य पति,
निर्भय दुर्गम पथ में।।

अकथ वेदना से बिलला कर,
जनक नंदिनी रोई।
हा लक्ष्मण! हा राम! बचाओ,
नीच दुष्ट से कोई।।

खगचर! वनचर! सुनो,
अधर्मी से सीता को छीनो।
जाओ उन्हें दो शीघ्र संदेशा,
जहाँ कहीं भी दोनों।।

हा देवर! किस भ्रम में पड़कर,
तुम्हें कही कटु बानी।
भोग रही परिणाम, सीख जो,
नहीं तुम्हारी मानी।।

सुन सीता की चीख विपिन के,
बिलख उठे सब प्राणी।
हुए वृक्ष क्षुप[479] मौन, अचल था,
सरिताओं का पानी।।

रूका वायु का वेग, थमा
दिनकर का द्रुतिगत वाहन।
करुणाजनक रुदन सुन दुख से,
पिघल गये सब पाहन[480]।।

सुना जटायू गृद्ध राज ने,
वन में भीषण क्रन्दन।
आ समक्ष रथ लंकराज के,
किया विनत हो वंदन।।

479. झाड़ी
480. पत्थर

कहा विनम्रित लंकपति से,
हे त्रिभुवन के स्वामी।
अबलाओं का रक्षक होता,
राजा सदा सुकर्मी॥

नहीं धर्म विपरीत कर्म से,
बल की होती शोभा।
निंदनीय कर्मों से यश की,
धूमिल होती आभा॥

करती है अनुकरण प्रजा भी,
राजा के कर्मों का।
शनैः शनैः फिर लोप जगत से,
हो जाता धर्मों का॥

गले लगाने से विषधर को,
होती भय की शंका।
सीता हरण सुनिश्चित जानो,
धधका देगा लंका॥

रावण बोला वृद्ध गीद क्यों,
वृथा[481] बजाता गाल।
राह छोड़ हट तेरे सिर पर,
नाच रहा क्या काल।।

सुना राम को जाकर अपना,
अर्थ व्यर्थ उपदेश।
और साथ ही प्रिया हरण का,
कह देना संदेश।।

गरुड़ानुज ने कहा क्रोध से,
ठहर दुष्ट तू पामर[482]।
मेरे रहते ले जाएगा,
पर नारी को हरकर?

पकड़ टांग रावण की उसने,
रथ से बाहर खींचा।
रौंद रौंद कर कवच फाड़ निज,
बाहों में धर भींचा।।

481. अनावश्यक/ बेकार
482. असभ्य/गंवार

पीलवान[483] ज्यों ग्रीव छेदता,
गज की गजांकुशों[484] से।
उसी भाँति रावण की गर्दन,
छेदी करांकुशों[485] से।।

भरा रोष में रावण ने,
विकराल परशु कर धारा।
वेग पूर्ण निःशस्त्र जटायू,
के मस्तक पर मारा।।

गृद्धराज गिर पड़ा तड़प कर,
वृद्ध न फिर उठ पाया।
बिलख रही सीता को लेकर,
रावण-रथ फिर धाया।।

घोर रुदन से श्लथ[486] व्याकुल हो,
पड़ी हुई थी रथ में।
अलंकरण को खोल खोलकर,
फेंक रही थी पथ में।।

483. महावत
484. गजबांक/हाथी का अंकुश
485. नख/नाखून
486. निराश/ हताश

लंकपुरी आ लंकराज ने,
वन अशोक तरु नीचे।
रखा व्यवस्थित सीता को,
अनुचरियाँ आगे पीछे।।

प्रेम प्यार से लालच देकर,
लंपट[487] लगा लुभाने।
साम दाम औ दण्ड भेद की,
नीति लगा अपनाने।।

किन्तु सती क्या विचलित होती,
वह तो सदा अचल है।
दूषित नहीं कभी होता जो,
निश्चित गंगा जल है।।

रावण बोला वर्ष अंत तक,
स्वीकृति के यदि लक्षण।
दिखे न मुझको वध करके,
मैं कर डालूँगा भक्षण।।

❄❄❄❄❄❄

487. लोभी /लालची

बालि वध

राम इधर जब लौट रहे थे,
छलछन्दी कंचनमृग मार।
मिले सुमित्रानंदन पथ में,
अनुतापित सा मन पर भार।।

चकित राम ने कहा अनुज क्यों,
आए कुटी अकेली छोड़?
निबिड़ सघन में तज सीता को,
कार्य विमुख हो आज्ञा तोड़।।

क्षमा तात मैं निरपराध हूँ,
कहा विनत हो पूर्ण वृतांत।
इसीलिये मैं हुआ विमन से,
कुटी छोड़ने को आक्रान्त।।

अहो! चलो तब चलें शीघ्रतम,
कुशल नहीं है कहता मन।
हुआ अमंगल सीता का कुछ,
आया लगता घोर विघन।।

सत्वरता[488] से बढ़े कुटी को,
नीरस सा लगता था वन।
पशु पक्षी सब लुटे लुटे ज्यों,
लुटा अमोलक उनका धन।।

पहुँच लटज[489] में देखा सब कुछ,
विपर्यस्त[490] हो बिखरा था।
पंछी ज्यों उड़ गया शेष बस,
रिक्त सामने पिंजरा था।।

प्रिये! कहाँ हो? कहा चीख कर,
गिरे भूमि पर अकुला कर।
लखन खड़े थे शून्य दृष्टि से,
ठगे ठगे से चकरा कर।।

उन्मादित फिर लगे पूछने,
राम लिपट कर वृक्षों से।
कहाँ गई सीता बतलाओ?
गंधर्वों औ' यक्षों से।।

488. तेज गति से
489. कुटी
490. अस्त व्यस्त

हाय भाग्य! क्या पूज्य पिता का,
    विप्रलम्भ[491] ही कुछ कम था?
परिजन बन्धु सखा छुड़वाये,
    यह कृत क्या कम निर्मम था?

तृप्त नहीं था विधि क्या इससे,
    दिया प्रिया का दुसह वियोग।
गूढ़ प्रयोजन से प्रेरित हो,
    अथवा है कुछ और प्रयोग।।

प्रिये बिना यह जीवन कैसा!
    रो रो इसे गला दूँगा।
मिली न सीता सच कहता हूँ,
    मैं ब्रह्मांड जला दूँगा।।

चरण पकड़कर कहा लखन ने,
    तात धीरता कर धारण।
चलो करें हम ज्ञात किसी से,
    मिले कदाचित कुछ कारण।।

491. प्रिय वियोग

नहुश पुत्र राजा ययाति ने,
 इन्द्र लोक था प्राप्त किया।
किन्तु विनय से भ्रष्ट हुए वे,
 अतः स्वर्ग से हटा दिया।।

गुरु वशिष्ठ को जदपि भाग्य से,
 मिलीं सबल थीं शत संतान।
कहो इसे दुर्भाग्य मिटीं सब,
 अथवा विधि का लिखा विधान।।

ब्रह्मअंड में ग्रह महान भी,
 आशाओं पर अवलंबित।
अमित भार से दबे तथापि,
 होते कभी कभी कंपित।।

चन्द्र लुनाई[492] से प्लावित है,
 भरा तेज अति दिनकर में।
किन्तु समय की गति से पड़ते,
 राहु केतु के चक्कर में।।

492. सुंदरता /लावण्य

तात स्वयं ही आप सिखाते,
सुख दुख की क्या परिभाषा।
कर्म करो फल स्वतः मिलेगा,
तजो न विपदा में आशा।।

विपदाएं जब आती हैं तब,
आतीं सतत एक पर एक।
भ्रम में पड़कर भोगीनों का,
हो जाता है शून्य विवेक।।

लिखा भाग्य में कह जो निष्क्रिय,
रहते रखे हाथ पर हाथ।
पग पग मिलती उन्हें विफलता,
नहीं भाग्य भी देता साथ।।

किन्तु दुखों से पीड़ित होकर,
जो जन नहीं मानते हार।
निश्चित मिलती उन्हें सफलता,
क्योंकि कर्म से करते प्यार।।

अतः भूत की चिन्ता त्यागें,
करें चलो हम भावी की।
कर्म हमारा खड़ा सामने,
खोज करें हम भाभी की।।

हुए शान्त कुछ राम धैर्य संग,
मन पर पत्थर धरे हुए।
चले लखन संग करुण हृदय में,
सीता की छवि भरे हुए।।

मिला राह में गृद्ध जटायू,
सना रक्त से मरणासन्न।
शिथिल दृष्टि में कुछ आशा से,
अटक रहे थे प्राण विपन्न।।

देख राम को दूरदृष्ट ने,
करुण दृष्टि से किया नमन।
कहा ''असुर ले गया, सिया को''
तभी रक्त की हुई वमन।।

रुदित व्यथित हो उठा राम ने,
वृद्ध गृद्ध को लिपटाया।
भाग्यहीन मैं मेरे कारण,
तुमने यह पथ अपनाया।।

मैं ही हूँ वह जिसके कारण,
तजे पिता ने अपने प्राण।
मेरे कारण घोर निशावत्,
हुआ राज्य का मधुर विहान[493]।।

मैं ही तो वह हेतु कि जिससे,
हुआ सिया का दुसह हरण।
आज पिता के परम मित्र ने,
दुखित मृत्यु का किया वरण।।

एक व्यक्ति के कारण जग में,
कितने अन्य भुगतते हैं।
एक तुच्छ चिनगारी से ही,
कितने द्रव्य दहकते हैं।।

क्यों न नष्ट वह कारण होता,
विधि का कैसा अजब विधान?
क्यों न सफल होता करने में,
विश्वचक्षु[494] भी उचित निदान?

493. प्रभात /सूर्योदय

494. ईश्वर

विधिवत क्रिया-कर्म कर दोनों,
चले सघन वन करते पार।
मतंग वन की रम्य थली में,
मिली एक अति वृद्धा नार।।

हाथ जोड़ शबरी ने इनका,
किया दण्डवत् अभिनन्दन।
राम लखन के पद धोकर फिर,
श्रद्धा सहित किया पूजन।।

भक्तिपूर्ण सत्कार ग्रहण कर,
किया मधुर फल का आहार।
पावन परम थली दर्शन कर,
दूर हुए सब मनोविकार।।

ऋष्यमूक के तट पर आए,
गिरि था दुर्गम महा विशाल।
सन्निकृष्ट[495] ही शोभित सुन्दर,
पम्पा नामक सुन्दर ताल।।

495. निकट वर्ती /बगल में स्थित

वहीं बालि का भ्राता छिपकर,
रहता था वानर सुग्रीव।
आशंकित हो लगा काँपने,
भय से देख अतुल बलसीव।।

हनूमान से कहा सुनो प्रिय,
धर कर जाओ बटुक का रूप।
परख मुझे सनकार बताना,
कौन धनुर्द्धर पुरुष अनूप।।

विप्र वेष में गये पवन सुत,
पूछा झुका चरण में शीश।
नाथ! आप क्या देव पुरुष या,
मुनि वेष में राज्याधीश।।

विचर रहे क्यों कठिन भूमि में,
कोमल सुन्दर मृदुल शरीर?
धीर वीर तेजस्वी आनन किन्तु,
व्यथित सा हृदय अधीर।।

दिया राम ने परिचय अपना,
बतलाया घटना का सार।
भटक रहे हम विरहाकुल हो,
व्यथित हृदय दुख भरा अपार।।

अंजनिसुत ने कहा विनत हो,
नाथ! यहाँ रहते सुग्रीव।
राज्य और पत्नी से वंचित,
भ्रातृ बैर से दुखी अतीव॥

करें मित्रता वानरेश से,
और अभय का दें वरदान।
निश्चित ही वे करवाएंगे,
मातु सिया का अनुसन्धान॥

लिया मान प्रस्ताव राम ने,
तथा दिलाया दृढ़ विश्वास।
पवनज तब ले राम लखन को,
आए रविनन्दन के पास॥

अनल[496] साक्ष कर वानरेश का,
ग्रहण किया निज कर में हाथ।
गले लगा कर करी मिताई[497],
पुलक उठे दोनों के गात[498]॥

496. अग्नि
497. मित्रता
498. शरीर/काया

सुनी आदि से कथा अंत तक,
    बालि द्वेष की कुटलाई।
कही राम ने घटना सारी,
    सिया हरण की दुखदाई॥

कथा श्रवण कर दोनों ही ने,
    दिये परस्पर सुखद वचन।
व्यथा हितैषी से कह सुनकर,
    हुए अगुरु[499] कुछ बोझिल मन॥

रामाज्ञा पा वानरेन्द्र ने,
    योद्धा वेश तुरत धारा।
किष्किन्धा जा बालि सुभट को,
    मल्लयुद्ध हित ललकारा॥

सुनी गर्जना इन्द्र तनय ने,
    हुआ अचंभित लख़ सुग्रीव।
गदा हाथ ले क्रुद्ध तमककर,
    धाया मानो काल सजीव॥

499. हल्का

बालि प्रिया तारा ने पति की,
राह रोककर थाम चरण।
अति कातर वाणी में बोली,
नाथ विकम्पित मेरा मन।।

कहा तनय अंगद ने मुझसे,
आए हैं दो राजकुमार।
वीर धनुर्धारी दुर्जय हैं,
यद्यपि दिखते अति सुकुमार।।

उन्हीं कुमारों से प्रेरित हो,
गरज रहा तव भ्राता नाथ।
बैर त्याग अपनालो उसको,
करो न खंडित मम अहिवात[500]।।

चरण झटककर कहा बालि ने,
मोह छोड़ हे वरानने[501]।
क्या सहायता वे देंगे जो,
स्वतः दुखी दुख से अपने।।

500. सौभाग्य/सुहाग
501. सुंदरी/रूपवान

युद्ध हेतु जो खड़ा सामने,
अनुज नहीं वह बैरी है।
विमुख हुआ यदि धिक् यह चोला,
कायर शव की ढेरी है।।

पलट सुमति भी जाती है जब,
नाच रहा हो सिर पर काल।
किसी कर्म के मिस[502] उपरति[503] भी,
फैला देती अपना जाल।।

इसी प्रेरणा से प्रेरित हो,
सीख प्रिया की ठुकराकर।
जूझ गया अर्कज[504] से इन्द्रज[505],
भला बुरा सब बिसराकर।।

गदा प्रहारों की गर्जन से,
हुआ प्रकम्पित वन सारा।
लगीं निकलने दोनों तन से,
फूट फूट कर लहु-धारा।।

502. बहाना/बहाने से
503. अंत/मृत्यु
504. सूर्यपुत्र /सुग्रीव
505. इन्द्रपुत्र/बाली

चरम युद्ध से हुआ क्लांत[506]
सुग्रीव, राम ने जब जाना।
किया धनुष टंकार प्रत्यंचा,
तीक्ष्ण शिलीमुख[507] संधाना।।

खिंची शिंजिनी[508] श्रवण द्वार तक,
कर्ण विदारक गूँज हुई।
कौंध उठी इक अग्नि रेख सी,
बालि वक्ष में समा गई।।

कटे वृक्ष की भाँति भूमि पर,
गिरा बालि हो संज्ञाहीन।
किष्किंधा नगरी की कांति,
अकस्मात ही हुई मलीन।।

अति आदर से राम लक्ष्मण,
पहुँचे तारापति के पास।
जदपि चेतना हीन तदपि था,
मुखमण्डल पर दिव्य प्रकाश।।

506. थकित
507. बाण
508. धनुष की डोर/प्रत्यंचा

शोभित थी यों बालि देह के,
तेज पुंज से वसुंधरा।
उषा काल का भू पर मानो,
स्वर्ण सिंदूरी सूर्य गिरा।।

लिया अंक में उठा राम ने,
तंद्रित इन्द्र-तनय का शीश।
कोमल शीतल परस प्राप्त कर,
कुछ कुछ चेतन हुआ कपीश।।

देख राम को कहा रोष में,
अर्थपूर्ण कटु थी भाषा।
राजन! तुम यह पाप करोगे,
नहीं स्वप्न में थी आशा।।

सत्वयुक्त तेजस्वी तुम तो,
दयाशील हो व्रत धारी।
धर्म कर्म के हो प्रतीक तुम,
राघव वीर धनुर्धारी।।

अभय किया ऋषि कुल को तुमने,
दुष्ट दलन का प्रण साधा।
जग कहता पुरुषोत्तम तुमको,
क्षत्रिय कुल की मर्यादा।।

किंतु आह! वह मिटी धारणा,
देख निराली पौरुषता।
अरे! देख ली राम! तुम्हारी,
कितनी वीरोचित क्षमता।।

लिये धर्म की ध्वजा डोलते,
पर अधर्म में पगे हुए।
सौम्य सजन सा रूप परन्तु,
कपट वेष में छिपे हुए।।

घातक तुम उस काल सदृश हो,
ढका तृणों से हो ज्यों कूप।
क्षार मध्य विश्वास घातिनी,
तुल्य हुताशन[509] हो तुम भूप।।

कहा प्रयोजन मुझसे होता,
पूरी करता अभिलाषा।
साथ सिया के ला चरणों में,
धर देता मैं दशशीषा।।

509. अग्नि

प्रियवर है सुग्रीव तुम्हारा,
किन्तु द्वेष क्या मुझसे था।
युद्धलीन दो भ्राताओं के,
बीच कूदना अनुचित था।।

राजपुत्र! यदि सम्मुख आकर,
मुझसे युद्ध किया होता।
वीर शिरोमणि! क्षण में तुमको,
मैं यमराज दिखा देता।।

नेत्र बंद कर बड़े ध्यान से,
सुना राम ने बालि कथन।
हाथ फेर मस्तक पर उसके,
कहे धर्मयुत मधुर वचन।।

सुनो हरीश्वर! गुरु, जनक औ
अग्रज तीनों पिता समान।
अनुज, पुत्र औ' अंतेवासी[510],
तुल्य स्वयं की निज संतान।।

510. पड़ोसी

त्याग सनातन धर्म मार्ग,
तुम काम मार्ग में लीन हुए।
अनुचित रख व्यवहार वधू से,
शील चरित से हीन हुए।।

यद्यपि यह दो भ्राताओं का,
अपना निज का था विद्वेष।
अन्य किसी का नहीं अनधिकृत,
युक्तियुक्त था गुप्त प्रवेश।।

रहता यदि तटस्थ मैं इसमें,
होता तो भी वह अभिप्राय।
निष्क्रियता भी किसी पक्ष की,
होती ही है गुप्त सहाय।।

देख क्रूर अन्याय वीर भी,
आँख फेर यदि हो निष्प्राण।
भूमण्डल पर होगा कैसे,
न्यायोचित निर्बल का त्राण।।

अतः धर्म ही प्रतिनिधि बनकर,
परम ब्रह्म का आता है।
वही पक्ष वह धारण करता,
न्यायपूर्ण जो होता है।।

निज चरित्र से च्युत जो होते,
नहीं जानते लोकाचार।
धर्म राज्य में धर्मविमुख जो,
उन्हें न जीवन का अधिकार।।

अतः कर्म से प्रेरित मैंने,
धर्मोचित ही कार्य किया।
उचित दण्ड जो शास्त्रविहित है,
सोच समझ कर वही दिया।।

रहा प्रश्न अब छिपकर मैंने,
क्यों कर किया तुम्हारा घात?
गुप्त रूप से या सम्मुख हो,
वध करना है एकहि बात।।

धर्म कर्म के ज्ञाता मुनि भी,
पाते कर मृगया संतोष।
प्रगट रूप या अन्य रीति से,
नहीं तनिक भी इसमें दोष।।

धर्म विमुख को यदि धर्मी से,
उचित दण्ड मिल जाता है।
स्वर्गधाम का अधिकारी वह,
पाप रहित हो जाता है।।

अमिय वचन सुन इन्द्र तनय ने,
निज वध का दुख बिसराया।
नहीं राम का दोष वरन् यह,
निज कर्मों का फल पाया।।

हाथ जोड़, कर क्षमा याचना,
बोला गदगद वाणी में।
राघवेन्द्र तुम ज्ञानवान,
है अल्पबुद्धि इस प्राणी में।।

बन्धुजनों या तारा के प्रति,
नहीं तनिक भी सोच विचार।
किन्तु तनय अंगद की मुझको,
सुधि आती है बारंबार।।

शोकाकुल सुग्रीव विनत हो,
बोला धर चरणों में शीश।
धर्म पिता का वहन करूं मैं,
तात मुझे दो शुभ आशीष।।

सुने वचन छल रहित भ्रातृ के,
शोक मोह से हुआ विराग[511]।
राम चरण में ध्यान लगाकर,
दिये प्राण धीरज से त्याग।।

इसी समय वानर गण आए,
अंगद औ' तारा के साथ।
बालि प्रिया लख कंत दशा को,
गिरी मृतक पर खा आघात।।

बिलख बिलख अति अंगद रोया,
हृदय विदारक था क्रंदन।
पुरवासी, सुग्रीव, लखन, सब
सिसक रहे थे रघुनन्दन।।

धीर धार फिर सत्कर्मों औ'
नियम पुण्य के कुछ उपदेश।
दिये राम ने धर्माचारी,
विज्ञ जनों के शुभ संदेश।।

511. अरूचि

प्रेत-क्रिया सब पूर्ण कराई,
देकर राजोचित सम्मान।
याचक गण औ' विप्रजनों को,
बहुविध दिलवाये धन धान।।

वैदिक विधि से रविनन्दन का,
राज तिलक फिर करवाया।
अंगद का अभिषेक करा कर,
युवराजा पद दिलवाया।।

नगर निवासी सुखी हुए सब,
नगरी फिर से हुई ललाम।
शैल शिखर पर कुटी बनाकर,
रहने लगे लखन संग राम।।

❄❄❄❄❄❄

पवन-दूत

हटा वसुधा का अवगुण्ठन,
निशा ने बाँधे बिखरे केश,
तुहिन[512] कण से कर प्रक्षालन,
उढ़ाया नव्य दुकूल[513] विशेष।

उषा ने लेकर कंचन दीप,
उघारा प्राची[514] दिशि का द्वार।
कनखियों से अचला को देख,
किया अभिवंदन बारंबार।।

अँजुरियाँ भर भर रस चहुँ ओर,
अनंता-अंतरिक्ष के बीच।
प्रकृति को नख से शिख पर्यंत,
दिया मृदु सरस सुरा से सींच।।

512. ठण्डा/जमा हुआ/बर्फ
513. रेशमी वस्त्र
514. पूर्व दिशा

बिखेरा किरणों ने अविलम्ब,
हरिद्रा, कुंकुम और अबीर।
दमकने लगे अवनि के अंग,
जड़े ज्यों मरकत, मोती, हीर।।

तरंगित हुए नदी नद ताल,
उतारे कलियों ने परिधान।
सुपर्णी-स्यंदन[515] के रथ बैठ,
चहकते कर कर सौरभ पान।।

रहे थे विचर सरित के तीर,
अकेले प्रात समय रघुनाथ।
निरखने लगे शिला पर बैठ,
अलंकृत वसुधा का मृदु गात।।

हुए बेसुध से चिन्ता लीन,
प्रकृति का देख नया श्रृंगार।
न जाने कौन निपट अनजान,
विरह में लगा रहा अंगार।।

515. कमल से आच्छादित रथ

निहारो जहाँ दृगंचल[516] खोल,
मधुर ही मधुर मदिरमय प्राण।
रहे ज्यों चर अचरों को बींध,
मदन के मृदु पीड़ामय बाण।।

अभी यदि होती सीता पास,
मधुरतम होता मधु मधुमास।
टटकते हर क्षण हृदय-प्रसून,
क्षरित होते बन बन मृदु हास।।

प्रिये! हे प्रिये! किरण! हे ज्योति!
कहाँ हो सुमुखि कहाँ हो प्राण!!
कहाँ हो सीते तुम किस प्रान्त,
विकल मन करता तव आव्हान।।

शिशिर हेमन्त शरद के मास,
बिताये सह सह रह चुपचाप।
कुसुम आगम के मादक दिन,
लगाते व्याकुल उर में ताप।।

516. पलक /चक्षुपट

प्रणय का मधुरिम मादक काल,
निरस में रस भरता मधुमास।
प्रमद जड़ चेतन अज्ञ अनज्ञ,
रचाते प्रमुदित निशदिन रास।।

शलभ[517] से पंखी का संयोग,
भ्रमरियों से मिलते हैं भृंग।
मृगी संग मृग हैं आत्म विभोर,
लता लिपटी तरुवर के संग।।

मरालिनि[518] क्रीड़ारत संग हंस,
मयुर से मयुरी का संश्लेष।
कपोती औ' कपोत की केलि,
पिकी[519] को पिक देता संदेश।।

कली का कर अधरामृत पान,
मरुत[520] मद मत्त मचाता धूम।
तितलियाँ बौराई सी दौड़,
तरुण पुष्पों को लेतीं चूम।।

517. टिड्डा
518. हंसिनी
519. कोयल
520. वायु

हुए हिंसक वनचर मनमुग्ध,
रहे निजप्रिय के अंग सुखभोग।
प्रकृति का लख यह मादक रूप,
ग्रसित कीटाणू भी रति-रोग।।

न जाने मैं ही एक वियुक्त[521],
कि जिसको मधवारिष्ट[522] बसंत।
हृदय की ज्वाला में अतिरिक्त,
चुभाता पंचबाण विषवंत।।

अरे! है कोई ऐसा दूत,
भ्रमण करता हो देश विदेश।
सरलता से त्रिभुवन को खोज,
प्रिया का लाकर दे संदेश।।

इसी क्षण बजी मधुर सी बीन,
हुआ कर्णों में सरस निनाद।
हुए शीतल से सुरभित मंद,
कपोलों पर कोमल आघात।।

521. अलग
522. दुर्भाग्यशाली

अहा! यह पंचतत्व में एक,
    जगत का कारण मूल अरूप।
गगन चारी ही जो स्वच्छन्द,
    पवन बन सकता दूत अनूप।।

प्रफुल्लित हो मन में यों सोच,
    कहा, हे नभसुत[523]! गंधाशन[524]!!
दुखी मैं दशरथ नन्दन राम,
    तुम्हारा करता अभिनंदन।।

बना जिन तत्वों से ब्रह्माण्ड,
    उन्हीं में से तो तुम हो एक,
तुम्हारी गति सर्वत्र अबाध,
    अचंचल चंचल रूप अनेक।।

तपन से जो भी प्राणी क्लांत[525],
    उन्हें तुम देते शीत शरण।
वियोगी मैं भी हूँ अति दग्ध,
    हुआ है जबसे प्रिया हरण।।

523. वायु/पवन/हवा
524. पवन/हवा
525. थकित

विरह से व्याकुल वह भी आह!
न जाने परवश है किस देश!!
सखा! तुम सक्षम सकते खोज,
मुझे प्रिय दो लाकर संदेश॥

प्रिया बिन अनुतापित ये प्राण,
निकलने को हैं अति विह्वल।
बचा लो देकर जीवन-दान,
सुनो हे जीवन के संबल॥

सदा जब पतझर के पश्चात्,
विरह से होती प्रकृति अधीर।
तभी तुम मधुऋतु का संदेश,
सुनाते आकर मलय-समीर[526]॥

अतः मैं करता अभ्यर्थन[527],
तुम्हें अपना शुभ चिन्तक जान।
न केवल आशा पर विश्वास,
सखे! तुम लोगे विनती मान॥

526. मलय पर्वत की हवा (जहाँ चंदन के वृक्ष है)
527. प्रार्थना

प्रथम तुम जाओ उदीची[528] ओर,
हिमांचल गिरि अलका पर्यंत।
खड़ा जो रहा गगन को चूम,
तुहिन[529] से आच्छादित अत्यन्त।।

मिलेगा पथ में दण्डक वन,
जहाँ है शोभित पंचवटी।
वहीं सुरसारी के है तीर,
स्वनिर्मित सुन्दर पर्णकुटी।।

ठहरकर पर्णोटज के पास,
तनिक मिस[530] करने को विश्राम।
भटकती गई प्रिया हो लौट,
निरखना ऋषिमुनियों के धाम।।

वहीं सीता की सहचरियाँ,
मिलेंगी कानन वनिताएं।
सुरभि से सुहराना मृदु गात,
कदाचित वे कुछ बतलाएं।।

528. उत्तर दिशा
529. हिम /बर्फ
530. बहाना/बहाने से

उटज[531] से आगे कर प्रस्थान,
पहुँचना चित्रकूट के श्रंग।
रही है जिसके चरण पखार,
सरित मंदाकिनि पावन गंग।।

घने वन लिपटे गिरि के अंग,
शिखर से बहतीं जल माला।
पहन ज्यों तपसी ने मृग चर्म,
मुकुल में व्रतबंधन डाला।।

दिखाकर अपना चंचल रूप,
समाधी भंग न कर देना।
विपिन से लेकर कुसुम पराग,
सुरभि से चर्चित कर देना।।

ग्रहण कर तेरा यह उपकार,
तुझे वह देगा आशीर्वाद।
प्रभंजन[532] फलतः तेरा पंथ,
जटिलतम भी होगा निर्बाध।।

531. पर्णकुटी
532. वायु

अचल के गहन निकुंजों में,
    बिछाकर पंकज पंखुरियाँ।
मिलेंगी क्रीड़ा के उपरान्त,
    शयन करतीं बहु किन्नरियाँ।।

विचरते वहीं कुरंगों[533] से,
    सुवासित लेकर मादक गंध।
अचानक देना तनिक हिलोर,
    विलासित अलसित कोमलअंग।।

जगें जब अंगड़ाई के साथ,
    बताना सिया हरण की बात।
सभी ज्ञानों में पारंगत,
    करेंगी ज्योतिष से कुछ ज्ञात।।

गगन से प्राची[534] दिशि की ओर,
    दिखेगी निर्मल जल भरिता।
मनोरम शस्य श्यामला पर,
    रजत रेखा सी सुर सरिता।।

533. हिरण की एक जाति

534. पूर्व दिशा

भुजान्तर में तुम देखोगे,
भरे बहु मणि मुक्ता मूंगा।
उतर भूतल पर आई ज्यों,
गगन तल से गगन गंगा।।

नमन कर श्लाघनीया[535] को,
सुधारस पी तृपित होना।
बिदा ले मां से मलयानिल,
सुकृत पथ पर सुगति लेना।।

सुरभि के साथ गंगाजल,
यतन से रखना अंतर में।
विशेषी होगा यह मिश्रण,
कि जैसे सौरभ कंचन में।।

गगनपथ से हे जल भूषण,
जहाँ तक दृष्टि पड़ेगी दूर।
लखोगे कौशल नाम प्रदेश,
अमित धन धान्यों से भरपूर।।

535. प्रशंसनीय/वंदनीय

वहीं सरयू तट विस्तृत है,
अयोध्या नगरी ललित ललाम।
यही है जननी भू मेरी,
सदृश सुरपुर[536] सी है सुखधाम।।

अलौकिक क्रीड़ा कांता पर,
तरणि के वंशज जब आए।
तो मानो सत्कृत के बदले,
धरा पर सुरपुर[537] ले आए।।

वहीं सरयू के अंचल में,
समीरण! तुम उतर जाना।
किसी उत्फुल्ल उपवन में,
ठहर विश्राम कर लेना।।

नवल सौरभ से हो संयुक्त,
नगर में विचरण तुम करना।
निकेतन हर्म्य सदन सब ठौर,
सुवासित पुष्पज भर देना।।

536. स्वर्ग
537. स्वर्ग

मिलेंगे कंचन मणिमय भव्य,
    कलशपर ध्वज लहरित प्रासाद।
सुरक्षित जिनके तोरण द्वार,
    नगाड़े श्रॅंगी करते नाद।।

इन्हीं में अंबाओं का वास,
    प्रतिम प्रतिमा ममता छविमान।
मिलन हित वधु तनयों से शीघ्र,
    पिपासित[538] होंगे जिनके प्राण।।

वधूटी उर्मिल इनके बीच,
    कहानी मौन मुखी दृष्टव्य।
त्रिवेणी संगम के ज्यों तीर,
    सुशोभित पावन पूजन दृव्य।।

छिपाए अंतरमन में व्याधि,
    प्रणय से वंचित वह दिन रात।
मिलन की लेकर उर में आस,
    सहन करती होगी आघात।।

538. प्यासे

सतत झुलसाता होगा प्राण,
　　दहक कर तन में विरहानल।
मलय का लेपन, मलयानिल,
　　लगा कुछ कर देना शीतल॥

अरे! हाँ रखना इतनी याद,
　　कहीं चर्चा में गंधाशन[539]।
न देना तिल भर भी तुम भूल,
　　सिया से संबन्धित विवरण॥

हमारा वंदन करना तात,
　　जननि के चरणों में अर्पण।
कुशल हैं सीता लक्ष्मण राम,
　　तड़पते पाने को दर्शन॥

ललसते लेकर मन में आस,
　　समय के बढ़ते देख चरण।
अवधि ही कितनी है अब शेष,
　　त्वरित ही होगा पुनर्मिलन॥

539. हवा/वायु

वहां से ले फिर आशीर्वाद,
करोगे आगे जब प्रस्थान।
मिलेगा पथ में नंदीग्राम,
प्रशंसित जिसमें देवस्थान।।

दिखेंगे मेरे ही प्रतिरूप,
अनुज मम प्रियवर भरत कुमार।
नहीं है कोई उदाहरण और,
धरा पर त्यागरूप साकार।।

नमन कर अवधराज को वत्स,
चढ़ाना पावन गंगाजल।
सुमन्त्रित मीठी ध्वनि के साथ,
छिड़कना अक्षत मिस परिमल।।

मुदित हो पूछें यदि भूपाल,
विनम्रित होकर प्रिय निस्पंद।
बताना राम अनुज के साथ,
अरन[540] में रहते हैं सानंद।।

540. वन /जंगल

तुम्हारी सुधि आँसू में घोल,
हृदय मंदिर को प्रतिदिन लीप।
मिलन की आशा का भर नेह,
जलाते रहते हैं वे दीप।।

बिदा लेकर फिर जल भूषण,
पहुँचना मिथिला की मृदु गोद।
सुमुखि सीता प्रमुदित वदना,
जहाँ थी करती बाल्य विनोद।।

वनो उपवन में सुन्दरतम,
यहीं मनरोचन पुष्पोद्यान।
विमोहित[541] होगा मन अवलोक,
बिसर कर नंदनवन का ध्यान।।

यही वह थली सुनो हे सोम!
प्रथम हिमकिरण मिली चितचोर।
निरख मन गया अचानक डोल,
प्रणय-उन्मादी बना चकोर।।

541. प्रलोभित होना/ललचाना

प्रियांबू मधुद्रुम[542] शाल तमाल,
विटप जहँ आच्छादित पुष्पिल।
वहीं है पद्माकर के कूल,
अपर्णा देवी का मंदिल[543]॥

उतरना मंदिर के तुम द्वार,
बजाना चंचल! घंटुलियाँ।
अरघ कर सुरसरि[544] का शुचि जल,
अरचना कुड्मल[545] पंखुरियाँ॥

प्रणत हो मन ही मन कर जोर,
विनय कर कहना हे नभ प्राण।
जयति जय रुद्र प्रिया दुर्गे,
ललितकांता गौरी छबिमान॥

उमा गिरिजा जय बहुरूपा,
भवानी भव्या शिवरानी।
जयंती जया त्रयी त्रिगुणा,
जयति जय माया तपस्विनी॥

542. आम्र-वृक्ष
543. निवास/मंदिर/मठ
544. गंगा नदी
545. पुष्प/कलिका

अनंता इला क्षमा उग्रा,
अजा जय शिवा जगत् माता।
जयति सर्वज्ञा कांतव्रता[546],
मृडानी[547] सत्या शैल-सुता[548]।।

नहीं यह मंदिर केवल धाम,
सकल भू मंडल तेरा वास।
इधर दक्षिण में सागर तीर,
उधर उत्तर में गिरि कैलाश।।

गगन में नक्षत्रों के बीच,
प्रतीची[549] में संध्या के रंग।
धरा के तल पाताल निवास,
वहां प्राची[550] में ऊषा संग।।

अछूता नहीं कहीं ब्रम्हांड,
कहाँ तू नहीं अंब है व्याप्त।
अचर चर में तो मंगल वास,
मृत्यु के मुख में भी तू प्राप्त।।

546. पतिव्रता
547. पार्वती के नाम
548. पार्वती के नाम
549. पश्चिम दिशा
550. पूर्व दिशा

महाशक्ति जय चामुण्डे,
सदा कल्याणी हे अंबे।
सिया की रखना देवी! लाज,
सती सिंह वाहिनी जगदम्बे।।

ग्रहण कर मां से अरुण पराग,
धवल जहँ धारे मुकुट नगेश।
पहुँचना मृगवाहन शुभ धाम,
प्रतिष्ठित ज्योतिर्लिंग देवेश।।

उमापति का अद्भुत है रूप,
दमकते चरम सूर्य सा वर्ण।
किया तन में हो ज्यों मर्दन,
मिला ताँबे के रस में स्वर्ण।।

जटाओं से गंगा का स्त्रोत,
क्वणित[551] क्वण क्वण बहती धारा।
त्रिकुटि पर लोचन मौन तृतीय,
जड़ा मस्तक पर पति-तारा।।

551. कल कल की आवाज/ ध्वनित

कमर में पहिने बाघम्बर,
    गले में मणि धर काल भुजंग।
सुकर में डमरू युक्त त्रिशूल,
    प्रकृति से भोले पर सारंग।।

सुरभि संग माता का सिंदूर,
    चढ़ाना चरणों में श्रीमान।
निवेदन करना धर फिर ध्यान,
    मृत्युंजय की प्रस्तुति का गान।।

जयति जय जगत् गुरु सुरश्रेष्ठ,
    पिनाकी[552] चन्द्रमौलि[553] चण्डीश[554]।
स्वयंभू, सुभग सुमुख श्रीकंठ,
    जटाधर[555] कापालिक[556] नंदीश[557]।।

त्रिलोचन गिरिजापति नटराज,
    दिगंबर महारुद्र त्रिपुरारि।
महेश्वर धूर्जटि जय गणनाथ,
    जयतिजय अंतक जय मदनारि।।

552. शिव का नाम
553. शिव का नाम
554. शिव का नाम
555. शिव का नाम
556. शिव का नाम
557. शिव का नाम

विषांतक वीरेश्वर वृषकेतु,
 शिखंडी शूलपाणि भूतेश।
निरंजन पंचानन पिंगाक्ष,
 कलाधर जयजय जय भुवनेश।।

नमामी महाशक्ति अर्धांग,
 जयति मुंडमाली प्रलंयकर।
नमामी विश्वनाथ ओंकार,
 जयति शिव शंभु जय शंकर।।

महा तेजस्वी हे सर्वज्ञ,
 नहीं है आदि नहीं है अंत।
मनोरथ पूर्ण करो मम देव,
 सफलता का दिखलाओ पंथ।।

प्रिया से वंचित हो श्रीराम,
 भुला बैठे हैं निज का ज्ञान।
कृपा कर दया करो दुख देख,
 उपासक[558] उनको अपना मान।।

चरण रज लेकर धूली ध्वज,
 वहाँ से द्रुततर तुम जाना।

558. भक्त/अनुयायी

जगत में सीता की कर खोज,
संदेशा तुमको है लाना।।

शिखर से उड़ जब कश्यप देश,
सघन गह्वर से जाओगे।
विविध रंगों से आच्छादित,
अनोखी सुषमा पाओगे।।

कुसुम्भी लाल हरे पीले,
भरे केसर से कानन कुंज।
समेटे जिनको बाहों में,
तरंगित सरिताओं के पुंज।।

रसिक गंधर्व प्रिया के संग,
कहीं करते होंगे मधुपान।
मदोन्मत पीते होंगे झूम,
कहीं अप्सरियों से रसदान।।

यहीं अम्बर में देखोगे,
हिंडोले डाले रंग बिरंग।
प्रमादी[559] झूल रहे होंगे,
पयोधर[560] दामनियों[561] के संग।।

---

559. मदमस्त

560. बादल

561. तड़ित/आकाशीय बिजली

पवन! वे सखा तुम्हारे ही,
बलाहक[562] भी तो नभचारी।
कदाचित उनको हो कुछ ज्ञान,
कहाँ है सीता सुकुमारी।।

जलद से पीकर शीतल नीर,
निरखते अग्नि सखा! गंधार।
पहुँचकर दूर प्रतीची[563] में,
तुम्हें जाना है मधुजा[564] पार।।

धधकती ज्वालाओं का झुंड,
जहाँ ऊषा से कर विनिमय।
लिये संध्या रानी को साथ,
थकित हो जाता सूर्य विलय।।

इसी गह्वर में जाना कूद,
अभय ज्वाला माली के साथ।
बने न बाधक जिसमें सोम,
तुम्हारे पथ में काली रात।।

562. बादल
563. पश्चिम दिशा
564. धरती

धरा के तल में जितने लोक,
    अतल पाताल रसातल, ताल।
भ्रमण कर प्राची[565] के तुम तीर,
    पहुँच जाना प्रिय प्रातःकाल।।

यहीं है स्वर्णजटित वह द्वार,
    जहाँ ऊषा कर नव श्रृंगार।
हुई व्रीड़ा[566] से लाल गुलाल,
    लिये कर में किरणों का हार।।

खड़ी होगी अगवानी हेतु,
    कि आते होंगे उसके कांत।
न हो स्वागत में कुछ व्यवधान,
    मरुत[567] तुम रहना तब तक शांत।।

किरण माली के ही संग संग,
    महासागर के द्वीप, समीर।
भ्रमण कर करना पर्येषन[568],
    ठहरना ब्रह्मपुत्र के तीर।।

565. पूर्व दिशा
566. लज्जा/शर्म
567. हवा
568. खोज/छानबीन

सभी वैभव से है सम्पन्न,
    विमंडित[569] कामरूप[570] कामार्त।
सुरासुर तरुण तरुणियाँ साथ,
    यहाँ विचरण करते प्रणयार्थ।।

सुमुखियों के मकरन्दी नैन,
    नितम्बी पुष्ट मध्य में क्षीण।
सुभूषित राग रंग रस रूप,
    ललनियाँ सुघर पयोधर[571] पीन[572]।।

सलोना धर तुम कोमल रूप,
    सुरभि युत शीतल मंद बयार।
सुभाषिणि कामनियों के साथ,
    सरित में करना सांध्य विहार।।

अनेकों भ्रमणार्थी इस ठौर,
    बनाते निज विश्राम निकेत[573]।
किसी ने दिया प्रिया को हो,
    सिया से प्रासंगिक संकेत।।

569. सज्जित/श्रृंगारित
570. सुंदर/मनमोहक
571. उरोज/स्तन
572. मांसल
573. घर

वहाँ से आना दक्षिण ओर,
कुमारी कन्या नाम प्रदेश।
यहाँ से देखोगे वह द्वीप,
जहाँ रहता दुर्मद लंकेश॥

प्रकंपन! पवन अस्त्र के वेग,
पहुँचना त्रिकूट गिरि के श्रंग।
यहीं है कंचन नगरी लंक,
दमकते रत्निम अंग प्रत्यंग॥

सुना है रावण के दश शीश,
सभी हैं ओत प्रोत उन्माद।
भरे हैं प्रमदाओं[574] को छीन,
प्रहारूक ने अपने प्रासाद॥

सजग हो करना देख सुयोग,
प्रमाथित[575] ललनाओं से ज्ञात।
परन्तू कहना नहीं समीर,
किसी निशचर से मन की बात॥

574. चंचल स्त्रीयाँ

575. अशांत/आंदोलित

प्रदक्षिण कर यों चारों ओर,
पवन! प्रिय आना लौट तुरंत।
विरह में व्याकुल बीत न जाय,
कहीं यह मादक काल बसंत।।

अरे! लो गया बताना भूल,
सिया की रूप राशि पहिचान।
बताऊँ सुनो सखा नभ प्राण,
हृदय में अंकित जो छबिमान।।

प्रजापति ने नवग्रह के खण्ड,
अनोखे ही साँचे में ढाल।
उषा संध्या के रंग से पोत,
संजोई सिया प्रिया मधुबाल।।

किया जब शिल्पकार ने तौल,
भुवन की अनुपम उपमा खोज।
कदाचित परख कला में दोष,
मिला जब उसे नहीं संतोष।।

मंगाया लाल रोहिणी चूर्ण,
समेटीं सुधा रश्मि अकलंक।

मिला रक्तोत्पल[576] का मकरन्द[577],
बनाया अरुणिम स्वर्णिम पंक।।

सजगता से फिर बारंबार,
वदेन मंडल का कर मज्जन।
अलौकिक रत्नों की कर खोज,
किया शोभामय पूर्ण सृजन।।

बनाया द्वीपध्वजा[578] में घोंट,
अमा की तमस्विनी का लेस।
मिलाकर राहू का कुछ अंश,
सजाये कुंचित काले केश।।

अनेकों फेर बदल उपरान्त,
लिये दो नील मणि निर्दोष।
तदपि सुर गंगा जल से माँज,
समर्पे खोल दृगंचल कोष।।

576. लाल कमल
577. फूलों का रस
578. काजल

चुने कुछ सिंधुसुता[579] के बीज,
तथा गजमणि अनमोल रतन।
तड़ित की देकर इनमें कौंध,
प्रभायुत जड़े सुडौल रदन[580]॥

मृगांकी श्री मलिनाम्बू[581] में,
मयुर पंखों का रंग निचोड़।
रंजे भृकुटी के दोनों छोर,
धनुर आकृति में भ्रू[582] बेजोड़॥

निकाला पद्मराग[583] से मद्य,
मिलाया चिन्तामणि का घोल।
किया मिश्रित ईंगुर के साथ,
रंगे अधराधर और कपोल॥

लगाया श्यामा का ध्वनियंत्र,
बनाकर ग्रीवा शंख समान।
श्रवण कुंदन किसलय[584] के रूप,
कली किंशुक[585] सी नाक सुहान॥

579. सीप
580. दाँत
581. स्याही
582. भौंह
583. गहरा लाल रंग/माणिक्य
584. अंकुरित/नवपुष्पित
585. सुन्दर लाल फूल वाला वृक्ष

बनाये श्रीफल के कर भाग,
    सुघर उरसिज[586] दो कुंभाकार।
सरस कुंदन-आसव में पाग,
    किया प्रस्थापित यौवन भार॥

विविध किरणों को तोड़ मरोड़,
    रचे अति सुन्दर बाहू दण्ड।
लगाये शुंड सदृश अवलम्ब,
    बना विद्युत वल्ली के खण्ड॥

रंगे टेसू रंग विद्रुम[587] डाल,
    चरण औ कर के पल्लव चार।
नखों में नक्षत्रों को खोंस,
    रची यह प्रतिभा भव्यागार॥

लिखे विधि ने इस कृति के भाल,
    सनातन बहु अनमोल वचन।
छिपाया काल मंजुषा मान,
    रतनगर्भा में दिव्य रतन॥

586. स्तन/उरोज
587. इत्र/सुगंध

प्रबलतम था मेरा सौभाग्य,
मिला मुझको यह पावन दान।
प्रतिष्ठित कर त्रिभुवन में नाम,
दिया विधि ने रघुकुल को मान।।

अपितु संप्रति[588] मेरा दुर्भाग्य,
बिछुड़ वह कहाँ गई हा! हन्त!!
नियति का यह कैसा है न्याय,
सुखी दुर्जन दुख पाते संत!!!

सखा! अब जाओ बनो गतिमान,
धरो तुम रूप मरुत! उन्चास।
रहूँगा बैठ जोहता राह,
लिये मन में मंगलमय आस।।

विनय करता विधि से कर जोर,
सहो न तुम प्रिय दुसह-वियोग।
प्रिया अंजनि से सदा अभंग,
अहर्निश[589] बना रहे संयोग।।

❄❄❄❄❄❄

588. अब/इस समय

589. रात दिन/आठों पहर

महारुद्र की अनुकंपा

इन्द्र विजय उपरांत प्रहर्षित,
पहुँचा मेघनाद कैलाश।
इष्टदेव देवाधिदेव के,
चरणों में कुछ लेकर आस।।

इन्द्रजयी को देख रुद्र ने,
हो प्रसन्न मन में अतिरेक;
वरद हस्त रख दिया शीश पर,
गंगाजल से कर अभिषेक।।

मुदित हुआ मैं वत्स किया है,
इन्द्र विजय कर कृत्य महान।
त्रिभुवन में उत्कर्ष बढ़ाकर,
समर्थता का दिया प्रमान।।

सुरपूजित अब वज्रपाणि[590] भी,
शरणापन्न हुआ निरुपाय।
सर्वजयी लंकेश बना फिर,
और कलह से क्या अभिप्राय?

पितृचरण से जा कहना तू,
करे सुराधिप का मोचन।
और साथ ही प्रिय तेरा
एन्द्राभिषेक का आयोजन।।

मेघनाद ने गिर चरणों में,
कहा, नाथ! हे दया निधान!
नहीं श्लाघ्य[591] सामर्थ्य हमारा,
किन्तु आपकी कृपा महान।।

चरण शरण हम इष्टदेव की,
शिरोधार्य प्रभु का आदेश।
सदा विजय हो रक्षस कुल की,
शुभाशीष दो हे! अखिलेश।।

590. इन्द्र
591. प्रशंसनीय

कहा रुद्र ने, शरणागत हो,
आते जो हे! रक्षकुमार
नाग, असुर, गंधर्व देव सब,
पाते वर निज मति अनुसार।।

याचक जो भी सिद्धि चाहता,
रंक राय या नृपति महान।
देना होता सदा प्राप्ति हित,
सक्षमता का उचित प्रमान।।

सिद्ध शक्ति की सदा कसौटी,
किसके प्रति कैसा व्यवहार।
दुरुपयोग में मृत्यु स्वयं की,
सदुपयोग में प्राणाधार।।

गुरु शिष्य को देता केवल,
सद्गुण-ज्ञान-अनल के कण।
स्वतः प्रज्ज्वलित हो जाता है,
सत्पात्री यदि शिष्य प्रवण।।

मूढ़ व्यक्ति जो हो जाता है,
अजय शक्तियों से भरपूर।
दुराचार पथगामी होता,
अहंकार से भर मद चूर।।

अनाचार दुष्कर्म पाप से,
घट उसका जब भर जाता।
महाकाल तब बन जाता है,
उसका स्वयं सिद्धि दाता।।

अतः पुत्र तू प्रथम कि इसके
ग्रहण करे कुछ गुरुतर भार।
चिन्तन कर तब मुकुट शक्ति का,
कंटकमय मस्तक पर धार।।

इतना कह देवाधिदेव[592] ने,
देखा देवजयी की ओर।
दोष रहित बद्धांजलि होकर,
खड़ा हुआ था आत्म विभोर।।

592. भगवान शिव

साभिप्राय तब सिद्धीश्वर ने,
देकर नंदी को आदेश।
सुरगिरि मधवारिपु को भेजा,
चक्रदण्ड का जहाँ निवेश।।

विद्याधर ने नंदी मुख से,
कापालिक के पा निर्देश।
कहा भुजंगों[593] की बाम्बी में,
करना होगा इसे प्रवेश।।

अभिवादन कर चक्रदण्ड को,
सुरजित घुसा तुरत वल्मीक[594]।
फणियों के विषदंश सहन कर,
स्वस्थ हृदय आया निर्भीक।।

तीन दिवस तब विद्याधर ने,
दिया प्रचण्ड अनल[595] में वास।
कर प्रयोग कालान्त सिद्धि का,
योग्य पात्र का पा विश्वास।।

593. सर्प /सांप /नाग
594. खोह
595. अग्नि

सिद्ध चक्र रच पंचतत्व मय,
रक्तवर्ण द्रव कर तैयार।
निक्षेपित कर मेघनाद को,
औटाया धर खदिरांगार।।

प्रगट हुआ शक्रारि निखर कर,
गात दिव्य तेजस्वी लाल।
विकसित होता उषाकाल में,
रक्तोवधि से ज्यों दिनपाल।।

चक्रदण्ड ने पा अधिकारी,
दिव्य शक्तियों के अनुरूप।
मन्त्रसहित दी 'परीवर्तिनी',
और 'मोहनी' शक्ति अनूप।।

विद्याधर के परामर्श से,
मेघनाद नंदी के संग।
दिव्योषधियों की सिद्धी हित,
आया चन्द्रपाद-गिरि-श्रंग।।

नमुचि दैत्य का शैल शिखर पर,
पूर्ण रूप से था अधिकार।
जरा मरण से रहित वीर था,
सिद्ध शक्तियाँ भरीं अपार।।

भव्य प्रभायुत मेघनाद को,
देख विनत अति निःअभिमान।
किया नमुचि ने स्वागतसादर,
कालनाथ का किंकर जान।।

इन्द्रजीत ने कहा दैत्यवर,
दीक्षित कर निज दीक्षा से।
दिव्योषधियाँ देकर, दानी,
करो कृतारथ भिक्षा से।।

रावणि! तूने जो मांगा है,
वह अलभ्य है और अदेय।
किन्तु नहीं मैं विमुख करूंगा,
पूर्ण करूँगा तेरा ध्येय।।

अजर अमर तो अवश करूँगा,
धूर्जटि-देव-अनुज्ञा से।
अनुग्रह और करूँगा प्रियवर,
'बन्धकर्ण' की विद्या से।।

तू प्रयोकता दिव्यास्त्रों का,
रणबंका है रक्षकुमार।
परख मुझे तू सब शस्त्रों से,
निर्भय कर कर कुटिल प्रहार।।

नमुचि दैत्य की आज्ञा पाकर,
वंदन कर, ले शस्त्र अमोघ।
मेघनाद ने जी भर भर कर,
विविध भाँति के किये प्रयोग।।

निष्फल अस्त्र शस्त्र कर क्षण में,
चमत्कार अज्ञात किया।
दैत्यराज ने मघवाजित[596] को,
'नाग पाश' में बाँध लिया।।

मन्त्र पूत कर नमुचि दैत्य ने,
सात सिद्ध कर औषधियाँ।
अनुयोगित[597] कर पूर्ण रूप से,
'नाग पाश' की दी विद्या।।

नंदी बोला मेघनाद से,
सोम्य! हुआ तू अजर अमर।
मेरी भी कुछ इच्छा है जो,
प्रमुदित होगा प्रिय सुनकर।।

प्रति फाल्गुन के कृष्णपक्ष में,
दक्षिण अंचल गिरि के तीर।

596. मेघनाथ
597. शिक्षित

प्रगटित होता अष्टम तिथि को,
अक्षय दिव्य एक तूणीर।।

आते हैं उपलब्धि हेतु वहँ,
दानव देव दैत्य के दल।
मंत्रपूत यज्ञों को करते,
किन्तु नहीं वे हुए सफल।।

निज विक्रम से पा जाए यदि,
दुर्लभ अक्षय दिव्य निषंग[598]।
महातेज दुर्घर्ष विश्व में,
अतिरथ[599] होगा वीर दबंग।।

नंदी का मत मान तुरत वे,
पहुँच गये निर्दिष्ट अयन[600]।
अगणित देव दैत्य गण देखे,
बलि दे दे कर रहे हवन।।

मेघनाद ने वेदी रच इक,
विधिवत दी आहुति ज्योंही।
अग्निदेव ने स्वयं प्रगट हो,
अंगीकार करी वो त्योंही।।

598. तरकश /तूणीर
599. महायोद्धा
600. रास्ता/स्थान

याजक सब रह गये ठगे से,
देख विलक्षण यह व्यापार।
कौन प्रतापी? स्वतः अग्नि ने,
आहूति जिसकी की स्वीकार।।

ठीक इसी क्षण धरा विवर[601] से,
निकसा[602] रक्तिम वर्ण भुजंग[603]।
था असह्य विकराल भयानक,
विस्तारित फण अगह उतंग।।

देख विकट मणिधर को सम्मुख,
देव दैत्य कई हुए अचेत।
महाबली भी शुष्क पर्ण ज्यों,
फूत्कारों से उड़े अनेक।।

ध्यानावस्थित मेघनाद ने,
पाया नंदी का संकेत।
नागपाश में बाँधा अहि[604] को,
'बँधकर्ण' का कर प्रक्षेप।।

601. गुफा/ खोह
602. निकलना/उभरना
603. नाग/सांप
604. नाग/सांप

शिव किंकर के इंगित से तब,
उरग[605] उदर को तक्षण चीर।
देव दैत्य दानव को दुर्लभ,
प्राप्त किया अक्षय तूणीर।।

तूण प्राप्त कर आये दोनों,
हेमकूट पर्वत के पार।
मान सरोवर के अधिकारी,
काल चक्र का कर संहार।।

मन्त्र पूत कर एक धनुर्द्रुम[606],
छोड़ा ज्योंही सरवर में।
नवलचन्द्र सा प्रगट हुआ वह,
दिव्य धनुष बन पलभर में।।

हुआ विभूषित मेघनाद यों,
दिव्य शक्तियाँ पा अनगन।
भूतनाथ देवाधिदेव की,
अनुकंपा से अति संपन्न।।

605. नाग/सांप
606. बांस

गिर धरणी पर महारुद्र को,
    बारंबार किये प्रणिपात[607]।
अभिवंदन कर शिव किंकर[608] का,
    लंकपुरी आया घननाद।।

स्वर्णपुरी में प्रियदर्शी का,
    हुआ भव्य आदर सत्कार।
रावण ने एन्द्राभिषेक हित,
    किये निमन्त्रित सकल भुवार[609]।।

भूमण्डल के दिग्गज सारे,
    जगज्जयी का पा संदेश।
नाग देव गंधर्व दैत्यपति,
    दल-बल आये सभी नरेश।।

अतिथि गणों का लंकराज ने,
    किया उचित स्वागत सम्मान।
दिये यथारुचि हर्म्य, सदन, रख
    सुख सुविधा का पूरा ध्यान।।

607. साष्टांग/दण्डवत
608. अनुयायी
609. राजा / शासक

समारोह हित दस योजन में,
    निर्मित किया रम्य पंडाल।
रचे चतुर्दिशि मय दानव ने,
    सिंह द्वार अति भव्य विशाल।।

कुन्दन, रूपक, रक्त धातु के,
    बने राजसी बहु आसन।
मध्य भाग में इन्द्रकोश पर,
    दिव्य भव्य था सिंहासन।।

सजे धजे थे राजमार्ग सब,
    सौध[610] सदन कंचन प्रासाद।
तरुण तरुणियाँ बाल वृद्ध में,
    छाया था अति हर्षोन्माद।।

रंगभूमि में शुभ अवसर पर,
    जुड़े अतिथि सब भू सम्राट।
भासित होता लगी प्रदर्शिनि,
    रूप, गर्व की महा विराट।।

610. महल

दिव्य मंच पर मेघनाद था,
नक्षत्रों में सूर्य समान।
पार्श्व नाग में लंकराज औ,
सार्वभौम तेजस्वी बाण॥

विविध वाद्य की तुमुल ध्वनी से,
समुचित हुईं दिशाएं व्याप्त।
झूम रहा था पवन गगन में,
यज्ञ धूम्र सुरभित कर प्राप्त॥

सप्त समुद्रों, सप्त तीर्थ के,
जल से घट थे भरे अनेक।
किया इन्द्र ने इन्द्रजयी का,
मन्त्रोच्चारण सह अभिषेक॥

सप्तद्वीप के महिपतियों ने,
पहिनाया मणिमय उष्णीष[611]।
अक्षत रोली छिड़क छिटककर,
लक्ष लक्ष दीं शुभ आशीष॥

611. राजमुकुट /ताज

लोक लोक के प्रति निधियों ने,
　　किया गगन भेदी जयघोष।
लंकराज ने लुटा संपदा,
　　दिया याचकों को संतोष।।

झाँझ मृदंगों के संग नर्तीं,
　　सर्ववल्लभा चटुलाएं[612]।
बही सुगन्धित मदिराओं की,
　　लंकपुरी में सरिताएं।।

भोज्य,भक्ष्य औ लेह्य[613] चूष्य[614] बहु,
　　सरस व्यंजनों का आहार।
तृपित हुए सम्मान्य अतिथिगण,
　　पा आतिथ्य स्वरुचि अनुसार।।

हो कृतार्थ संपूर्ण भाँति से,
　　सजधज स्यंदन[615] और विमान।
अतिथिगणों ने लंकराज से,
　　अनुमति लेकर किया प्रयाण[616]।।

612. चंचल स्त्री
613. चाटने योग्य
614. चूसने योग्य
615. रथ
616. प्रस्थान

स्वर्ण रत्न मणि माणिक मुक्ता,
गज, रथ अगणित दिव् दिव्या।
मान सहित दे देवराट को,
अमरपुरी को बिदा किया।।

❄❄❄❄❄❄

सुखद-मिलन

मेघ रहित क्षण प्रभा तड़ित सी,
नूतन मुग्धा वह बाला।
कुमुदबन्धु[617] रजनीश रहित वह,
अमृत द्रव सी मधुहाला।।

मदन रहित थी मदनप्रिया सी,
वासुकि कन्या सुलोचना।
मेघनाद प्रियतमा हृदेश्वरि,
सुमुखि सुहासिनी सुलक्षणा।।

थी मनोज्य निर्वाच्य मधुरिमा,
ज्यों बसंत की फुलवारी।
शरद इन्दु सा गात्र समुच्चय,
बैन क्वणित अति श्रुतिहारी।।

617. चंद्रमा

नागरंग से पीन[618] पयोधर[619],
तुम्ब-नितंबी पुष्ट जघन।
चरण युगल अभिनन्दनीय थे,
मस्त गजी सा चारु गमन।।

ज्यों सकाम हो रचा काम ने,
सुरवन से चुन सुमन पराग।
दोष रहित पति प्रणय समन्वित,
मूर्त रूप हो ज्यों अनुराग।।

पुलकवती को प्रियतम स्मर[620],
कुसुमबाण था देता भेद।
अन्तर्जलित दाह से झरता,
गदराये तन से प्रस्वेद।।

युगल कुचों[621] का उच्छ्वास संग,
होता प्रतिपल यों उल्लास।
वक्षस्थल के महाकाव्य में,
अलंकरित हों ज्यों अनुप्रास।।

618. मांसल
619. उरोज/स्तन
620. याद/चाहत
621. उरोज/स्तन

भृंगवल्लभा अक्षतारिका,
होतीं भ्रमित दृगंचल बीच।
मुग्ध भ्रमरियाँ झूम रहीं ज्यों,
नलिन-पँखुरियों में रस खींच॥

तर्क वितर्कों में सखियों से,
करती जब वाणी उपयोग।
भासित होता सुधावदन से,
झर झर झरता हो सुर भोग॥

चटुलाएं हँस हँस कर कहतीं,
अरी सुमुखि! क्यों कान्त[622] प्रवण[623]?
आम्र मंजरी कभी भ्रमर को,
देती है क्या आमन्त्रण?

कहीं चन्द्रिका भी चकोर का,
करती रागज[624] अभ्यर्थन[625]?
या कि रत्न भी करते फिरते,
कहीं पारखी अन्वेषण?

622. प्रेमी/इच्छित
623. समर्पण/ नशा
624. प्रणय से प्रेरित
625. निवेदन

कहीं प्रकृति में देखा है क्या,
विरह वेदना मनोविकार?
अरे! स्वयं ही सुरभिमास तो,
आकर करता है श्रंगार।।

अरी विलसियों! विप्रलम्भ[626] में,
करती हो क्यों व्यंग-प्रहार।
तुम क्या जानो, शुष्क तलैयों,
सागर में उठता क्यों ज्वार।।

रही सदा ही रीति जगत् की,
विरहाकुल उन्मन[627] जो प्राण।
हँसी उड़ाते हैं बहुतेरे,
बिरले ही देते परित्राण[628]।।

किससे कहूँ कि जब जब बहता,
दक्षिण शीतल मंद समीर।
अंग अंग में सिहरन होती,
अंतस्थल में उठती पीर।।

626. प्रिय -वियोग/विरह

627. उत्तेजित

628. सांत्वना

तिर्यंची[629] कोकिल, शुक, सारिक,
अब तक रहती आईं मूक।
बढ़ा रहीं है व्यथा किन्तु अब,
विरहजनित-स्वर में दे कूक।।

हँसनियाँ भी इतरा करतीं,
मेरे गमनों[630] का अनुकार[631]।
शत्रु मनोभव से मिलकर अब,
दुख देता यह चन्द्रकहार।।

दह्यमान करता भ्रमरों को,
यद्यपि मेरा उष्णोच्छ्वास।
तदपि अलक कुसुमों पर मँडरा,
गूँज गूँज कर देते भास।।

दीपध्वजित जब अश्रुकणों से,
मिल बहता है उज्ज्वल स्वेद।
भासित होता ज्यों प्रयाग में,
गंगा-यमुना-जल निःभेद।।

629. कपटी/बेईमान
630. चाल
631. अनुकरण

इस प्रकार चिरकाल विरह से,
मुरझ रहे थे हृदय सुमन।
तभी नवोढ़ा को प्रियतम से,
सुखद मिलन के आए क्षण।।

रम्य प्रमद वन में था निर्मित,
मणिमय रतिवन्ती[632] आवास।
लगता आज सजीला जैसे,
नंदनवन छाया मधुमास।।

देश देश से रति विलास के,
संचित थे सब सुख साधन।
तिर्यग्योनी[633] भी करते जहँ,
कामशास्त्र पर संभाषन।।

शीत-उष्ण को सम रखने हित,
चारों ओर लगे थे यंत्र।
कुसुम कोमला किंतु वज्र सम,
सुन्दरियों का रक्षक-तन्त्र।।

632. अनुपम /रमणीय
633. पशु /प्राणी

शंख नाद संग शुभागमन पर,
किये प्रिया ने प्रियदर्शन।
हर्ष विभोरित आलिंगन में,
प्रेमवारि से भरे नयन।।

सुमध्यमा को बाँह शरण दे,
अंतःपुर में किया प्रवेश।
उपालंभ[634] मनुहार व्यंग रत,
बीते क्षण दिन रहा अशेष।।

किया निमज्जित[635] सुलोचना को,
सुरभित द्रव से कर अभ्यंग[636]।
अंगराग[637] से किये मसृण[638] सब,
दिव्य दमकते अंग-प्रत्यंग।।

चंदनादि से किया विलेपित,
वर्तुल युगल यौवनाभार।
रची प्रवेणी सुघर गूँथकर,
रजनीगंधा, हर सिंगार।।

634. निंदा/ताना/फब्ती
635. स्नान
636. मालिश/मसाज
637. संगध/इत्र
638. नरम/कोमल

रंजी भृकुटियाँ बंकिम श्यामल,
    अक्षिलोभ[639] में अंजन रेख।
धूम्रकेतु-बेंदी ललाट पर,
    अलंकरित मुख श्री व्यतिरेक[640]।।

नीलकान्त मणि नथ वलयित था,
    रागहृष्ट मय लाल कपोल।
दमक रहा ज्यों निज मंडल में,
    उज्ज्वल नीलम शनि-ग्रह लोल।।

षट्कोणी मणियों से मंडित,
    दीप्तिमान थे यों ताटंक[641]।
उभय क्षितिज तट पर्व-सांध्य में,
    तीक्ष्ण रश्मि औ' सुधा मयंक।।

रक्तकंद सा अरुण रसासव,
    भरे रसीले अधराधर।
आभूषित थी मणि माला से,
    पंकजिनी[642] सी ग्रीव सुघर।।

639. पलक
640. श्रेष्ठतम
641. कान की बड़ी बाली
642. कमलडंडी

मध्य अंग पर क्षुद्रघंटिका,
    त्रिवलि सुलोमा उदरावर्त[643]।
अधोदेश अंशुक-अवगुंठित,
    उपमाता-अभिव्यंजन-व्यर्थ।।

बाहुदण्ड केयूर[644] विमंडित[645],
    रत्निम कंगनि युत मणिबन्ध।
प्रमद[646]-संचरण-कलकूजित[647] अति,
    किंकिणि[648]-नूपुर-स्वर सम्बंध।।

पूर्ण प्रसाधित हो सुलोचना,
    मदनातुर कान्ता सुकुमार।
चली तरुणियों साथ ठुमकती,
    ब्रीड़ा-अवनत[649] रंगागार।।

भव्य मंच पर मेघनाद था,
    श्रृंगारित ज्यों मधु सख काम।
प्रियंवदा ने किया प्रियंवद[650],
    प्रिय दर्शन को प्रणत-प्रणाम।।

643. नाभी
644. बाजूबंद
645. सुसज्जित
646. नषा
647. चंचल
648. छोटी घंटी
649. लज्जा से झुकी हुई
650. मधुर वाणी

किया आसनासीन प्रिया को,
अंकमाल कर सह सम्मान।
सुरापात्र विनिमय कर सुरका,
सुरभित मदगंधा-रस-पान।।

झनक उठे तत् वाद्य, वेणु संग,
लगे गमकने चंग-मृदंग।
थिरक उठीं रमणीय रमणियाँ,
दिग्दर्शाये अंग निहंग।।

उच्च, मन्द्र औ' मध्यम स्वर का,
आरोहण फिर अधोगमन।
चरण घात समताल क्वणन[651] संग,
राग रागिनी रलन-मिलन।।

रंगरलियों से मदनोन्मत हो,
आये दोनों गर्भागार।
मादक सुरभित रम्य कक्ष में,
कोमल पाटंबर संस्तार।।

केलि रसायनवय तरुणाई,
ओतप्रोत हो यौवन-दर्प।

651. ध्वनित /झंकृत होना/ कल कल की मधुर आवाज

चिर वियोग पश्चात् अमन्दा,
प्रमथित[652] कर देता, कंदर्प।।

पुरुष प्रकृति के अवयव विचलित,
विलगित[653] फिर मिल होते एक।
धृष्ट बना देता दोनों को,
नैसर्गिक रति रस अतिरेक।।

निर्दयतामय वाम आचरण,
विगलित[654] करते लज्जा भाव।
जीवन के औचित्य लब्धि हित,
मन में रहता नहीं दुराव।।

अविनय ही होता शोभामय,
चतुराई पाती अपमान।
चंचलता, सौष्ठव, निर्भयता,
नग्न आचरण का सम्मान।।

652. भावनाओं को कुचलना
653. अलग अलग होना
654. छिन्न भिन्न कर देना

अवगुण कहलाती ब्रीड़ाएं[655],
मूढ़ कहाता यहाँ विवेक।
यहाँ वही पंडित कहलाता,
जिसमें परिरम्भण[656] आवेग।

चमत्कार यह कैसा जिससे,
कोमल कान्ता ललितांगी।
व्यथित नहीं, हर्षित होती जब,
मर्दन करता अश्वांगी॥

भिन्न गात भी सुरत[657] योग में,
हो जाते सायुज[658] अद्वैत[659]।
रमण और रमणी दोनों में,
कौन कौन है भेद अभेद॥

यह अपने अंगों के अवयव,
और पराये वे प्रत्यंग।
भान रहित प्रिय अंक समर्पित,
मिलन-रात्रि हो जाती भंग॥

655. लज्जा/शर्म
656. आलिंगन करना
657. विनोद पूर्ण/अत्यधिक आनंद
658. एकाकार
659. अनुपम/अद्वितीय

प्रकृति नटी का लीलामय,
संसार विटप का रतिफल दान।
सरस मधुर मधुपर्श सतत यह,
देता तृष्णायुत मधुपान।।

आदिकाल से नर नारी के,
परम्परागत यह सम्बन्ध।
चेतन ही क्यों अचरों का भी,
स्वाभाविक होता अनुबन्ध।।

अणु परमाणू सब तत्वों से,
नहीं अछूता है यह काण्ड।
धन-ऋण के संगम ही का फल,
अद्भुत् निर्मित यह ब्रम्हाण्ड।।

किन्तु सुसंस्कृत बुद्धि वर्ग को,
हुआ दुर्गुणों का जब बोध।
मानव की स्वच्छन्द प्रवृति को,
किया नियंत्रित कर प्रतिरोध।।

विधि विधान से पाणिग्रहण कर,
वही कर्म हैं सद् आचार।
किन्तु नीति से परे यही सब,
हीन चरित कुत्सित व्यवहार।।

ज्यों पवित्र रहती है सरिता,
सदा जहाँ उदगम स्थान।
अन्य नाल के आलिंगन से,
शुचिता हो जाती है म्लान।।

उसी तरह नारी निज पति में,
निरत[660], कहाती कान्तव्रता।
किन्तु स्वप्न में भी पर जन का,
ध्यान बना देता कुलटा।।

तदनुसार ही शुद्ध पुरुष वह,
जो निज पत्नीव्रत धारी।
परदारागामी कहलाता,
घोर अनैतिक व्यभिचारी।।

दुराचार को वे अपनाते,
जिनमें नहीं परस्पर प्रीति।
प्रीति रहित जन-मन में पलकर,
शुद्ध प्रवृत्ति होती विपरीत।।

660. रुचि दिखाना/व्यस्त/समर्पित

अनुरागी दम्पति में होता,
सतत प्रवाहित नव अनुराग[661]।
स्वार्थ रहित अनुराग मात्र ही,
उत्पन्न करता है अनुराग।।

मेघनाद औ' सुलोचना थे,
प्रिय-व्रतधारी अनुरागी।
एक एक पर पूर्ण निछावर,
सुख दुख के थे समभागी।।

युगल मिथुन ने निजनिज प्रिय को,
कान्त भाव से जब देखा।
नेह तृपित लज्जागत रक्तिम,
लहर उठी ज्यों दीपशिखा।।

मेघनाद ने कहा प्रीतमे,
सभी शक्तियों से सम्पन्न।
ऋद्धि सिद्धि युत अतुल सम्पदा,
जितनी मैंने की अर्जन।।

661. प्यार/लगाव

यह अमोघ व्यक्तित्व आदि सब,
पाकर तेरा सुख सान्निध्य।
तृण समान हैं ये विभूतियाँ,
आज हुआ मैं प्रिय कृतकृत्य।।

कोमल कान्त वचन सुन प्रिय के,
कहा सुनैना ने प्रिय प्रान।
नख शिख तक लोहू कण कण में,
भर कर रसमय जीवन दान।।

सुखद मिलन के कुछ क्षण देकर,
मुझ दासी को किया कृतार्थ।
कहूँ मोल क्या इस संश्रय का,
प्राण मात्र ही मूल्य यथार्थ।।

किन्तु नाथ दो हृदय एक फिर,
भिन्न भिन्न क्यों रहें शरीर।
आजीवन विलयित कर लो मुझ,
चन्द्रबाण को निज तूणीर।।

प्रेमोन्मादी वचन प्रिया के,
सुन, हँस, तन से लिपटाया।
हृदय एक पर दो शरीर का,
गूढ़ प्रयोजन समझाया।।

प्राण सखी! अब भला बताओ,
हम तुम दोनों पृथक कहाँ?
तेरा मेरा गात निगुंफित[662],
पूर्णतया संयुक्त यहाँ॥

भिन्न नयन इसलिये कि देखें,
शिल्पी का पटु शिल्पाकार।
कर्ण भिन्न हैं सुने परस्पर,
बीन क्वणित[663] वाणी झंकार॥

यन्त्र एक पर पृथक तन्त्र से,
अंग उपांगों का उपयोग।
अरी बावरी! ये साधन ही,
देते चरम सुखों का भोग॥

अतः प्रिये हम पृथक नहीं हैं,
जब तक भिन्न न अंतर्मन।
भिन्न भिन्न ये अंग तदपि हैं,
नर नारी मिल पूरक तन॥

662. बंधा हुआ
663. ध्वनित/झंकृत/मधुर आवाज

नयन बंद कर गई सुनैना,
　　प्रिय के वक्षस्थल पर झूल।
जगज्जयी भी आलिंगनबद्ध,
　　गया विश्व की सुधबुध भूल।।

❄❄❄❄❄❄

लक्ष्मण का क्रोध

◇◇◇

सुरभि, ग्रीषम और पावस अंत पर,
घन सघन अनगन, गगन को चीरकर,
जब चरण रोपे शरद ने भूमि पर,
भर चुका था क्षुदित धात्री[664] का उदर,
पी पयोधर[665] से सुधा निर्माण का।

कौमुदी रुचिप्रद प्रिया को साथ ले,
व्योम में जब चन्द्र इठलाने लगा,
विरह व्याकुल हो धराधर श्रृंग पर,
धीर राघव राम का भी धैर्य सारा खो गया।

लक्ष्मण! प्रिय अनुज देखो आज मैं,
राज्य से भी भ्रष्ट, सीता से विलग,
शत्रु से तो था तिरस्कृत, किन्तु अब,
इस दुरात्मा मित्र के अपमान से,
हो गया निरुपाय आह! अनाथ हूँ।

---

664. धरती
665. बादल

की प्रतिज्ञा थी कपी सुग्रीव ने,
    यह कि वर्षाकाल के पश्चात् ही,
वानरों को भेज देगा शीघ्र वह,
    दिक् दिगन्तर जानकी की खोज में।
और अब;
स्वार्थ अपना सिद्ध उसका हो चुका,
    मन्दबुद्धि, राज्य, रानी पा चुका,
जानकर भी मैं पड़ा उसकी शरण,
    काम औ' ऐश्वर्य हासोल्लास में,

मित्र की सुध बुध भुला निश्चिंत हो,
    हर्षयुत निज मंत्रियों परिजन सहित,
है फँसा क्रीड़ा जनित आमोद में,
    हम यहाँ व्याकुल तड़पते शोक से,
वह सुरा औ' सुन्दरी में लीन है!!

भ्रान्तिवश कर्तव्य से मुख मोड़कर,
    दे रहा इस रीति से प्रतिकार वह उपकार का
है अवश[666] उस वानरी समुदाय में,
    एक मर्कट अति विकल लख कर्म यह,
शास्त्र के सिद्धान्त जो है जानता,
    वह कराता ज्ञान निशदिन नाथ को,
कार्य सिद्धि हेतु प्रत्युपकार का।

666. स्वतंत्र / प्रथक

किन्तु जो पथ भ्रष्ट हो अज्ञान से,
स्वार्थ लोलुप हो गया हो अकृतज्ञ,
बुझ गया हो दीप भी सदभाव का,
क्या सरलता से सुनेगा सीख वह,
खो तिमिर में जो गया हो
भोगवश अभिमान के!!

सत्य यह कि मित्र हो या बन्धु हो,
हो पिता माता भगिनि या पुत्र हो,
साथ देते शुभ समय के साथ तक,
किन्तु बिरले ही तो विपदा काल में,
बाँटते संताप भी वे सुखतुला पर तौलकर।

अस्तु! जाओ तात किष्किंधापुरी,
दे शपथ का ज्ञान वानर राज को,
भेद कथनी और करनी का बता,
दे सनातन धर्म की भी प्रेरणा,
जो उचित हो वह करो परिणामतः,
सुप्त उसकी भावना चैतन्य हो।

आर्य की आतप्त सुन अंतर्गिरा[667],
अग्नि की लपटें लहू को औंटकर,
धूम्रवत उठने लगी थीं तमतमा,
ज्यों प्रतीची[668] की दमक गोधूलि में,
वर्ण लक्ष्मण का प्रभासित[669] हो गया!!

ले धनुष औ' बाण वे अति वेग से,
ज्यों प्रभंजन[670] कल्प में गतिमान हो,
पुर निगम पर कोटतोरण पारकर,
आ धँसे कपिराज के प्रासाद तक।

प्रज्ज्वलित रुद्राग्नि सम्मुख देखकर,
अति विकट विकराल पर्वत के सदृश,
वानरों के झुंड भय से काँप कर,
लटपटा चारों दिशा में भाग कर,
आर्त स्वर में थे लगे किलकारने,
भिढ़ गया सारा गगन था कीश[671] हाहाकार से।

हो गई यह कौन सी घटना घटित,
कोप क्या दैवी कहीं से आ पड़ा!!

---

667. आत्मा की आवाज
668. पश्चिम दिशा
669. चमकना/दमकना
670. वायु
671. वानर

सोच यों कपि केशरी अपने सदन से,
　　कीश कुंजर[672] भी निकल निज हर्म्य से,
क्षिप्रता[673] से आ गये सिंह द्वार पर।

हैं खड़े सौमित्र जिनका था कलेवर,
　　दग्ध पन्नग[674] राज ज्यों क्रोधाग्नि में,
था पुरंजर पर धरा धनु भोग सा,
　　बाण फल ज्यों लपलपाती जिह्व हो,
देखकर साकार-अंतक[675] मूर्ति को,
　　मारुती औ' बालिसुत ने त्राहि कर,
अश्रु पूरित नेत्र चरणों में धरे।

दे अभय वरदान, अंगद से कहा,
　　वत्स! दो जाकर संदेशा पितृ को,
भेंट हित लेकर हृदय में कामना,
　　राम के लघु भ्रातृ लक्ष्मण हैं खड़े।
मर्मज्ञाता जानकर अभिप्राय को,
　　यदि उचित समझें हमारा आगमन,
शीघ्रतम आदेश का पालन करें,
　　अन्यथा जिस लोक में बाली गया,
द्वार अब भी है खुला उस मार्ग का।

672. हाथी
673. तेजी से/तीव्र गति से
674. सर्प
675. यम/मृत्यु देवता

व्यग्रता से कर विनम्रित वंदना,
केलिगृह[676] में थे जहाँ पालक पिता,
मातृ द्वय के साथ क्रीड़ा में मगन,
आ, चरण में लोटकर माँगी क्षमा,
कुपित लक्ष्मण वर्ण के वर्णनसहित,
दे संदेशा पितृ से आग्रह किया।

तात! है सारा नगर आतंक मय,
अप्रकाशित, राम भ्राता रोष से,
सूर्य के सम्मुख प्रभा का कीट ज्यों!
नम्रता से प्रिय अनुज्ञा मानकर,
अविलम्ब पालन कीजिये, वानरपते!!

पूर्ण विवरण सुन परिस्थिति बूझ कर,
गुप्त गृह में आ बुला आमात्य गण,
मन्त्री जो अर्थज्ञ भी मर्मज्ञ भी,
म्लान मुख सुग्रीव बोले परिषदों!

स्वप्न में भी कोई अनुचित बात या,
की बुराई हो कभी रघुनाथ की,
अपिमन्यु रामानुज हुए आपाततः,
वास्तविक कारण मुझे अज्ञात है।

676. आराम-गाह/विश्राम गृह

की पिशुनता[677] है किसी ने सत्य ही,
देखता जो छिद्र ही मेरे सदा।

मित्रता करना सुकर[678] है सर्वथा,
किन्तु मैत्री को निभाना है कठिन,
क्योंकि मन के भाव अविरल रूप से,
एक से रहते नहीं हैं सर्वदा।

है किया उपकार जो श्रीराम ने,
शक्ति वह मुझमें नहीं प्रतिकार की,
जो सदयता इस अधम को है दिखाई,
हो नहीं सकता कभी ऋणसे उऋण मैं।

दीनता से पूर्ण सुनकर ये वचन,
वानरों में श्रेष्ठ पवनज ने कहा,
मित्र के उपकार वानरराज भूले हैं नहीं,
है नहीं विस्मयजनक तिल मात्र भी,
विद्वजन की ही प्रकृति ऐसी सदा,
सत्पुरुष का ही तो यह प्रतिरूप है।।

राम ने तो लोक के अपवाद का,
त्याग संशय आपके हित के लिये,

677. झूठी निन्दा
678. संभव

इन्द्र के प्रतिकाश[679] समरथ बालि का,
वध किया कर्तव्य पालन के लिये,
हो नहीं सकता कभी संदेह भी,
रंचतम वे आपका अप्रिय करें।

था किया निश्चित समय जो आपने,
जानकी की खोज का देकर वचन,
पड़ प्रमादी नारियों के मोह में,
नाथ विस्मृत कर अवधि के भान को,
है किया निर्हेतु ही अपराध अक्षम घोरतम।

लक्ष्मण जिस कर्म-रथ आरुढ़ हैं,
राम का आदेश उसका सारथी,
धर्म-धनु की शिंजनी[680] पर हैं सँधे,
बाण की ज्वाला धधक शेषाग्नि सी,
लक्ष जिसका है अकर्मी वृत्ति पर,
काल ही साक्षात् मानो आ खड़ा है द्वारपर।

है अतः मेरी विनय कपिराज से,
अब नहीं कोई उचित सद्युक्ति कि,
व्यग्रता को त्याग, सारे कटु वचन,
कर श्रवण चैतन्य मन में कर सहन,

679. समान/ सदृश

680. प्रत्यंचा

धर चरण में शीश क्षमिता लखन के,
　　हों मुदित वे यत्न ऐसा कीजिये।

सुन पड़ी टंकार सहसा गूँज यों,
　　आ गिरा हो वज्र सम्मुख टूटकर,
हो गये संत्रस्त भय से मंत्रिगण,
　　भूप का मुख सूख नीरस हो गया,
था नहीं साहस तनिक सुग्रीव में,
　　कर सकें साम्मुख्य वे सौमित्र का।

फिर त्वरित ही धैर्य धर कपिराज ने,
　　सुन्दरी तारा प्रिया से जा कहा
कर प्रहर्षित[681] युक्ति युत मृदु बैन से,
　　शान्त कर भगिनित्व के शुचि भाव से,
हर्म्य में वे हों प्रतिष्ठित हर्ष से,
　　इस तरह स्वागत करो सौमित्र का।

सुन पिया के व्यग्रता पूरित वचन,
　　नम्र वत संकोच से शुभ लक्षणा,
नेत्र चंचल किंतु थे मदपान से,
　　लटपटा से थे रहे अवलम्ब[682] भी,

681. अत्यन्त खुश करना
682. सहारा

तिय[683] सुलभ लज्जा निवृत थी हो गई,
　　करधनी की किन किनाती घंटियाँ,
आ लखन के पास वंदन कर खड़ी,
　　देख नारी को अचानक सामने,
लक्षमण के नेत्र बरबस झुक गये।

नेहयुत निर्भीक वाणी में कहा
　　कौन है जो आपके आदेश के,
है नहीं आधीन या स्वच्छन्द है,
　　कौन है शंका रहित जो घुस रहा,
शुष्क वन की फैलती दावाग्नि में,
　　है नहीं जन्मा किसी की कोख से,
जो विमुख हो आपसे त्रैलोक्य में,
　　ब्रम्ह के अवलम्ब में भी रह सके।

क्रोध का कारण कहो फिर तात! क्या?
　　सुन वचन यह प्रीति के रस में पगे,
पा ह्रदय में लक्षमण ने सांत्वना,
　　वानराज्ञी पुनर्भू[684] से यों कहा
पतिप्रिये तारे! तुम्हें क्या ज्ञात है?
　　जो वचन सुग्रीव ने रघुनाथ को,

683. नारी/महिला
684. पुनर्विवाहित

बालि-वध के पूर्व दृढ़ विश्वास से,
कर अनल[685] को साक्ष इक निश्चित अवधि में,
था दिया प्रण ठान सीताखोज का,
अब तुम्हारा पति प्रमादी[686] स्वार्थ पर,
भोग विषयासक्त है सब भूल कर,
हलिप्रिया औ' रति रमण में लीन रह,
जानती हो अन्त में परिणाम क्या?

है स्वयं का नाश इसमें मत नहीं,
साथ ही वंशावली का काल भी,
वह लहू जो ओज से पुरुषत्व का,
है दहकता नाड़ियों औ' धमनियों में,
वह सुमन जो खिल रहा सौरभ भरा,

भोग-मदिरा के गरल में डूब कर,
जीर्णता अपनी नसों में घोलता,
अंत में फिर देखता है शेष तो,
शोक पश्चाताप करगत रह गया।

685. अग्नि
686. नशे में/पागलपन में

सूर्यवंशी सूरमा सुग्रीव भी,
धर्मपालन ही कि जिसका लक्ष्य हो,
वह सतत मदपान विषयारत रहे,
है नहीं क्या बात यह आश्चर्य की?

वह मनुज जो मित्र के उपकार का,
ठीक अवसर पर चुकाता ऋण नहीं,
धर्म की तो हानि होती साथ ही,
अर्थ से भी हाथ है धो बैठता,
क्योंकि प्रादुर्भूत[687] हो प्रतिकूलता,
भंग करती मित्रता गुणवन्त से।

यों अनेकों मित्र मिलते विश्व में,
मित्रता का स्वांग रचकर मित्र से,
स्वार्थ अपना सिद्ध कर विश्वास पर,
घात करना ही जिन्हे हैं सोहता।

जो मृदुल तो बात करता सामने,
औ' कटारी पीठ पीछे भोंकता,
वह सदृश है स्वर्ण रत्नों से जड़ा,
कुम्भ जैसे हो हलाहल से भरा।

687. उत्पन्न/उत्पत्ति

मित्र तो वह जो सदा ही मित्र के,
सुखदुखों को मिल परस्पर झेलता
है न जीवन में सखा सम बन्धु भी,
श्रेष्ठ ज्ञानी मित्र के वरदान सा।

मित्र के दो रूप होते
एक तो वह मित्र जो तत्पर सदा,
अर्थ साधन में हितैषी मित्र के,
एक वह कर्तव्य पथ पर संचरित,
धर्म एवं सत्य के आधार पर,
किन्तु स्वामी ने तुम्हारे, मित्र के,
त्याग दोनों ही गुणों का कर दिया।

इस परिस्थिति में बताओ सोचकर,
कर्म के क्या तत्व यह तुम जानतीं,
कार्य सिद्धी हेतु हम को अन्यथा,
कौन सा अब कर्म करना चाहिये?

धर्म सम्मत सुन वचन सौमित्र के,
और उनकी मृदु प्रकृति को जानकर
गुणवती तत्वज्ञ तारा ने कहा
हे कुंवर! तुम वीर भी धर्मज्ञ भी,
वह पुरुष जो सर्वगुण में श्रेष्ठ हो,
दोष कर देता क्षमा गुणहीन का।

कुसुमशर[688] की शक्ति होती है दुसह,
कर नहीं सकते सभी प्राणी सहन,
एक शंकर ही अखिल ब्रम्हांड में,
काम के संदर्भ में अपवाद हैं।

जो निरन्तर धर्म-तप में लीन है,
मोह को अवरुद्ध जिसने कर दिया,
अज्ञता भी योग बल से भाग कर,
एषणा[689] को जन्म देती है नहीं,
वह महर्षी भी तो कामाधीन हो,
मेनका में मग्न विश्वामित्र सा,
धर्म पथ से डिग गया आश्चर्य क्या?

फिर प्रकृति से ही चपल कपि गोत्र जो,
क्यों न हो लवलीन भवसुख भोग में?
क्रोध के वश में हुए हैं आप जो,
ज्ञात होता पूर्णतः अनभिज्ञ हैं,
दुर्दम्य कामाधीन प्राणी की दशा से सर्वथा।

हो गये गतिहीन अनुचित जानकर,
हैं समस्थित द्वार पर रनिवास के,
वंश के अनुकूल ही संस्कार यह,
है किया निर्वाह शिष्टाचार का,

688. कामदेव
689. इच्छा/कामना

किन्तु माता औ' भगिनि के भाव से,
नारियों को मान दे अवलोकना,
है नहीं विपरीत ऋजुजन धर्म के,
है विनंती हे महाबाहो अतः,
रोष तजकर दें अभय सुग्रीव को,
क्योंकि वे भूले नहीं कर्तव्य पर,
अन्गावन[690] निश्चित हुआ निर्वाह में,
सौध[691] में प्रमुदित पधारें तात प्रिय!
हैं वहाँ कपिराज स्वागत हित खड़े।।

अर्थयुत अनुनय भरा तारा-कथन
सुन लखन के प्राण गदगद हो गये।
बंक भ्रू[692] सीधी सरल सी हो गई,
क्रोध सारा शांत था अब हो चुका।

❄❄❄❄❄❄

690. विलंब
691. महल
692. भौंह

अनुसन्धान

अगणित वानर ऋक्ष दलों को,
    वानरेश ने दे आदेश।
सीता-पर्येषण[693] हित भेजा,
    भूमण्डल पर देश विदेश।।

भिन्न दलों के यूथपियों[694] को,
    लक्षित दिशा प्रदेशों की।
समझायी स्थिति वर्णन कर,
    सरिता, श्रृंग, जलेशों की।।

'विनत' नाम के वानर-शासक,
    थे जो मेघ सदृश गंभीर।
पूर्व दिशा को गये साथ ले,
    एक लक्ष मर्कट भट वीर।।

693. खोज

694. सेनापति/सेनानायक

श्वसुर 'सुषेण' महा बलशाली,
जिनकी गति थी गरुड़ समान।
और महर्षी मारिचि-नन्दन,
दीर्घकाय श्री 'अर्चिष्मान'।।

नीति निपुण, कृत-संपादन में,
देशकाल को सोच विचार।
गये सहस्त्रों वानर दल संग,
चरम दिशा का लेकर भार।।

वीर पराक्रमशाली शतबलि,
सेनापति बलबुद्धि निधान।
ऋक्ष और कपियों के दल ले,
किया उदीची[695] को प्रस्थान।।

दिशा अवाची[696] में फैला था,
महा-उदधि[697] जो अपरंपार।
अगणित द्वीप पुंज थे जिसमें,
निशाचरों का था संसार।।

695. उत्तर दिशा
696. दक्षिण दिशा
697. महा समुद्र/समुन्दर

राम लखन रविनंदन के मन,
होता था कुछ यों आभास।
आहृत सीता वहीं मिलेगी,
हुआ न हो यदि जीवन नाश।।

अतः परीक्षित दौत्य कर्म में,
शूर वीर अति मेघावान।
चुने 'नील','गज','गव्य','शरारी',
'जाम्बवन्त' 'अंगद' 'हनुमान'।।

'वृषभ' 'सुहोत्र' 'मैंद' 'उल्कामुख',
भीम भयंकर विकट प्लवंग[698]।
'द्विविध' 'गंधमादक' 'गवाक्ष औ',
'बाणगुल्म' 'विक्रान्त' 'अनंग'।।

संचालक पद दे अंगद को,
इतिवृत सारा बतलाया।
जल थल के दुर्घर्ष ठौर का,
मानचित्र सब समझाया।।

698. वानर

गुण विशेष युत मरुत पुत्र को,
रामांकित मुद्रा अभिज्ञान।
देकर रघुनंदन यों बोले,
प्रिय वत्सल हे आयुष्मान।।

नीतिशास्त्र बल बुद्धि पराक्रम,
देश काल सम अनुसरण।
एक साथ सर्वोत्तम गुण सब,
पाये तुममें हैं हनुमन्।।

अल्पकाल में सतत तुम्हारे,
देखे जो कुछ भी सत्कर्म।
सूचित करते तुम्हें मिलेगा,
कार्य सिद्धि का पावन धर्म।।

भक्ति भाव से राम भक्त ने,
ले अनुरागित प्रत्यभिज्ञान[699]।
श्री चरणों में नत वंदन कर,
दक्षिण दिशि को किया प्रयान।।

699. मान्यता

मास अन्त पश्चात् उदीची[700],
प्राची[701] और प्रतीची[702] में।
खोज खोज लौटे दल सारे,
शेष परन्तु अवाची[703] में।।

यह समूह गिरि, गह्वर, वन सब,
सागर तट तक कर सन्धान।
निष्फल थकित शिथिल हो बैठा,
अनुतापित[704] थे सबके प्रान।।

तदनंतर प्रोत्साहन देकर,
बोले अंगद बुद्धि निधान।
वीर पराक्रमशाली मित्रों,
कहलाते हो तुम गुणवान।।

भूलो मत सामर्थ्य तुम्हारा,
तजो न आशा औ' उत्साह।
यही तीन सदगुण करवाते,
निश्चित कार्यसिद्धि निर्वाह।।

700. उत्तर दिशा
701. पूर्व दिशा
702. पश्चिम दिशा
703. दक्षिण दिशा
704. पश्चाताप महसूस करना/चिंतित होना

उचित नहीं हम खिन्न हृदय हो,
आस त्याग, त्यागें उद्योग।
कर्म निरत[705] ही सदा सफलता,
का पाते समुचित संयोग।।

कर्म विमुख हो लौट पड़े यदि,
किष्किंधा हम रीते हाथ।
भीरू[706] संज्ञा और मिलेगा,
राजकोप का कटु आघात।।

बालितनय का लहुसंचारित,
सदुपदेश सुन निज अनुकूल।
द्विगणित बल से चले खोजने,
क्षुदा,तृषा आलस सब भूल।।

गिरि कानन के सघन घोरतम,
खोजे थल हिंसक पशु धाम।
गुफा, कन्दरा, गह्वर, पोखर,
खोजीं जलस्थली अविराम।।

705. संलग्न रहना/समर्पित रहना
706. कायर/डरपोंक

किन्तु नहीं कुछ चिह्न तनिक भी,
आहृत या आहर्ता का।
और न अब दिखलाई देता,
कोई मार्ग सफलता का।।

तभी अचानक निकट गुहा से,
ग्रध्रराज इक दीर्घाकार।
निकसा[707] प्रमुदित लख वानर दल,
चिर आकांक्षित मृदु आहार।।

देख विसंकट[708] विहग सामने,
मूर्तरूप हो ज्यों यमदूत।
क्रंदन करने लगा आर्त से,
भयवश अतिशय कीश[709] वरुथ[710]।।

बालि तनय ने देख शीश पर,
सहसा आया आपातकाल।
वीर जटायूं-यश-गाथा गा,
चतुराई युत फेंका जाल।।

707. निकलना/प्रगट होना
708. भयानक
709. वानर
710. सेना

हुआ क्षुब्द संपाति सुनी जब,
निज भ्राता के वध की बात।
हृदय कांपने लगा क्षोभ से,
होने लगा चक्षु जलपात।।

करुणाजनक वचन कह पूछा,
अनुज निधन का पूर्ण वृतांत।
राम-काज हित प्राण विसर्जन,
धन्य बन्धु कह हुआ निशांत[711]।।

श्रद्धांजलि दे लघु भ्राता को,
ग्रद्धराज ने अंगद से।
कहा, कहो प्रिय परिचय अपना,
आए कौन प्रयोजन से?

बालि कुंवर ने विनत वदन हो,
किया निवेदित निज अभिप्राय।
खोजे गिरि, गह्वर, वन प्रान्तर,
निष्फल सारे हुए उपाय।।

वज्रचंचु[712] ने कहा वानरों,
सुनो ध्यान से मेरी बात।

711. शांत/निस्तब्ध

712. गिद्ध

वृद्ध हुआ मैं शक्तिहीन हूँ,
जर्जर पीड़ित मेरा गात।।

दशरथ कैसे अंतरंग मम,
करूँ कौन शब्दों में व्यक्त।
गाथा सुनकर पुत्रवधू की,
उबल रहा है मेरा रक्त।।

हुआ निपट असमर्थ चुकाऊँ,
अनुज-वैर का अब प्रतिकार।
सिया-दस्यु को या विदीर्ण कर,
करूँ राम का कुछ उपकार।।

निज आत्मज से सुना एक दिन,
गगन मार्ग से निशिचर नाथ।
गया साथ ले रुदित बिलखती,
सुरबाला सी युवति बलात।।

देख रहा मैं ज्ञान चक्षु से,
सीता निश्चित लंका में।
श्रेष्ठ वानरो! शौर्य दिखाओ,
पड़ो न कोई शंका में।।

सुनो, पतित वह सिया-चोर जो,
वत्स सहोदर हन्ता है।
सप्तद्वीप का स्वामी रावण,
उसका वीर्य अनन्ता है।।

महाविकट वह योद्धा जैसा,
वैसा ही विश्रुत[713] वेदज्ञ।
सार्वभौम पद पदासीन है,
रचकर इन्द्र विजय का यज्ञ।।

शत योजन पर लंकद्वीप में,
त्रिकूट गिरि पर शासन केन्द्र।
वैभव सुषमा की तुलना में,
नीरस है नगरी देवेन्द्र।।

जटिल कार्य है वहाँ पहुँचना,
महाउदधि[714] है अति दुर्लंघ्य।
खेचर विद्या में पारंगत,
या तर सकते भीम विहंग।।

713. प्रसिद्ध/नामी

714. महा समुद्र/समुन्दर

तदपि तुम्हें मैं बतलाता हूँ,
गुप्त मार्ग है एक सरल।
धनुष्कोटि से सिंधु गर्भ में,
पर्वत माल छिपी अविरल।।

ठौर ठौर पर सुविधापूर्वक,
गिरि श्रृंगों पर कर विश्राम।
अमित वीर ही जा सकता है,
त्रिकूट गिरि तक लंका धाम।।

गूढ़ वचन सुन सम्पाती के,
हो कृतार्थ, कर अभिवादन।
चले जलधि तट गर्जन कर,
उत्साहित अति वानर गन।।

किन्तु सामने देख सलिल पति,
गगन सदृश जल अपरंपार।
दुष्कर कृत का कौन भार ले,
मन में करने लगे विचार।।

जोह रहे मुख एक एक का,
मुख से नहीं निकलते शब्द।
मन के तर्क वितर्कों की छबि,
आँखों में होती उपलब्ध।।

यूथपति अंगद तब बोले,
वीरों त्यागो मनो विकार।
शंकायुत चिन्तामय चिन्तन,
अगणित दोषों का है सार।।

हो जाता पुरुषार्थ नाश जब,
दुविधाएं लेती हैं घेर।
भय,चिंता,संशय विषाद का,
सदा पराक्रम से है बैर।।

प्रज्ञा[715] के ही साथ जुड़े हैं,
सभी समस्याओं के हल।
राह बनीं हैं दिखतीं उनको,
जिनके मन में चाह प्रबल।।

अतः कहो वह कौन सूरमा,
किसमें है बल वीर्य महान्।
राघवेन्द्र का कार्य सफल कर,
कौन करेगा अभय प्रदान?

715. बुद्धि/चातुर्य

बालि पुत्र के वचनों को सुन,
क्रमशः कर निज बल वर्णन।
बतलाई सामर्थ्य सभी ने,
किसमें कितना पौरुष-धन।।

किन्तु पार कर लंका पहुँचे,
इसमें सबको था संदेह।
पहुँच गये तो लौट सकेंगे,
स्वयं सशंकित थे तारेय[716]।।

जाम्बवंत ने देखा मुदमय,
एक ओर बैठे हनुमान।
नहीं तनिक भी चिंता मुख पर,
और न कर्तब का कुछ ध्यान।।

ऋक्षपती बोले हे मारुति,
बैठे अब तक तुम क्यों मौन?
सकल शास्त्रविद् वीर शिरोमणि,
वानर कुल में तुमसा कौन?

716. तारा पुत्र अंगद

भूल गये क्या पवन पुत्र हो,
पाया कैसा तेज महान्।
यही समय जब दे सकते हो,
अपने बल का उचित प्रमान॥

अरे! बताओ मुझे वृद्ध को,
करना होगा दुस्साहस।
अभिलाषा तो उत्कट मन में,
जर्जर तन वश हुआ विवश॥

राघवेन्द्र ने चुना तुम्हें ही,
क्योंकि दृढ़तर था विश्वास।
पहुँच लक्ष तक विफल हुए कह,
कहो करोगे उन्हें निराश॥

सुन प्रशस्ति निज मरुत्वान का,
हुआ ओजमय तन विभ्राट्।
बार बार 'कुम्भक-रेचक'[717] से,
बना अनोखा रूप विराट्॥

717. प्राणायाम

धीर गति से सिंह सदृश तब,
चढ़ महेन्द्र गिरि पर बजरंग।
वज्र चरण द्वय वज्र भुजाएं,
रोपे परख तुंग का श्रंग॥

ग्रीव खींच दृढ़ भुजा सिकोड़ी,
किया संकुचित कुछ उर्ध्वांग।
वज्र घोष कर जितेन्द्रीय ने,
मारी सहसा तीव्र छलांग॥

गिरे भरर कर वृक्ष अनेकों,
जैसे आया हो भूचाल।
फूट पड़ीं जल माल सहस्त्रों,
टूट गिरा भू धर का भाल॥

पवन पुत्र के पवन वेग से,
हुआ उदधि में मंथन सा।
उधर गगन में उड़ा जा रहा,
कोई विनता-नन्दन सा॥

चरम सूर्य की किरण रेख सा
　　आलोकित दिखता था गात्र[718]
शैल शिखर ने फेंका हो ज्यों
　　अग्नि पुंज सा प्रक्षेपास्त्र ॥

थकित खडे थे वानर गण सब
　　निस्पंदित थे अडिग अचल।
निमिष[719] मात्र में रामदूत लो,
　　हुए दृष्टि से थे ओझल॥

हुई चेतना अकस्मात जब,
　　मंगलमय निकले उदगार।
जयति अंजनि नंदन जय जय,
　　दसों दिशा गूंजी जयकार॥

❄❄❄❄❄❄

718. शरीर/काया

719. पल भर में

प्रियंकर-संदेश

लंक दहन कर बिदा मांग सीता माता से,
    लौट प्रहर्षित धनुष्कोटि के तट पर आकर।
वज्र नाद कर हनुमान ने निज मित्रों को,
    दिया क्षेम संदेश स्वयम् के आ जाने का।।

हर्षनाद कर वानर उनके निकट पहुँच कर,
    अर्घ्यपाद्य दे समाचार मंगलप्रद पाकर।
किष्किंघा को गये पहुँच संवल्गन[720] करते,
    बैठे थे श्रीराम लखन सुग्रीव कपि सब।।

चिन्ताओं में लीन व्यथा सागर में डूबे,
    तभी अवाई[721] सुन अंगद के वानर दल की।
उत्सुकता वश लगे सभी के हृदय धड़कने,
    अंतर्द्वंदों की मथनी सी लगी हहरने।।

720. हर्ष से उछलते

721. आगमन

सुना हर्षमय घोष गगन भेदी सहसा ही,
    लगा किरण सी कौंध गई कुछ कुछ आशा की।
क्षितिज पुटों से गर्जन संग ज्यों मेघ उभरता,
    आ पहुँचा लो वानर दल जयकार बोलता।।

पवन पुत्र औ अंगद ने तब सम्मुख आकर,
    भक्ति भाव से झुक चरणों में रघुनंदन के।
अभिवादन कर वानरेश सुग्रीव लखन का,
    मरूतपुत्र ने चूड़ामणि राघव को देकर,
समाचार मंगलप्रद उनसे किया निवेदन।।

अश्रुपूर्ण हो गद्गद मन से हनुमान को,
    चूड़ामणि संग लिया राम ने लगा हृदय से।
बोले वे, हे प्रियवर तुमसे उऋण नहीं मैं,
    कथा आदि से पूरी कहकर हमें सुनाओ।।

रामदूत ने वानरदल का खोज कार्य फिर,
    सम्पाति के पुष्ट समाचारों की घटना।
महेन्द्र गिरि से त्रिकूट गिरि तक जैसे पहुँचे,
    वर्णन कर फिर लंकपुरी की गाथा गाई।।

गाथा

त्रिकूट गिरि के उच्च शिखर से देखा मैंने,
दूर क्षितिज तक फैली है नीली जल राशि।
और द्वीप पर सघन कहीं थे कहीं विरल द्रुम[722]
फल फूलों से अचला तक जो भारनमित थे।।

भाँति भाँति के विहग वृन्द का कलरव गुंजन,
विचर रहे थे नील हिरन वनराज मतंगज।
शुभ्र ताल थे निर्मल जल प्लावित[723] बहुतेरे,
कनक अरूणसित नीलकमल थे खिले, मौन भी।।

चक्रवाक, कलहंस निरन्तर करते कूजन,
कल कल करते निर्झर औ सर्पिल सरिताएं।
क्रीड़ा रत थे क्रौन्च, कोक, कारंड, शिखण्डी,
शुक सारिक जल पारावत सारस कलकंठी[724]।।

प्रकृति नटी का निरख रूप सौंदर्य अनोखा,
थकित देह का सारा श्रम क्षण भर में भागा।
चला निरखता वसुधा की अनुपम मृदुता को,
निज मुष्ठी में दृढ़तर थामे लौह गदा को।।

722. वृक्ष
723. अत्यधिक मात्रा में
724. कोयल

सावधान मुनि वेश बनाकर गुप्त रूप से,
नगर तीर तक सांध्य काल में पहुँचा छिपते।
तरूपर चढ़कर असुर पुरी को अपलक देखा,
चहुँ ओर अनुलंघ्य अगम सागर सी परिखा[725]।।

सुदृढ़ कोट के द्वार गवाक्षों[726] पर बुर्जों पर,
परकोटो पर चहुँ ओर क्या नीचे ऊपर।
थे असंख्य भट, शूल, परशु, भारी धनु धारी,
अशुभ दुराकृति काल सदृश चौकस प्रतिहारी।।

पुर सीमा के भीतर अनगिन भवनावलियाँ,
स्वर्णकलश युत शोभा जिनकी चन्द्रप्रभा सी।
फहराती थीं रंग बिरंगी ध्वजा पताका,
सौधों[727] पर थी कला पूर्ण चित्रित बहु कृतियाँ।।

निशिचर नगरी देख ठगा सा रहा सोचता,
है अजेय यह नगरी इसकी रक्षा पद्धति।
सुदृढ़ अत्यधिक, नहीं सफलता संभव लगती,
साम दाम भी यहाँ निरर्थक कूटनीति भी।।

725. खाई
726. खिड़कियों
727. महलों

देश काल प्रतिकूल तनिक व्यवहार हुआ तो,
सारे श्रम पर फिर जाएगा पल में पानी।
विविध वेश में गुप्तरूप से खोजबीन कर,
अतः मुझे तो कौशल युत ही ऐसा करना॥

दर्शन कर सीता माता के और कुशल से,
लौट तुरत दूँ राघव को संदेश प्रियंकर॥

कर विचार यों निशाकाल में लुकते छिपते,
पद शब्दों को बचा, निशाचर दृष्टि बचाते।
सूक्ष्म द्वार से जैसे ही मै पैठ रहा था,
द्वार पालनी लंका ने द्रुत गति से पकड़ा॥

रखा कंठ पर खड्ग और गर्जन कर बोली,
अरे दुरात्मा कौन? बता प्रच्छन्न भाव से।
लंकपुरी में चोर सदृश आया तू धँसने?
देव दैत्य गंधर्व यक्ष दानव या मानव।
नहीं दृष्टि से मेरी बचकर जा सकता है॥

कहीं भूल से दुस्साहस करता यदि कोई,
वह तुरंत ही जाता निश्चित काल गाल में।
इतना कह दुष्टा ने मारी प्रबल मुष्टिका,
प्रत्युत्तर में मैंने भी धर दिया चपेटा॥

गिरी भूमि पर, ग्रीवा पर तब चरण रोपकर,
बोला दुष्टा हो जा तू मरने को तत्पर।
शरणागत मैं मुनि तुम्हारी कह घिघियाई,
गोपित रखना बात उसे कह शपथ दिलाई।।

तब मैंने मुनि वेश त्याग कर, दैत्य सदृश ही,
रूप बना गृह भवन आदि में पैठ किया सब।
निशाचरों की क्रिया कलाओं का अवलोकन,
कहीं कोई तो वेदमन्त्र का पाठ कर रहा।।

शस्त्रालय में सैनिक करते अस्त्र परीक्षण,
मद्यपान कर उन्मत्तों से युवक युवतियाँ।
हास विलासों नृत्यगान तल्लीन अनेकों,
कहीं मंगलागान कहीं पर अट्टहास था।।

किन्तु कहीं भी मातु सिया के हुए न दर्शन,
नगर मध्य में कनक सर्वतोभद्र[728] सुशोभित।
सुन्दर नन्द्यावर्त[729] अनेकों वर्धमान थे,
स्वास्तिकगृह भी सभी अलौकिक रत्न विमंडित।
भव्य दिव्य प्रासाद नवल थे कोई न खंडित।।

728. चारों ओर
729. तीन ओर द्वार वाले भवन

प्रांगण में थे घने वृक्ष फूलों के सुंदर,
द्वार गवाक्षों[730] पर लहराते थे पाटंबर[731]।
गूंज रही थी इन हर्म्यों में कर्ण मधुर ध्वनि,
फूट रही थी हृदय कण्ठ मूर्धा से क्रमशः।
और साथ ही किंकिणि[732] नूपुर[733] की झनकारें,
मृदंग वीणा खंजरियाँ भी गमक रही थीं॥

सावधान हो शोध गृहों को भीतर बाहर,
जनकसुता का कहीं कोई आभास न पाकर।
पर्वत के अति रम्य भाग में जहां प्रतिष्ठित,
राजभवन विख्यात धरा पर दैत्य राज का।
तर्क वितर्कों में खोया सा चला विचरता
मन कहता था यहाँ कदाचित मिले सफलता॥

गहन खाई से घिरा चन्द्रलोहक[734] परिमंडल,
शस्त्र सुसज्जित महाबली सुभटों से रक्षित।
जिसके भीतर सघन द्रुमों[735] में कान्तिमान अति,
गगन चूमते अग्नि शिखा से कलशों वाले।
स्वर्ण खचित रत्नों से निर्मित भव्य सदन थे,
इन्द्रपुरी में मानों अगणित इन्द्र भवन थे॥

730. खिड़कियों
731. परदे
732. घुंघरूदार करधनी
733. पायल
734. चांदी के समान
735. वृक्षों

कुशल युक्ति से कर प्रवेश इस दुर्गम वृत में,
पावन और अपावन देखी विचित्रताएं।
अनुपमेय थीं वास्तु कलाएं, शिल्प अनोखे,
रत्न जटित रथ अश्व, नगज, वाहन बहुतेरे।।

राजमार्ग पर दौड़ रहे कोलाहल करते,
प्रखर दृष्टि से प्रासादों को खोज गया मैं।
भोग भूमि में भोगशील के भोग सद्म को,
चकित देखता रहा देर तक अंतःपुर को।।

चारूसार में चन्द्र शिलाएं जड़ी हुई थीं,
भाँति भाँति की मणियों से गच[736] दमक रहे थे।
गंधकोकिला से सुरभित था वायु मंडल,
मदनोन्मत कृव्याद रमणियों मध्य कहीं पर।
गंधलुब्ध से आलिंगन हित लालायित हो,
कुपित नारियों को मदना[737] भर चषक[738] दे रहे।
चंदनादि से कहीं विलेपन करते देखा।।

736. फर्श
737. चंचल स्त्री
738. मद्यपात्र

श्रृंगारों में लीन अनेंकों थी कामनियाँ,
स्वर्ण रेख सी कान्तिमती सुश्रोणी[739] कोई।
पुष्ट जघन स्थूल कुचों[740] वाली कजरारी,
उसी भाँति सुकुमार सलोने तरूण सुसज्जित।।

और शंड[741] से मेचक[742] वर्णी युवक अनेकों,
मृदु भाषी, गुणवान, कलंकी, दुर्वादी भी।
सुलुलित कोई संप्रहास[743] कर करते रंजन,
अर्द्ध रात्रि तक रहा भरमता किन्तु कहीं भी।
भूमिसुता की उपस्थिति का पता न पाया।।

इन भवनों की पृष्ठ भूमि में चित्र विपिन था,
आवेष्टित था रंग भवन रावण का जिसमें।
भव्य दिव्य अति सब सदनों से निपट निराला,
मय मानव ने स्वयं जिसे साँचे में ढाला।।

भिन्न भिन्न मुद्रा में शिल्पित हेम तरूणियाँ,
श्याम शिला के अश्वों पर आरूढ़ खड़ी जो।
अधर उठाये पंच शाख पर वे क्रीड़ालय,
वास्तु कला का मायामय दृष्टांत खड़ा था।।

739. पतली कमर वाली
740. उरोज/ स्तन
741. सांड/बैल
742. श्याम वर्ण वाले
743. दूसरों को देख हंसना

तल में जिसके मणियों के सोपान चतुर्दिश,
शुभ्र जलाशय कमल कुमुदनी से आलंकृत।
भाँति भाँति के रंग बिरंगे जलचर जिसमें,
दोला रोहित आसपास थे विविध विहंगम।।

दीपावलियाँ दमक रहीं थीं धरा गर्भ में,
फूट रहीं थीं किरणें रक्तिम रत्नवती से।
अरूणदीप्ति में रतिमंदिर लगता था ऐसा,
उठा रखा हों संध्या ने ज्यों गगन दीप सा।।

द्वार द्वार पर खड़ी रक्षिका खड्ग शूल धर,
अतः असंभव देख भवन के भीतर धँसना।
विटप डाल पर चढ़ अलिंद[744] में किया प्रलंफन[745],
धीरे धीरे पद चापों को बचा बचाकर।।

वृहत कक्ष में एक झरोखे से जो देखा,
वर्णन उसका करूँ नाथ क्या, शब्द नहीं है।
फटी फटी आँखों से वैभव देख रहा था,
कर्मभूमि को त्याग खड़ा ज्यों भोगलोक में।।

744. दालान/चौपाल

745. उछलना /कूदना

तारागण से स्वर्ण खचित मणियों के दीपक,
टिमक रहे थे अगणित सुरभित नेह भरे वे।
पूर्ण सदन के पटल जड़े दुर्लभ रत्नों से,
चित्रित पटलक झूल रहे थे लहरपटोरी[746]।

कक्ष मध्य में फटिक मणि निर्मित वेदी पर,
वैदुर्यों[747] की कुंदन में कर पच्चीकारी।
गजदंतो से बना एक पर्यंक[748] पड़ा था,
बिछे हुए थे मूल्यवान रंगीन बिछौने॥

शीर्ष भाग में शुक्र सदृश था छत्र अनोखा,
झूल रहीं रत्नों की लड़ियों से था सुष्मित।
चँवर डुलाती चहुँ ओर थीं नग्न युवतियाँ,
मद्य प्रभावित दैत्यराज निद्रायमान था॥

अंगो पर तिलपर्णी रक्तिम था अनुलेपन,
दिव्य आभरण झिलमिल करते उज्जवल कुंडल।
महाकाय रावण की दोनों पुष्ट भुजाएं,
भूषित भुजबंधों से लगती इन्द्र ध्वजा सी॥

746. मखमली
747. रत्नों
748. पलंग/चारपाई

वृषभकंध से वक्षस्थल की सुदृढ़ संधियाँ,
उत्तम लक्षण युक्त अंगुलियाँ औ हथेलियाँ।
मानों गिरि पर शयन लीन हो गंध मतंगज,
अंगपालि में आवेष्टित थी चन्द्रभस्म[749] सी।।

एक सुंदरी, भासित होता सांध्य काल में,
विद्युत लेखा युक्त क्षितिज पर धरा गदांबर[750]।
यौवन रस भरपूर रूप में अनुपम बाला,
देख क्रोड[751] में कृशोदरी को हुआ सशंकित।।

तर्क वितर्कों में दृढ़तम विश्वास हुआ फिर,
यों विछोह में राघवेन्द्र की भामिनि[752] सीता।
नख शिख से श्रृंगारित होकर ग्रसित मद्य में,
अन्य पुरूष के पास भले वह परमब्रह्म हो।
रह सकती क्या मातृचरण यों सुखद दशा में?

राम लखन स्तब्ध भाव से श्वास रोक कर,
वानरादि थे श्रवण कर रहे गाथ अनोखा।
त्याग गहन निःश्वास, स्वेद फिर उत्तरीय से,
पोंछ हुए आश्वस्त राम ने कहा तात प्रिय।
वर्णन कर अब आगे की भी कथा सुनाओ।।

749. कपूर
750. बादल
751. वक्षस्थल/
752. पत्नी

शुष्क कंठ को जल सिंचित कर पवनज बोले,
हो प्रसन्न मन पुनः देखने लगा विभवता।
स्वर्णपात्र में भरे धरे थे सामिष भोजन,
मत्स्य, मेष, वृष महिष अनेकों रँधे हुए औ।
कुक्कुट, तितिर, मयूर आदि खग तले हुए थे।।

साथ साथ ही दिव्य सुरा आपूर्ण भाँड भी,
सोम द्राक्ष माध्वीक फलासव मधु पुष्पासव।
मद्यपान के पात्र लुढ़क कर दमक रहे थे,
दिव्य सुगन्धों से सुरभित वह शयनवास था।।

दीप्तिमान थीं नक्षत्रों सी स्वर्ण वेदियाँ,
रंग बिरंगे वस्त्रों औ पुष्पों में लिपटी।
रत्नालंकृत तरूण युवतियाँ नग्नप्राय सी,
केशपाश थे बिखरे, खुल मालाएँ मर्दित।
किन्किणि नूपुर वलय आदि सब छिटक पड़े थे,
मद्यपान फिर नृत्य गान कर रमण तृप्त हो।
एक एक में गुँथी हुई ज्यों लता मल्लिका,
या बसंत में पुष्पित मादक भिन्न द्रुमो की।
भार नमित शाखाएँ मिल कर होती गुम्फित[753]।।

[753]. एक दूसरे में मिलना/बंध जाना

भोगावशिष्ठ पुण्य के कारण लगता ऐसा,
जो ताराएँ वसुन्धरा पर आ गिरती हैं।
वे ही हैं एकत्र यहाँ सुन्दरियाँ बनकर,
रतिक्रीड़ा से थकित जहाँ की तहाँ पड़ीं थी।।

नृत्य निपुण जो अरूण प्रियाएं थीं विश्रामित,
स्वप्न लोक में अंगहार की चेष्टा करती।
कोई वीणा लगा वक्ष से शोभित ऐसी,
पड़ी सरित में सटकर नौका से पंकजिनी[754]।।

लिये कुचों[755] में मृदंग दबा कर सोई कोई,
पुत्र वत्सला मानों शिशु को पय देती हो।
कोई थी उपधान समेटे जंघाओं में,
चिर वियोग पश्चात मनो प्रीतम संश्लेषित।।

देख रहा मैं स्वतः कलंकित चित्र सत्य ही,
तभी हृदय में हुई धर्म के भय से शंका।
निद्रा में यों शयित नारियों का अवलोकन,
महा पाप यह कर डालेगा धर्म विनाशन।।

754. कुमुदनी का लचीला दंड/डंठल
755. स्तन/उरोज

किंतु शुभा शुभ कर्मों के प्रति प्रेरित करना,
मन ही तो है मूल रूप में बनता कारण।
नहीं नहीं है लेष मात्र भी कोई दूषण,
मेरा मन तो पूर्ण रूप से शुचिमय[756] दृढ़ है।।

कारणवश ही देख रहा यह भोगी जीवन,
इन्हें देखकर तृप्त हुईं बस ज्ञान इन्द्रियाँ।
कर्म करण है ज्यों की त्यों दृढ़तम निष्पंदन,
नहीं धर्म विपरीत अतः यों नारी दर्शन।।

कर विचार फिर चला दुबकता अन्य सदन में,
ठिठक खड़ा रह गया देखकर उस विलोक्य को।
सिमट पड़ी त्रिभुवन की ज्यों संपूर्ण संपदा,
पंख प्रसारित चहुँ ओर हंसो पर स्थित।।

श्वेत भवन सा अद्भुत मणि रत्नों से मंडित,
अग्नि बीज में पन्नग माणिक महानील मणि।
जड़कर निर्मित किये पटल के बहु अवलंबन,
जिस पर शोभित इन्दुरत्न औ पुष्पराज से।
चिन्तामणि वैदूर्य[757] दमकते बीच बीच में,
उत्तम चित्रित बने हुए थे कई कँगूरे।।

756. पवित्र

757. रत्न

स्वर्ण रजत की घंटी घुंघरू झूल रहे थे,
रत्निम फुंदनों में लहराती मणिमालाएं।
श्यामकर्ण द्वय चतुर्कोण पर पर्णयुक्त थे॥

जिनके सम्मुख उच्चैःश्रवा हीन सा लगता,
गृहाकार पुष्पक विमान में कमलासन था।
मध्य प्रतिष्ठित कान्तिमान थी श्री की प्रतिमा,
जिसको घेरे राहुमणी के शुंड उठाये॥

हेम कुंभ ले दंतावल अभिषेक कर रहे,
करूं कहाँ तक कैसे वर्णन क्या विशेषता।
मन की गति से विचरण करता दिव्ययान था,
तृपित हुआ तब चला देखता प्रतिमंदिर को॥

सभी अनोखे एक एक से थे बढ़ चढ़कर,
रथालयों में रत्न जटित थे स्वर्णिम स्यंदन[758]।
व्याघ्र चर्म के कवचों से जो ढँके हुए थे,
दर्शनीय अति परम मनोहर पशु पक्षी थे॥

758. रथ

अस्त्र शस्त्र दिव्यास्त्र चमकते शस्त्रालय में,
    कुंभज सिंधुर कुंजर से गजराज अनेकों।
तुरग, सुपर्णस, सैंधव, दुर्मुख भाँति भाँति के,
    यज्ञ कर्म हित बनी वेदियाँ भी अद्भूत थी।।

भोज पत्र पर रावण रचित वेद की प्रतियाँ,
    कुंकुम अक्षत छिटक रखी थीं स्वर्ण पीठ पर।
दिखा न कोई ठौर कहीं जो श्री विहीन हो,
    हर थल था एश्वर्य पूर्ण नाना प्रकार से।।

महापार्श्व फिर कुंभकर्ण का हर्म्य शोधकर,
    वज्रद्रन्ष्ट, शुक, सारण, माली, माल्यवान के।
खोजे गृह फिर जम्बुमालि के औ सुमालि के,
    इन्द्रजीत, धूम्राक्ष, विभीषण का मंदिर भी।
युद्धोन्मत, ध्वजगीव आदि के सदनों में धँस,
    कोना कोना छान थका, शंका ने घेरा।
कहीं छटपटा गिर न पड़ी हो मकरालय में,
    शून्य मार्ग से रावण था जब उन्हें ला रहा।।

किंवा शील रक्षा में तत्पर मातृचरण का,
    कर न गया हो नीच दुष्ट यह उनका भक्षण।
आर्तनाद कर बंद पिंजरे में मैना सी,
    कहीं स्वयं ने कर न दिये हो प्राण विसर्जित।।

बिना दरश के लौट गया यदि मैं किष्किंघा,
मेरा यह पुरूषार्थ सभी कुछ व्यर्थ जाएगा।
और संदेशा क्या दूंगा मैं राघवेन्द्र को,
सुन कर उनका प्राण त्यागना भी तो संभव।।

फिर लक्ष्मण क्या वानरेश ही रह पाएंगे,
संतापित सब दुखद छोह में एक एक के।
परिजन सारे व्यथित त्रास से मिट जाएंगे,
और सूर्य के दोनों वंशज होंगे विनशित[759]।।

अतः नहीं यदि सीता माँ को खोज सका मैं,
कहीं विपिन में तपसी बनकर रह जाऊं या,
जल समाधि ले स्वतः नष्ट ही हो जाऊँगा।।

उहापोह में दीर्घ रात्रि थी बीत चली यों,
अंधकार सा घिर आया नैराश्य नयन में।
ब्रह्मकाल में परम ब्रह्म पर ध्यान लगाकर,
मानस में विश्वास दीप को किया प्रज्ज्वलित।।

मिली प्रेरणा नगरी तज उपवन भी खोजूँ,
स्वतः चरण बढ़ चले अचानक सिद्धि मार्ग पर।
पहुँच गया मैं अशोक वन के सघन क्षेत्र में,
ज्यों त्रज्या से बाण छूटता उसी वेग से।।

759. नाश होना /लुप्त होना

उछल चढ़ा मैं नभ चुंबी से घने वृक्ष पर,
उषाकाल में उस कानन की देखी शोभा।
सुनी न देखी वह सुषमा कमनीय वहाँ थी,
लोक लोक की प्रकृति मोहिनी हो एकत्रित।
जगज्जयी के वैलासिक साम्राज्य लोक में,
शरद पर्व के चार चंद्रमा लगा रही थी।।

अरूण प्रभा की दीप्ति मनोहर लगती ऐसी,
अरूणोदय के पूर्व अर्जुनी[760] और शर्वरी[761]।
सुभग कंत[762] का अंक त्याग कर सुदर्शनाएं,
गहन शयन पश्चात जगी हों प्रति कामनियाँ।।

पीतारूण मुख मंडल लेकर अलसायी सी,
अंबरीष से टपकी जब पीयूष की बूँदें।
सहसा ही खिलखिला उठी अनुरंजित कलियाँ,
भ्रमर विहंगम लगे रसीली तान छेड़ने।
सरस प्रभाती गाती लगती थीं किन्नरियाँ,
मुरली फूंकता पवन, बजाते पर्ण तालियाँ।
झर झर झरने करते थे वीणा निनाद सा।।

760. उषा
761. संध्या
762. पति

विविध सुमन जो छिटक गये थे वसुन्धरा पर,
मनो चर्चरी[763] लीन विभा में सुरांगनाएँ।
अभी अभी ही लुप्त हुई अभिसार नायिका,
अलंकरण क्यों मदन कलह से बिखर गये थे।।

शस्य श्याम रमणीक शैल विस्तृत था वन में,
सरित एक थी गिरती जिसके उच्च शिखर से।
कोई प्रियतमा निज प्रीतम से रूसित होकर,
उछल अंक से भाग रही हो ज्यों इठलाती।।

तटवर्ती वृक्षों की शाखा लगती ऐसी,
सखियाँ उसको रोक रहीं बाहें फैलाकर।
सघन गहन कुजों में छाया पृथ्वी तल पर,
घटाटोप बदरी सी लगती थी कजरारी।।

अर्द्धवृतों में फैली इन पर पुष्पावलियाँ,
विकचित[764] मानों ठौर ठौर पर इन्द्रधनुष हों।
सुरभिमातृ से ऊपर देखो नभ मंडल को,
किसलय,कोपल,कली,कुसुम,केसर मंजरियाँ।
टटक रहीं जो लता वल्लरी क्षुप तरूओं में,
कनक छाँह मय मंदाकिनि सा भान कराती।।

763. गान

764. फैलना

मृग मृगेन्द्र पशु हिंसक मोहक बहु प्रकार के,
नर्तन करते मयूर, सुपर्णक शैल तटी में।
ज्यों असंख्य थे चित्ताकर्षक जल,थल,नभचर,
त्यों असंख्य थे हेमपुष्प प्रियदर्शी तरूवर।।

यथा नाम प्रिय है अशोक वन इस उपवन का,
तथा निलय है गुण विशेष युत शोकहरण का।
उपत्यका में दूर मणिक सा हुआ दृष्टिगत,
सूर्य किरण से दमक रहा जो और सूर्य सा।।

उतर वृक्ष से चला खोजने उसी ओर को,
लगे फड़कने अंग दाहिने मंगलकारक।
देख चैत्य प्रासाद नयन छाई चकचौंधी,
सूर्यकांत मणि विरचित वह हिमखंड धवल सा।।

थे सहस्त्र स्तम्भ जड़ी थी चन्द्रकान्त मणि,
रक्त कंद के आरोहण थे सिंह द्वार पर।
स्वर्ण रजत की बनी हुई थीं यज्ञ वेदियाँ,
दिव्य सुगन्धी फैल रही थी दसों दिशा में।।

इस मंदिर का छत्र सुशिख जो बिल्लौरी था,
तरल स्वर्ण सा भरा रश्मियाँ फूट रहीं थीं।
गर्भ भवन में शुभ्र श्वेत हिम आच्छादित से,
शैल शिखर पर वृहत् सिंह के चर्मासन पर।
योगासन में लीन स्वयं ज्यों रूद्र विराजे।।

अग्नि ज्वाल की जटाजूट से जल की धारा,
निकल सामने मंदिर के परिवर्तित होती।
एक जलाशय दुग्ध सदृश ज्यों मान सरोवर,
कनक कमल थे खिले हंस कूजन से मुखरित।
शंख सीपियाँ मुक्ताओं से तट पूरित थे,
घिरा हुआ था रूद्राक्षों के सघन द्रुमों से।
वहीं शिंसपा तरू के तल में फटिक शिला पर,
मलिन वस्त्र धारण कर बैठी एक सुन्दरी।
शुक्ल पक्ष आरम्भ चन्द्र की क्षीण कला सी,
किंवा धूम्र से आच्छादित थी अग्निज्वाला।।

अलंकार रस शून्य रहित तन संस्कारों से,
बिना व्याकरण वाणी ज्यों अर्थान्तर वाली।
स्मृति ज्यों संदिग्ध और भूलुंठित[765] ऋद्धी,
मृषा[766] कलंकित कीर्ति सदृश या विघ्नित सिद्धी।।

765. लुटी पिटी हुई
766. मिथ्या/झूठ

टूट गई हो श्रद्धा अथवा खंडित आशा,
चन्द्रग्रहण से मलिन पूर्णिमा भग्नित पूजा।
कमल अभावों में पुष्करिणी श्री विहीन ज्यों,
क्षीण हीन कृषकाय रोहणी मंगल कांता।
अंधकार से नष्ट प्रभा या सूखी सरिता,
घिरी निशाचरियों मे बैठी भयातुरा थी।
निजसमूह से बिछुड़ मृगी ज्यों श्वानझुण्ड में।।

यों अलभ्य सौंदर्य पूर्ण यह साध्वी नारी,
प्रिय वियोग में पीड़ित अबला शावक नयनी।
यद्यपि दिखती भीरू और चिन्ता से व्याकुल,
दुर्जन जन के हेतु किन्तु नागिन विकराली।।

दिव्य अलौकिक रूप राम ने जैसा पाया,
उनके ही अनुरूप सामने है ललताई।
यदि त्रिलोक का राज्य सामने रखकर आँके,
नहीं तुल्य वह एक कला के इस देवी की।
युक्ति युक्त कारणवश होता है उपपादन,
निश्चित ही यह राजकुमारी सीता माता।
दुर्गति इनकी देख यही बस कहना पड़ता,
कठिन अत्यधिक काल उल्लंघन सभीजनों को।।

देख दशा दयनीय हुई मन अतिशय पीड़ा,
नयनअंबु[767] से प्लावित[768] हो गई मेरी पलकें।।

उठा रक्त में ज्वार प्रबलतम क्या कर डालूँ,
नीच दुष्ट वंचक रावण की उड़ा धज्जियाँ।
मर्दन कर निशिचर समूह और माया नगरी,
माँ सीता के साथ उठाकर सभी नारियाँ।
राघवेन्द्र के चरणों में ले जाकर रख दूँ।।

शनैः शनैः फिर तन में जब शीतलता आई,
लगा सोचने उचित नहीं है यह चतुराई।
दूत कर्म का इससे होगा हनन, साथ ही,
अधिकारों का दुरूपयोग, आज्ञा अवहेला।
अतः मुझे तो अनुशासन में बद्ध कृत्य ही,
संपादित कर त्वरित लौटना ही श्रेयस्कर।।

शांत चित हो लगा जोहने अवसर ऐसा,
तमचरियों के मध्य, शील शोभा की प्रतिमा।
सदाचार,पतिव्रत,सतीत्व, से अति संपन्ना,
रक्ष्यमाण यदि जनकनन्दिनी राम प्रिया ही।
परिचय पाकर मुद्रा दे संदेश सुनाऊँ।।

767. अश्रु
768. अति प्रवाह/पूरा भर जाने पर बहना

इसी समय सुन दुंदुभ ध्वनि उद्यान मार्ग पर,
वंजुल द्रुम चढ़, सघन पल्लवों में अवगुंठित।
लगा देखने, प्रतिहारिन सब सजग हो गयीं,
किंकिणियाँ कलनाद, नूपुरों की झनकारें।
मंद मंद फिर तीव्र पड़ीं आ कर्ण रंध्र में,
ज्यों महेन्द्र, रक्षेन्द्र आ रहा, जिसके पीछे।
विजन डूलती, स्वर्णकलश पर रत्न दीप रख,
गंधर्वी और किन्नरियों की रूप राशि सी।।

सुन्दरियों की चली आ रही शोभा यात्रा,
पहुँच चैत्यग्रह शंखनाद कर घंटा पीटा।
वेद मंत्र के साथ किया अभिषेक रूद्र का,
कामदर्प से ओत-प्रोत मदचूर डोलता।
आया वह, जहँ शोक विह्वला तरू के नीचे,
संकल्पों के अश्व जुते मानस रथ चढ़कर।
कहीं और ही जाती सी होती प्रतीत थी।।

रावण ने तब चाटुयुक्त कर घोर- प्रशंसा,
भाँति भाँति की श्लाघामय[769] कह ठकुरसुहाती।
निज बल पौरूष विभव आदि का किया स्तवन[770],
सुरदुर्लभ असुरी भोगों का लोभ दिखाया।
और साथ ही प्रणयदान हित किया निवेदन।।

769. प्रशंसनीय

770. प्रशंसा /चाटूकारी

रावण मुख से संबोधन, उस शुभ दर्शिनी का,
    जनकसुता, मिथिलेशनंदिनी, सीता सुनकर।
निश्चित हुआ, हर्ष से पुलकित अंतर मेरा।।

तृण समक्ष रख तपस्विनी माता यों बोली,
    अरे निशाचर ! श्रेष्ठ धर्म पर दृष्टि डालो।
और करो तुम सत्पुरूषोचित व्रत का पालन।।

पाती जैसे संरक्षण तव नयन पुतलियाँ,
    उसी भाँति का रक्षण देकर पर नारी को।
अपने कुल के संस्कारों का करो निमज्जन[771],
    विश्व प्रतिष्ठित निज संस्कृति आदर्श बनाओ।।

नहीं सिद्धि की इच्छा कर सकता ज्यों पापी,
    उसी भाँति तुम मेरी इच्छा योग्य नहीं हो।
आत्मज्ञान से ओत प्रोत ब्राह्मण की जैसे,
    वेदज्ञान ही शुद्ध अमोलक संपत्ति होती।
नागराज का निजमणि पर एकाधिकार ज्यों,
    सीतावर ही एक मात्र सीता अधिकारी।
सार्वभौम वह लंकपती, जो इन्द्रजीत हो,
    उसे इन्द्रियाँ करे पराजित! लज्जाकारी !

771. स्नान

अट्टहास कर बोला रावण, लज्जा ! कैसी ?
जगज्जयी के तन स्थित जो दसों इन्द्रियाँ।
शासन इन पर सार्वभौम मन राजा का है,
एक एक संवेगशील है आज्ञा कारी।
सभी सुदृढ़तम शक्तिमान बल विक्रम धारी,
इसीलिये दश आनन है मम नाम प्रशंसित।।

कहो कौन त्रिभुवन में मुझसा शौर्य प्रतिष्ठित,
बल पौरूष युत मनोवेग ही भोग चाहता।
वेग हीन ही कायर जो देवों को भजता,
अकर्मण्य यों उदरभरण तक सीमित रहकर।
क्षीण हीन दुर्बल जन इसको पाप बताते।।

रूपसियों का हरण महापौरूष का लक्षण,
निज संस्कृति का श्रेय, नहीं विपरीत धर्म है।
किन्तु अनैच्छिक नहीं किया स्पर्श तुम्हारा,
क्योंकि प्रणयमय तव प्रति है इस तन का राजा।
नहीं दिये उपदेश कंत[772] को उस क्षण जब वह,
मम भगिनी के कर्ण नासिका काट रहा था।
तप,बल,धन,यश आदिसभी से वंचित वह अब,
भटक रहा जो श्री विहीन हो वन प्रांतर में।
शुभे! यशस्विनि उस तापस का मोह त्यागकर,
सब लोकों का भोग करो पट्टमहिषी बनकर।

772. पति

कहा मातृ ने नीच! दुष्ट ! मायावी ! वंचक !
कपट रूप धर अबला पर विश्वास घात कर।
किया त्रिया का हरण निपट सुनसान कुटी से,
बल विक्रम की अतिवादी क्या डींग हाँकता।।

पुरूष सिंह रघुवंश तिलक द्वय भ्राताओं को,
गंध तुम्हारी यत् किंचित् भी यदि मिल जाती।
तथा कथित पौरूष्य तुम्हारा निमिष[773] काल में,
बुद् बुद् जैसा फूट सृष्टि से होता ओझल।।

तव भगिनी आई थी सुन्दर वेष बनाकर,
रति रस लम्पट निशाचरी निज रूप जाल में।
राघवेन्द्र या मम देवर को फाँस अनैतिक,
बल पूर्वक थी चाह रही दुष्कर्म करें वे।
किन्तु कुलोचित संस्कारों में शिक्षित दीक्षित,
यों अनीति का मार्ग ग्रहण कर सकते कैसे!
हो निराश जब धाई मुझ पर वध करने को,
निज करनी का अंग भंग फल उसने पाया।।

773. क्षण

भग्न अंग तक केवल सीमित सहोदरा है,
नहीं बीज तक रह पायेगा रे ! कुलघाती।
वज्र घात से बच सकता रक्षेन्द्र कदाचित,
बहुत काल तक काल उपेक्षा कर सकता है।
किन्तु क्रोधमय रघुनायक के तीक्ष्ण शिलीमुख,
बींध बींध कर रोम रोम का लहू पी लेंगे।।

अभी समय है निज जीवन से मोह तुम्हें यदि,
तथा चाह हो वंश, नगर औ राजपाट की।
सदबुद्धि रख मुझे सौंप कर आर्यपुत्र को,
करो रक्ष पति उभय कुलों में सरस मिताई[774]।।

सुन; रावण की अलंकरित शोभामय काया,
हुई जुगुप्सित[775] क्रोधानल से लगी दहकने।
लगता था उस काल रूप यों लंकराज का,
चिता चैत्य को प्राणदण्ड हित किया विभूषित।।

खड्ग उठाया आतंकित या वध करने को,
सजग हुआ मै तक्षण ही मन निर्णय लेकर।
तभी सुन्दरी सुमति मति इक रक्षस बाला,
आलिंगन कर राक्षसेन्द्र से किया निवेदन।।

774. मित्रता
775. वीभत्स

सप्त द्वीप पति ! दुरारोहिनी मानव नारी,
कान्तिहीन से मोह, नाथ क्या तुम्हें प्रयोजन?
निरस नार से प्रणय कामना पुरूष स्वास्थ को,
भस्मसात कर देती अंतरज्वलित वेदना।
निज विक्रम से किये उपार्जित जो प्रिय तुमने,
दिव्य भोग, इस भाग्यहीन के नहीं भाग्य में।।

यौवन रस आपूर प्रमद[776] उत्कंठित[777] प्रमदन[778],
प्रेम भाविता मुझ पर प्रियवर करो अनुग्रह।
बार बार फुंकार प्रज्वलित नेत्र तरेरे,
अशुभ मुखाकृति से बोला परिघोषित[779] भाषा।।

अवधि और दो मास शेष मम धर्म वचन की,
नहीं किया प्रस्ताव मान्य यदि दुराग्रहणि तो।
हृदय खंड तब बिना पाक ही भक्ष करूँगा,
परिबोधन[780] दे पुरूषाधम[781] फिर पैर पटकता।
सुंदरियों के साथ गया वह अंतःपुर को।।

776. खुशी
777. उत्सुक
778. प्रणय संबंधी इच्छा/कामेच्छा
779. अनुचित वचन
780. चेतावनी
781. गिरा हुआ व्यक्ति

तदनंतर सब रक्ष प्रहरियाँ मातृचरण को,
भाँति भाँति की शंकाएँ भय लोभ दिखाकर।
लगी त्रासने, तभी एक अन्यान्य राक्षसी,
रूप वयोगत यूथस्वामिनी सी प्रतीत, ने।
दे प्रताड़ना किया दृष्टि से दूर अदर्शित।।

गई स्वयं, तब उचित समय पर राघवेन्द्र के,
गुण वर्णन कर, डाल मुद्रिका उनके सम्मुख।
मनःस्थिति को शांत बैठकर लगा जाँचने,
उद्भ्रांतित[782] हो उठा मुद्रिका लगी परखने।।

अश्रु प्रवाहित नेत्र उठाये तरू अशोक पर,
रावण के अभिसंघ[783] कपट से शंकित होकर।
देख मुझे भयभीत हुई मुखसंधि हिली कुछ,
उतर वृक्ष से चरणों में रख शीश कहा माँ।।

रामदूत मैं, लाया यह अभिज्ञान मूँदरी,
कुशल सहित श्री राम लक्ष्मण दोनों भ्राता।
वानरेश सुग्रीव साथ कर सुदृढ़ मित्रता,
खोज तुम्हारी करने हित वानर दल भेजे।
चहूँ दिशा में, उनमें से ही एक अकिंचन,
धर्मप्राण, वेदज्ञ, प्रभु का सेवक हूँ मैं।।

782. चकित/विस्मित

783. धोखे वाला

हुआ पूर्ण विश्वास किया यों प्रश्न मातु ने,
तड़प रही जल हीन मीन सी नाथ बिना मैं।
कभी स्मरण करते मेरा दीन बन्धु भी?

विनतवदन हो कहा जननि असमर्थ सर्वथा,
शब्द नहीं है विरह अनल में रघुपति कितने।
दग्ध, किन्तु मैं कह सकता हूँ परमपुरूष के,
हृदय कोष में प्रेम आपके प्रति दूना है।।

सजल नयन से दिया संदेशा रघुनन्दन ने,
प्रिये प्रेम का सार समझ लेना तुम इससे।
"मेरे तेरे प्रेम तत्व का ज्ञान जिसे है,
वह मन मेरा सदा सदा से पास तुम्हारे"।।

सुन जननी आनंद मग्न अति नयन बंद कर,
ध्यान लगा प्रभु चरणों में वंदन कर बोली।
सुव्रत! करो कुछ यत्न कि जिससे यथा शीघ्र ही,
मुक्त करायें मुझे निशाचर क्रूर जगत से।।

क्षमा माँग मैं हाथ जोड़कर उनसे बोला,
दी होती स्वामी ने मुझको अनुमति यदि तो।
अभी पीठ पर बैठा कर माँ तीव्रगती से,
श्री चरणों में त्वरित तुम्हें मैं पहुँचा देता।।

मेरे मुख से अतिवादी सी वाणी सुनकर,
बिहँस कहा हे पुत्र! कहो क्या तुम जैसे ही।
वानर है लघुकाय? बड़ा यह संशयकारी !

देख रहे तुम घोर निशाचर विकट वीर हैं,
सीमा रहित शक्ति है जिनकी भूमंडल पर।
सुन आर्ये के वचन, प्रभु में ध्यान लगाकर,
किया प्रगट निज रूप तपित कुंदन शैलाभी।।

और कहा माँ मैं तो सेवक तुच्छ मात्र ही,
महाशक्ति संपन्न अनेकों भीम काय हैं।।
ऋक्ष और कपियों के दल सुग्रीव सैन्य में,
हो प्रसन्न मन माता ने वरदान दिया यह।
"अजर अमर गुण निधि होओ सुत शील ज्ञान के,
प्रिय वत्सल रह बसो हृदय करूणानिधान के"।।

जगत जननी के मुख सरोज से आशिष पाकर,
निखिल[784] सृष्टि की मूल्यवान निधि पाई मैंने।
बाल रूप धर चरण धूली में लगा लोढ़ने,
भुवन पावनी रज लिपटाई मुख मंडल पर।।

784. सम्पूर्ण/अखिल

उठा मात ने ममतामयी गोद में लेकर,
निज अंचल से बाल सदृश मम बदन पोंछकर।
शीश सूँघ फिर बार बार कर-कमल देह पर,
फेर फेर कर नयन वारि[785] से किया निमज्जन[786]।।

गदगद वाणी हुई वायुनंदन की कहते,
अश्रुधार बह चली गहन बँध गई हिचकियाँ।
वानरेश सुग्रीव आदि सब कपि समाज के,
पीत विलोचन[787] लगातार कर नीर विमोचन[788]।
भू टपका कर वर्षा का सा भान कराते।।

नीहारी जल बिन्दु भरे से कमल नयन थे,
किन्तु थमे थे पखुरियों में धीर राम के।
रूदित लखन औ रामदूत को लगा हृदय से,
बार बार वे सहलाते थे धैर्य बँधाते।
शांत हुए, तब पवन पुत्र ने धीरे धीरे,
विस्मय कारी घटना आगे की बतलाई।।

मन ही मन में आया एक विचार अचीता,
महत् पूर्ण यह बिंदू भी तो दूत कर्म का।
सूक्ष्म रूप से राजतंत्र का गहन अध्ययन,
कर स्वामी हित हेतु मार्ग भी सुगम बनाना।।

785. जल/पानी

786. स्नान

787. नेत्र

788. छोड़ना / मुक्त करना

रजनी में ही अगम लंक को देखा मैंने,
यन्त्र जटित हैं द्वार दुर्ग के गढ़ अभेद्य हैं।
वीर वाहिनी का प्रवेश भी यहाँ असंभव,
शत्रु सैन्य की शक्ति का तो ज्ञान नहीं है।।

राजनीति और कूटनीति बल बुद्धि परख कर,
रावण के व्यक्तित्व आदि का पता लगाऊँ।
और साथ ही आतंकित कर जगज्जयी का,
गिरा मनोबल, माँ को भी विश्वास दिलाऊँ।।

अतः योजना बना जननी से किया निवदेन,
मातृ, क्षुधा से अतिशय मेरे प्राण विकल हैं।
अशोक वन यह लदाफदा है सरस फलों से,
बार बार मन देख देख कर ललक रहा है।।

अनुमति दें यदि आप, करूँ मैं भूख निवारण।,
तृपित होओ सुत! फल खाकर मैं यही चाहती।
कहा, किंतु हैं यहाँ अनेकों सैनिक प्रहरी,
शूरवीर, पर एकाकी तुम शस्त्र हीन हो।
कहीं न कोई बाधा घेरे, शंका भारी।।

मैं बोला जो शुभाशीष माता से पाई,
    है अमोघ वह,आप मुदित मन आज्ञा दें तो।
नहीं किसी की लेशमात्र भी चिन्ता मुझको,
    जाओ तात! कह धरा शीश पाणी[789] वरदानी।
खाओ मधुर फल प्रभु चरणों में ध्यान लगाकर,
    किया उत्प्लवन[790] माता की कर चरण वन्दना।
फलाहार से प्रथम शांत कर तीव्र बुभुक्षा[791],
    वायु वेग से उछल कूद फिर तरू से तरू पर।
तोड़ तोड़ शाखाएँ फेंकी वृक्ष उखाड़े।।

गिरि श्रंगो को किया प्रभंजित[792] मथे जलाशय,
    चित्रालय बहु केलिगृहों को खंड खंड कर।
छिन्न भिन्न सब लता कुटीरों को कर डाला,
    जीव जन्तु पशु पक्षी सारे आर्तनाद कर।
लगे भागने व्याकुल होकर प्रमदावन में।।

कोलाहल सुन निशाचरों की तंद्रा टूटी,
    सन्न खड़े वे लगे देखने कृत्य विमूढ़ित[793]।
हुआ प्रध्वंसित[794] क्रीड़ा कानन ज्यों झंझा में,
    किया विकर्षित ध्यान स्वयम् किलकारी देकर।

789. हाथ
790. उछल कूद/छलांग लगाना
791. भूख/खाने को इच्छा
792. टुकड़े टुकड़े करना
793. उलझनपूर्ण/मूर्खतापूर्ण
794. विध्वंस/नष्टहोना

कुपित रक्ष दल दौड़े निज शस्त्रों को लेकर,
पल भर में ही गिरे धरा पर चिर निद्रा में।।

तदनन्तर मुहु[795] असुर वाहिनी युयुधानों[796] की,
सेनापति रणबंके धाये मंत्रि तनय भी।
जम्बुमालि फिर लंकराज सुत अक्षय आर्या,
किन्तु प्रभू के पद प्रताप से बिना परिश्रम।
एक एक को खेल खिला यमलोक पठाया।।

और अंत में अश्वतरी रथ आरूढ़ित हो,
तड़ित प्रभा सा दुसह वेग से कटक साथ ले।
काल सदृश जो रोषानल[797] से दहक रहा था,
मेघनाद आ धँसा अनोखा धनुष उठाये।।

आते ही टंकार घोर कर बाण चलाये,
उड़ा गगन में, मैं तुरंत सब लक्ष्य विफल कर।
फिर तुरंत ही उसके सम्मुख उतर धरा पर,
मार सारथी कर प्रहार रथ तोड़ फोड़ कर।
प्रबल मुष्टिका नासापुट[798] पर मारी ज्यों ही,
रक्त बहाता गिरा निमिष[799] में मूर्छित होकर।।

795. बार बार
796. योद्धा/घुड़सवार
797. क्रोधाग्नि
798. नथुना
799. पलभर

नहीं चाह थी हनन करूँ मैं मेघनाद का,
क्योंकि नहीं तब सफल योजना होती मेरी।
कर प्रयास मैं चाह रहा था मल्ल युद्ध हित,
पकड़ पाऊँ यदि इंद्रजीत को एक बार भी।।

श्लाघनीय[800] था किंतु वीर का धनुसंचालन,
अतः शून्य में उड़ उड़ कर ही तीक्ष्ण बाण से।
रहा बचाता निज शरीर को बार बार मैं,
हुए विफल जब धनुर्वेद के सारे उद्यम।
श्रांत क्लांत[801] हो थकित अंत में मेघनाद ने,
ब्रह्म अस्त्र को फेंका मुझ पर मंत्र पूत कर।।

कर न सका अतिक्रमण ब्रह्म की मर्यादा का,
बँधा पाश में गिरा भूमि पर कर विचार यों।
चर्चा का औ राजसभा अवलोकन का भी,
अस्तु, वेदना ग्रसित हुआ सा रच आडंबर।
पड़ा रहा भयभीत फलाफल छोड़ प्रभु पर।।

अरिदल[802] ने झट तरू वल्कल से कसकर बाँधा,
ज्ञान नहीं था उन्हें ब्रह्म के अस्त्र तत्व का।
ब्रह्म पाश हो जाता निष्फल अन्य पाश से,
हुआ उसी क्षण अतः मुक्त मैं ब्रह्म अस्त्र से।

800. प्रशंसनीय
801. थका हुआ
802. शत्रुदल

मन्त्रशक्ति से परिचित रावणि चिन्तातुर हो,
चला शीघ्रतम लेकर मुझको राजमार्ग से।।

पुरवासी दल बाँध बाँधकर पीछे पीछे,
अशुभ वचन कह मुष्टि मारते केश लूंचते।
निर्विकार मैं गया देखते उन अयनों[803] को,
था महत्व अति जिनका भावी युद्ध नीति से।।

खींच तान कर ठेल ठेलते भव्य भवन में,
राक्षसेन्द्र के सम्मुख मुझको ला पहुँचाया।
वृहत वर्तुलाकार कक्ष में स्वर्ण पीठ पर,
नवरत्निम दैदीप्यमान गुरू सिंहासन पर।
धरे शीश बहु किरण प्रस्फुटित मुकुट अमोलक,
अंगराग से रचित अनोखी रचनाओं युत।।

देह सुसज्जित,अनुरंजित[804] कौषेय[805] वस्त्र से,
भासमंत[806] रत्नाभरणों से अति उद्भासित[807]।
दैत्यराज था दिनकर धारित नीलगिरी सा,
चंवर डुलाती, मद्यपात्र ले मधुबालाएँ।
सेवारत थीं वस्त्रालंकृत सजी सुमुखियाँ।।

803. मार्गों
804. सुखकर/रोचक
805. रेशमी
806. चमकीले/चमकदार
807. शान /वैभव

महापार्श्व, दुर्धर, प्रहस्त एवम् निकुम्भ थे,
मन्त्रतत्व के ज्ञाता मन्त्री, सचिव सैन्यपति।
आसपास निज हेमासन पर उपवेशित थे,
लख तेजस्वी लंकराज को लगा सोचने।।

अहो ! अनूठा रूप रंग है इसने पाया,
कैसी अनुपम शक्ति, अनोखा धैर्यवान है।
अनुपमेय है वैभवशाली, वेदज्ञी भी,
राजोचित लक्षण भी कैसे विस्मय कारी।।

दुराचरण के दुर्गुण में यदि दुर्बल होता,
इन्द्र सहित यह सब लोकों का स्वामी बनकर।
देव दैत्य गंधर्व आदि को एक सूत्र में,
बाँध, सभी का प्रिय दर्शन संरक्षक होता।
किंतु सूर्य है रत ऊर्जा के दुरूपयोग में,
फेंक रहा है चन्द्ररश्मियाँ अनलज्वाल सी।
नव मुकुलित[808] मंदार पुष्प दुर्गंध भरा सा,
सुधाकुंभ यह विष मिश्रित है घोर निशाचर।।

808. कली/कलिका

देख मुझे निर्भीक प्रधूमित राक्षसेन्द्र की,
हुई चिल्लिका[809] कुटिल, दृषाएँ लगी धधकने।
गर्जन कर दुर्भाषा युत फिर प्रश्न किया यों,
कौन दुष्ट दुर्बुद्धी वानर? बता कहाँ से।
आया तू? उद्देश्य कौनसा? जिस के कारण,
तोड़ फोड़ कर ध्वस्त किया प्रमदावन[810] सारा !

युद्ध छेड़ सुत हनन किया प्राणों से प्यारा,
चोर सदृश घुस रावण की दुर्जय नगरी में।
किसके बल पर नीच ! किया दुस्साहस तूने !!

प्रभु चरणों में शीश नवाँ कर मन ही मन में,
निर्भय होकर कहा - सुनो लंकापति रावण।
नहीं ज्ञात क्या जिस शक्ति ने धनुपिनाक को,
पलक मारते भंग किया था कमल नाल सा।।

दबा लिया था जिस बाली ने तुम्हें काँख में,
एक बाण में वीर शिरोमणि स्वर्ग सिधारा।
खर दूषण त्रिशरा बलशाली सहस चतुर्दश।
क्षण भर में जिस महाशक्ति ने कटक संहारा।।

809. ठोड़ी/ठुड्डी

810. रानियों केलिये सुखकर बाग

निखिल[811] सृष्टि की रचना होती जिसके बल पर,
भजते जिस को निशदिन ब्रह्मा विष्णु शंकर।
जो अधर्म का नाश धर्म की रक्षा करता,
जिस शक्ति से शेष धरा को फण पर रखता।
जिस शक्ति की सती पत्नी तुम हर कर लाये,
उसी शक्ति का दूत पवन सुत हनुमान मैं।।

वानरेन्द्र सुग्रीव राम के अंतरंग ने,
कोटि कोटि कपि ऋक्षों के दल भूमण्डल पर।
भेजे हैं श्रीराम प्रिया का पता लगाने,
उन्हीं कपीवर का साधारण अनुचर हूँ मैं।।

शत योजन का सागर तर जो किया परीश्रम,
सफल हुआ वह पा माता के दुर्लभ दर्शन।
प्रकृतिभाव वश फल खाये वृक्षों को तोड़ा,
रक्ष सैन्य ने निर्दयता से मुझको मारा।
किसे नहीं प्रिय निज जीवन, भला बताओ,
प्रत्युतर में मैंने भी तब उनको मारा।।

देख रहे प्रत्यक्ष दोष तुम अपने सुत का,
मुझे बाँधकर लाये यहाँ अन्याय नहीं क्या?
सुन मेरी यह उक्ति क्रोधवश रावण गरजा,
दाँत पीसकर, मसल हथेली, आँख तरेरी।

811. सम्पूर्ण

मैं बोला हे राजन ! सुन लो विनती मेरी,
राक्षसेन्द्र मैं देता सीख तुम्हें हित कारी।।

अति उत्तम ब्रह्मा के कुल में जन्म लिया है,
पुलस्त्य नंदन मुनी विश्रवा पिता तुम्हारे।
नहीं निशाचर जन्म जाति देहात्म बुद्धि से,
दुराचरण के अवगुण भी हैं नहीं स्वयं के।।

आत्म रूप में नहीं दोष यह अटल सत्य है,
मूल रूप में इसका कारण अंहकार है।
हृदय कोश में आत्मरत्न तब दूषित होता,
हो जाता जब मनोविकारों से आच्छादित।।

अहंकार का अंधकार फिर मनः चक्षु को,
नहीं दृष्टिगत होने देता आत्मबोध को।
तभी एषणा[812] शनैः शनैः तरूणाई पाकर,
अहंकार से मिथुन भाव रख उपजाती है।।

मद[813] मत्सर[814] छल छद्म स्वार्थमय दुर्गुण सारे,
दुरभिसंधि में फँस हो जाती कुमति, सुमति भी।।

812. इच्छा/अभिलाषा
813. घमंड
814. ईर्ष्या

धर्म शास्त्र के ज्ञाता हो तुम पंडित भी हो,
    और किया है भारी तप का संग्रह राजन।
अर्थ धर्म विपरीत कार्य में दोष अनेकों,
    अतः नहीं दुष्कृत्य तुम्हें यों शोभा देते।।

अहं भाववश जिसे हरण कर लाये रावण,
    कालरात्रि ही आई समझो लंकपुरी में।
विषम गरल को नहीं पचा सकता ज्यों प्राणी,
    त्यों सीता को नहीं पचा सकता है कोई।।

जिस इच्छा से लाये हो तुम इस देवी को,
    उसे समझ लो पंचमुखी चण्डी विकराली।
देख रहे तुम निज अवध्यता तप के बल पर,
    विद्यमान है अन्य तुम्हारे वध का कारण।।

नहीं राम सुग्रीव सुरासुर या कि यक्ष है,
    मानव वानर बनकर आये काल तुम्हारे।
शत्रु भाव तज महामते ! अज्ञान मिटाओ,
    भक्तिभाव से चलकर प्रभु को शीश नवाओ।।

दया धाम श्रीराम अवश्य ही क्षमा करेंगे,
    निष्कण्टक राजोपभोग हित अभय करेंगे।
पुनः पुनः मैं विनती करता सुन लो राजन,
    सफल बनाओ लौकिक औ परलौकिक जीवन।।

यदपि कही थी बात परम कल्याणी किन्तु,
कुपित हुआ सुन चिंघाड़ा वह घोर निशाचर।
दुष्ट अधम कर बंद अनर्गल यह प्रलाप अब,
दग्ध व्रणों[815] पर लवण मरिच क्यों छिड़क रहा है।।

यहीं अभी वध तेरा, तेरी उस देवी का,
करता हूँ फिर तपसी मानव राम लखन संग।
दुष्ट अघर्मी अग्रज घाती वानरेश का,
रक्त पिलाकर चँद्रहास की तृषा मिटाऊँ।।

यों असह्य दर्पोक्ति निशाचर दुर्मुख से सुन,
किट किटान कर जंघ भुजाएँ मैंने ठोकी।
भगे सभासद कुछ ठहरे वे काँप रहे थे,
गिरी तरूणियाँ सेवारत जो मूर्छित होकर।।

चीखा वीरों ! वध कर डालो इस पापी का,
तभी विभीषण राक्षसेन्द्र के लघु भ्राता ने।
कुशल युक्ति से कहा वीरवर ! हे लंकेश्वर !
नहीं आप सा अन्य कोई भी धर्म प्राण या।
लोकनीति को समझ सके जो शास्त्रविहित है।।

815. चोट/घाव

तात ! क्रोध को त्याग शांति से तनिक विचारें,
दूत भले ही भला बुरा या जैसा भी हो।
मृत्यु दण्ड का नहीं कभी वह भागी होता,
पराधीन यह, शत्रु पक्ष ने इसको भेजा।
अतः उन्हीं के स्वार्थ सिद्धि हित बातें करता।।

अन्य और भी दण्ड अनेकों संविधान में,
उनका ही उपयोग करें बस यही विनय है।
देश काल उपयुक्त वचन सुन नीतिवान ने,
कहा विभीषण! उचित तुम्हारा कथन सत्य है।।

वानर को लांगूल[816] सदा अति प्यारी होती,
भस्मसात कर डालो इसमें आग लगाकर।
सुनो सुभटगण ! रावण ने आदेश दिया तब,
वस्त्र तैल में डुबा डुबा कर बाँध पूँछ में।
ढोल ढमक्का पीट पीट कर नगर क्षेत्र में,
घुमा घुमाकर तिरस्कार कर अग्नि लगा दो।
जा समीप निज स्वामी के तब पुच्छ कटा यह,
उसे स्वयं ही कालगाल में खींच लाएगा।।

चरण कमल में ध्यान लगाकर सोचा मैंने,
सर्वोत्तम क्षण कार्य सिद्धि का सम्मुख आया।

816. पूंछ

लगे बाँधने तूल[817] चीथड़े वस्त्र तमीचर,
धीरे धीरे मैने भी लांगूल बढ़ाई।।

लंकपूरी के ढेर वस्त्र धृत तैल आदि सब,
खपे पूँछ में देख देख यह कौतुक भारी।
मूर्ख सभासद लंकराज सब हर्षित होते,
दृढ़ रज्जू से बाँध मुझे फिर सुभट अनेकों।
शंख नगाड़े बजा बजाकर साथ परिच्छद[818],
नगर भ्रमण हित समारोह में चले खींचते।।

नर नारी आबाल वृद्ध सब पीछे पीछे,
मुष्टि मारकर बाल नोचते बजा तालियाँ।
दुर्वचनों के साथ उपल[819] की वर्षा करते।।

बिना किसी प्रतिकार नगर के वे विशेष थल,
नहीं देख पाया था जिनको गत रजनी में।
अस्त्र शस्त्र आगार यान रथ सैन्य शिविर गढ़,
भली भाँति सब मार्ग आदि का किया निरीक्षण।।

817. सूती कपड़े
818. साथ चलनेवाले व्यक्ति
819. पत्थर

भ्रमण समापन हुआ नगर के प्रमुख चौक में,
हर्षोल्लासित जन समूह था खड़ा घेरकर।
जयजय रावण राक्षसेन्द्र जय तुमुल[820] ध्वनि संग,
एक प्रमुख ने दुरालाप[821] कर आग लगा दी।।

हुई प्रज्जवलित अग्नि निशाचर लगे नाचने,
बाल वृन्द सब फेंक शिलाएँ लगे मारने।
मैंने निज आकार त्वरित ही छोटा करके,
मुक्त किया तन शीघ्र शिथिल सब बंधन करके।।

वृहद रूप धर तीव्र वेग से पूँछ घुमाई,
बज्रपात आघात सदृश खा सुभट असुरगण।
अग्निज्वाल में झुलस गिरे भू उल्टे सीधे,
जन समूह रख पैर शीश पर लटपट भागा।
काल सर्प की भाँति पूँछ से उन्हें समेटा,
जय सीता जय राम बोलकर उछल दुर्ग की।
गगन चूमती एक अटारी पर जा बैठा।।

भस्म सात कर गढ़ विशेष फिर क्रमशः सारे,
वज्रद्रन्ष्ट, सुक, सारण माली औ प्रहस्त के।
सूर्यशत्रु, ध्वजग्रीव, भयानक कुम्भकर्ण के,
मेघनाद प्रासाद आदि का अग्निदाह कर।।

820. उत्तेजित

821. अपमानजनक भाषा

एक सौध से और सौध[822] पर कूद फाँद कर,
अश्व और गज शालाओं में सैन्य शिविर में।
एक विभीषण गृह तज, सारी लंक पुरी थी,
प्रबल प्रभंजन[823] और भयंकर अनल ज्वाल में।।

तुंग[824] श्रृंग पर चढ़कर मैंने दृष्टि घुमाई,
महाप्रलय का दृश्य नगर में दिया दिखाई।
स्वर्ण रजत प्रासाद अनेकों पिघल पिघल कर,
द्वार गवाक्षों[825] से बह बह कर निकल रहे थे।।

रत्न अनेकों अग्नि शिखा संग तड़तड़ उड़ते,
ज्यों तारागण छिन्न भिन्न हो झड़ते आते।
घोर गर्जना साथ अनेकों पर्वत फटते,
शुभ्र जलाशय दुग्ध फेन से उबल बिखरते।।

ज्यों अचला पर ज्वालामाली टूट गिरे हो,
अस्ताचल में अथवा मानों अपन खड़े हों।
अम्बर फटता सा लगता था चित्कारों से,
त्राहि त्राहि थी मची हुई संपूर्ण नगर में।।

822. महल
823. टुकड़ेटुकड़े करना
824. बहुत ऊँचा
825. खिड़कियाँ

सोच रहा था मन ही मन यह भीषण ज्वाला,
धाँय धाँय जो धधक रही है दावानल सी।
किन्तु सुरक्षित मैं कैसे हूँ विस्मय कारी,
निश्चय ही यह कृपा मात की और प्रभु की।
अग्निदेव भी सखा पिता के पितृतुल्य ही,
सखा भाव कर्तव्य निभाकर बने हितैषी।।

अकस्मात सुधि आई माँ की काँप उठा मैं,
कूद उदधि में पूँछ बुझाकर स्वन[826] की गति से।
माँ चिल्लाता सम्मुख उनके ज्यों ही पहुँचा,
कुशल परस्पर देख हृदय में पुलकित दोनों।।
गिरा चरण में माँ कह कर हर्षातिरेक से,
बेटा कह, कर-कमल भाल पर रखा मातृ ने।
कुशल क्षेम पश्चात चरणरज शीश लगाकर,
असुर पुरी का क्रिया कर्म संपूर्ण सुनाया।।

प्रभु चरणों का बल प्रताप यश गाथा गाकर,
धैर्य बँधाकर सकुच हृदय से आज्ञा मांगी।
हा सुत! कह, बस कमलनयन पुट बंद हो गये,
रूक न सका वात्सल्य पुटो का बंधन तोड़ा।
नमित शीश से किया जननि ने आत्मनिवेदन,
है असह्य दयनीय दशा रघुवंश लली की।।

826. ध्वनि /आवाज

आर्यपुत्र अविलम्ब प्रतीक्षारत दासी को,
लखन सहित आ निशाचरों से मुक्त कराएँ।
कहना सुत मम देवर प्रियवर लखनलाल से,
करें क्षमा अपराध घोर जो हुआ भूल से।।

वानरेश औ जामवंत प्रिय अंगदादि से,
मेरा शुभ आशीष सभी को जाकर देना।
इतना कह फिर कमल-लोचना मुख मंडल को,
आँचल से ढंक लगी सिसकने मुझे रूलाया।।

धीरज देकर बिदा हेतु जब खड़ा हुआ मैं,
केशपाश से खोज निकाला शीश फूल को।
कर प्रदान विश्वास हेतु यह चूड़ामणि औ,
अश्रु पोंछ कर नमित शीश पर वरद हस्त रख।
बार बार कर-कमल देह पर फेर फेर कर,
मंगल मय आशीष अनेकों विधि बरसाये।।

वर्णन सुन कर वहाँ उपस्थित कपि समूह के,
राम लखन सुग्रीव आदि के नयन छलकते।
कभी क्रोध से वानर दल गर्जन कर उठता,
रक्त उबलता लगता मुख पर लखनलाल के।
घनीभूत धनु जकड़ भृकुटि पर बल पड़ जाते,
किंतु तुरत लख धीर भ्रातृ को सकुचा जाते।

जननी का आशीष प्राप्त कर अरिष्ट गिरि की,
उच्च शिखर से एक बार फिर लंका देखी।।

भीम गर्जना कर उछला मैं उत्तर दिशि में,
बिना परिश्रम नाथ संदेशा माँ का लाया।।
क्षमा नाथ अब क्यों विलम्ब कर समय गवाएँ,
शीघ्र आक्रमण कर माता को मुक्त कराएँ।।

पुलकित होकर गिरे पवनसुत पद्म पाद पर,
हुआ सफल कह इन चरणों के ही प्रताप से।
उठा राम ने लगा हृदय से कहा पवन सुत,
किया कार्य वह तुमने, जो है कठिन सुरों को।।

हुआ न तुमसा अखिल विश्व में और न होगा,
ऋणी तुम्हारा सदा सदा रघुवंश रहेगा।।

❄❄❄❄❄❄

आराध्य पूजन

धर चिबुक[827] धनु कोटि पर, दृष्टी थमा जलराशि पर,
शान्त स्थिर धीर किन्तु सोच में थे धनुर्द्धर।
सैन्य सागर तीर पर है महासागर सामने,
कौन पाता पार लख, तोला बलाबल राम ने।।

है अखिल ब्रह्माण्ड के, कणकण समाया ब्रह्म जब,
ब्रह्म के ही अंश हम, हैं ब्रह्म के समतुल्य तब।
सृष्टि में व्यवधान अगणित, प्राकृतिक बाधा अगम,
किन्तु मेधावी मनुज, क्या कर नहीं सकता सुगम।।

मानता हूँ सृष्टि के यदि, मर्म शिशु के खेल होते,
तो न जीवन ग्रह तलों पर ज्ञान लेकर ही उपजते।
भेद सारे निहित हैं बस, सर्वशक्ति मान में,
पार पाता है वही, यदि शक्ति बुद्धिमान में।।

827. ठोड़ी

सोच यों सब युथग गण से, की अनेकों मंत्रणा,
है नहीं अन्यच्च युक्ति, सिन्धु बन्धन के बिना।
नील-नल ने की तुरत, अभियांत्रिकी अन्वेषणा,
था कठिन गर्मस्थगिरि[828] तक,सेतु दृढ़तर बाँधना।।

किन्तु आशा से भरे सब ऋक्ष कपि हुँकार कर,
जुट गये एकत्र करने, उपकरण निज शक्ति भर।
शाल, अर्जुन, ताल, तरूवर शैल प्रस्तर ला धरे,
यंत्रियों ने अवतरण कर, दक्षिणार्णव[829] में भरे।।

कर अथक श्रम अकथ बन्धन, पूर्णता जब पा गया,
राम का पुलकित हृदय, मित्रत्व ऋण से भर गया।
वीरवर ने सैन्य को, सम्बोध कर,तब यों कहा,
देव दुर्लभ कृत्य अनुपम, है किया तुमने महा।।

वीर ही संसार में यश प्राप्त करते हैं सदा,
शौर्यता ही शूर की, होती अमोलक संपदा।
वीर यह भी जानता है, कर्म क्या है धर्म क्या?
धर्म के विपरीत कृत है, सर्वदा ही नीचता।।

828. सुबेल पर्वत
829. दक्षिण सागर

वीर से ही भूमि पर, होती सतत् समृद्धि है,
ज्ञान गरिमा औ मधुरिमा, की फहरती कीर्ति है।
बाँधकर यह अगम सिंधु, जो दिखाई वीरता,
कर्म के ही साथ दिखती, विविधता में एकता।।

है अभी जो कार्य दुस्तर, वह न केवल बल प्रदर्शन,
और न यह लक्ष अंतिम, निशिचरों से सिय विमोचन[830]।।

ध्येय मेरा एक है, हो धर्म की स्थापना,
और अत्याचार की, संसार से उन्मूलना।
यह तभी संभव, यथोचित, ज्ञान के संग शक्ति हो,
शक्ति भी सत्धर्म हित औ, इष्ट की भी भक्ति हो।।

है प्रयोजन हम करें, आराध्य की प्रस्थापना,
धर्म की जय हेतु विधिवत, हम करें आराधना।।

अग्नि, जल, पृथ्वी, गगन, मन, बुद्धि, वायु, अंहकार,
है प्रकृति से अष्ट रूपी, किन्तु फिर भी निरंकार।।
विश्वगुरू जो स्वयंभू, सत्यम् शिवम् अति,सुंदरम्,
ब्रह्म जो अद्वेत है, बस है वही रामेश्वरम् ।।

830. सीता को मुक्त करना

देव की पावन प्रतिष्ठा, चाहता शास्त्रोक्त हो,
अर्चना जो भी कराये, वेद विधि में दक्ष हो।
ऋषि गणों के पास भेजो, दूत ले यह प्रार्थना,
राम ने भेजा निमंत्रण, कर चरण में वंदना।।

भेज चहुँदिशि दूत, वानर राज चरणों में झुके,
शब्द मुक्ता जो चढ़ाये, भक्ति रस में थे पगे।
नाथ! तव आराध्य शंकर, जो बिना आकार हैं,
हम सभी के इष्ट किन्तु, राम जो साकार हैं।।

मुस्कुराये राम सुन, उर से लगा कपिराज को,
हे सखे! तुम पर निछावर, सृष्टि के साम्राज्य को।
इष्टता का तेज भरकर, मित्रता के दीप में,
बन गये दृष्टांत उज्जवल, स्वातिसुत ज्यों सीप में।।

लीन चर्चा में तभी, कुछ आ पड़ा व्यवधान सा,
आ रहा दक्षिण गगन से, जगमगाता यान सा।
अवतरित आकर हुआ, जब यान सागर तीर पर,
आ गये वानर अनेकों, किलकिलाते घेरकर।।

राम ने सुग्रीव, अंगद, मरूत नंदन से कहा,
कौन है? यदि नम्र हो, सादर उसे लाओ यहाँ।
घात में आया किसी, अथवा कहीं दुर्भाव से,
दुष्टता का पाठ दे, वापिस करो नभनाव से।।

सुन अनुज्ञा गये तीनों, व्योमरथ के ठौर पर,
देख आगन्तुक इन्हें नभयान से आया उतर।
नम्रता से वंदना कर, यों किया उनसे निवेदन,
हूँ अनुज लंकेश का औ नाम मेरा है विभीषन।।

ज्ञान पवनज ने दिया, सुग्रीव वानर राज का,
प्रेम से पुलकित हुआ मन, सुन निशाचर राज का।
हे कपिश्वर! शुद्ध मन से, भक्तिवश आया शरण,
क्या करेंगें नीच कुल के, भक्त का प्रभुजी वरण ?

सूर्यसुत बोले शरणगत, जो हुआ भगवान के,
कोई हो स्वीकारते, प्रभु अंतरंगी मान के।
आ निवेदन राम से, सुग्रीव ने ज्योंही किया,
उठ विभीषण का तुरत, श्री राम ने स्वागत किया।।

गिर चरण लंकेश भ्राता ने, भिगोये अश्रु से,
प्रेम मिश्रित बिंदु टपके, राम के भी चक्षु से।
दे कुश-आसन पास ही, रघुनाथ ने बैठा लिया,
है कुशलता, कष्ट प्रिय कारण बताओ क्यों किया।।

नाथ! पूर्व जन्म के, कुछ घोरतम ही पाप थे,
या कि मेरी अधमता पर गुरूजनों के श्राप थे।
जन्म ही मम इसलिये तो, वंश दुर्जन में मिला,
किन्तु प्रभु की अतिकृपा से, पुण्यदर्शन का मिला।।

मातु सीता का हरण, सुन स्वांत[831] हाहाकार से,
या दुखित लंकेश के इस घोर अत्याचार से।
रक्तपों के बीच उद्यम, मैं न कुछ भी कर सका,
आस प्रभु के आगमन की, ही संजोए रख सका।।

दुष्प्रवत्ति में ग्रसित रावण, अत्यधिक नीच है,
औ कुमार्गी घोर पातक, मंत्रियों के बीच है।
सीख मैंने दी परन्तु, मूढ़ हठवश है अटल,
ज्ञान के उपदेश मेरे, हो गये सारे विफल।।

दीनबन्धु की शरण अब, देव! आज्ञा दीजिए,
कर सकूँ सेवा तनिक भी, यों अनुग्रह कीजिए।
बन्धु! कृतकृत् सुन हुआ,मैं आत्म में परितोष[832] है,
दूँ तुम्हे प्रतिदान क्या? मन में बड़ा संकोच है।।

वन्य जीवन में सहायी[833], वन्य के ये जीव हैं,
गोत्र से कपि ऋक्ष किन्तु शक्ति में बलसींव हैं।
क्यों यहाँ आया अकिंचन[834], ज्ञात तुमको ध्येय है,
सैन्य लाने का यहाँ, मम मित्र को ही श्रेय है।।

831. हृदय
832. संतोष /संतुष्टि
833. साथी/सहचर
834. गरीब/बेचारा

है नहीं कुछ लालसा, मन में न कोई लोभ है,
प्रियतमा के छोह से, व्याकुल हृदय में क्षोभ है।
मैं नहीं साम्राज्यवादी राज्य की सीमा बढ़े,
या कि लंका की विजय से कोष, गौरव ही मिले।।

हो नृपति या अन्य जन, रघुवंश की यह आन है,
रिक्त जा सकता नहीं, पाता उचित सम्मान है।
तुच्छ सा अंतः करण में, अंतरित[835] संकल्प है,
क्षार सागर तीर पर, ना अन्य कुछ ही कल्प[836] है।।

सिंधु जल ले राम ने, सिंचित विभीषण को किया,
स्वर्णपुर का राज्य सारा, दैत्य बंधु को दिया।
अबुंपति[837] का शून्य तल, गूँजा तुमुल जय कार से,
नव नृपति गदगद हुआ, पा इस अचीते भार से।।

आ गये मुनिवृंद तब तक, जो बुलाये राम ने,
उठ चरण की धूलि ली, रघुनाथ शोभा धाम ने।
उच्च आसन पर बिठा, करबद्ध सम्मुख बैठकर,
की विनय पावनजनों से, भावना निज व्यक्त कर।।

835. छुपा हुआ/अदृश्य
836. संभव
837. वरूण/जल देवता

शुभ वचन कह, सोचकर, बोले तपस्वी राम से,
हे सुव्रत ! अनभिज्ञ हैं, हम कर्मकाण्डी ज्ञान से।
है महा पंडित न भू पर, लंकपति सा अन्य जो,
वेद विधि से अर्चना, करवा सके औ त्रुटि न हो।।

राम ने मंतव्य सुन, दृग बंदकर कुछ मनन कर,
सत्य है भूसुर वचन,बोले कि कैसे हो सुकर[838] ?
ऋक्षपति ने कहा प्रभुवर, विनय मेरी मानिये,
पत्र लिख लंकेश को, सादर निमंत्रित कीजिए।।

संशयित सुग्रीव बोले, आ गया रावण कहीं?
सैन्य में विध्वंस करने, यज्ञ में पूजन नहीं।
राम ने हँस कर कहा, चिंता न कपिवर कीजिए,
पत्र लिखने के लिये,मसि लेखनी ला दीजिए।।

दे रहा हूँ मैं निमंत्रण,शत्रु रावण को नहीं,
किंतु जो आचार्य रावण,वह अपावन है नहीं।
है प्रयोजन नीति का,रावण यहाँ यदि आएगा,
निज दृगो से सेतु बंधन,शक्ति भी लख पाएगा।
पत्रवाहक लक्ष्मण, अंगद, पवन सुत जाएंगे,
गुरू सदृश लंकेश को, ये पत्रिका पहुँचाएंगे।।

838. संभव/सुगम

कर्म से वह है निशाचर, जन्म से वह ब्रह्म है,
धर्म से च्युत है परन्तु, धर्म में निर्दम्भ[839] है।
कह अनुज से तात! किंचित रोष में आना नहीं,
मान या अपमान में भी, धैर्य बिसराना नहीं।।

नीति के बहु गुण बताये और देकर पत्रिका,
अंजनी सुत से कहा, प्रिय ध्यान रख सौमित्र का।
ज्यों बने अनुनय विनय से, लंकपति को मान से,
लाव विधि से हो प्रतिष्ठा, रूद्र की विद्वान से।।

पत्र के संग चरण रज ले,बालिसुत पवनज सहित,
चल दिये रघुनंदनानुज,सेतु पर वाहन रहित।।

❄❄❄❄❄❄

लंकपुरी की डगर डगर में हलचल भारी,
आशंका से भरे विशादित थे नरनारी।
थी आपत्कालीन परिस्थिति निशाचरों की,
डींग गूँजती रह रहकर थी रणधीरों की।
राजसभा में बैठा रावण खिन्न हृदय था,
सेतू बंधन और विभीषण मुख्य विषय था।
मनोवृती के जटिल जाल में खोया खोया,
भग्न हुआ सा लगता सुदर स्वप्न सँजोया।।

839. बिना ढोंग के

सोच रहा था महा मृत्युंजय का अनुचर मैं,
सार्वभौम लंका पति रावण अजर अमर मैं।
बल विक्रम से सप्त द्वीप का बना विजेता,
भ्रू[840] इंगित पर, जिसके है यमराजा नचता।।

दसों दिशा के लोक पाल हैं शीश झुकाते,
इन्द्र, वरूण, धनराज, आदि हैं सेवा करते।
स्वर्णिम नगरी देख देख कर स्वर्ग लजाता,
दिग्विजयी की बंकिम भ्रू से जग भय खाता।।

कुम्भकर्ण सा भाई जिसका काल क्रूर है,
मेघनाद सा भूमंडल पर नहीं शूर है।
निजबाहों से हिमगिरि तक को हिला सका था,
फिर क्यों लगता कायर सा मन थका थका सा।।

शूर्पणखा के कारण ही यह कलह हुआ है,
लंक पुरी में जिसके कारण प्रलय हुआ है।
जिसके कारण हुए विनाशित प्रिय खर दूषण,
मारे गये व्यर्थ में अगणित वीर विभूषण।।

840. भौंह

कूट कूट कर प्रतिशोधन का भाव भरा था,
इसीलिये तो रिपुनारी का हरण किया था।
ठुकराई हा ! प्रिय पत्नी की करूण याचना,
और अनुज को क्रोधावश ही दी प्रतारणा।।

किंतु तनिक भी नहीं ज्ञान था वह प्रिय दर्शन,
आह ! विभीषण हुआ आज कुलध्वंसी भीषण।
सुना राम ने समारोह कर उस लंपट का,
किया तिलक, कर क्रयविक्रय सीता लंका का।।

बनवासी का ज्ञान ! हँसी उस पर है आती,
किन्तु न जाने अदृश कौन सी चिन्ता खाती।
और सुना है राम कटक ने अतिशय दुष्कर,
किया असंभव को भी संभव सेतू रचकर।।

अरे मनुष्यों में भी ऐसा शक्तिशाली,
जगज्जयी की निद्रा जिसने है मथ डाली।
कार्तवीर्य औ बाली ने मम अहम् उतारा,
श्वेत द्वीप की सुंदरियों से भी था हारा।।

नहीं जुगुप्सा[841] लेश मात्र भी जग में छाई,
क्योंकि हुई थी अन्य भूमि पर क्षुद्र लड़ाई।
अब होगा यह युद्ध भयंकर लंका भू पर,
रिपुदल में वनवासी होंगे मानव वानर।।

यद्यपि निशदिन भक्षण इनका निशचर करते,
दैत्यराज को देख भयातुर हो गिर मरते।
वही खड़े हैं युद्ध हेतु सीमा पर तत्पर,
सैन्य सहित आ सप्तद्वीपपति की छातीपर।।

कहते हैं कि ब्रह्म स्वयं ही रूप बदलकर,
राघव बनकर पाप मिटाने आये भू पर।
सुनकर मन में शंका और कुशंका होती,
होते यदि अवतार तो ऐसी दुर्गति होती ?

सचमुच ही जो परम शक्ति ही मानव तन में,
लीला रचने विचर रही यों निर्जन वन में।
तो मुझको भी किसी शक्ति ने भेजा भू पर,
भले निशाचर, सार्वभौम लंकेश बनाकर।।

841. नापसंद करना / निगाह फेर लेना

एक सूत्र में बाँध रहा मैं जन जीवन को,
भेद रहित पहचाने केवल अपनेपन को।
पाप पुण्य का रचता रहता जो आडम्बर,
मुकुट नहीं वह धारण करता है चर्माम्बर।।

अब यदि सीता को लौटा दूँ मैं भय खाकर,
जगती का इतिहास कहेगा रावण कायर।
हुए अभी तक पृथ्वीतल पर जो आयोधन[842],
निजकुल का अस्तित्व रहे, था मात्र प्रयोजन।।

संप्रति[843] यह संग्राम नीति निर्धारक होगा,
रक्षस कुल की संस्कृति का निर्णायक होगा।
दिग्विजयी रावण ही रण से यदि डिग जाए,
क्लीव[844] कलंकी बन जग में क्या हँसी कराए।।

पाता हूँ यदि वीरगति अवतारी द्वारा,
या अवतारी दैत्यराज से जाता मारा।
तो क्रमशः मैं सहज मुक्ति ही पा जाता हूँ,
या त्रिभुवन में उच्च प्रतिष्ठित पद पाता हूँ।।

842. युद्ध/लडाई
843. अब/अभी
844. नपुंसक/नामर्द

अतः लाभ है रावण को तो उभय रीति से,
फिर भी चिंतित मन विचलित है प्राणप्रीति से।
उहापोह में कभी घेरती घोर निराशा,
अहंकार वश बँधती मन कुछ उज्जवल आशा।
था अधीर लंकेश दैत्य पति स्वेच्छाचारी,
लक्ष्मण का संदेश तभी लाया प्रतिहारी[845]।।

विस्मय से स्तब्ध और फिर संयत होकर,
मेघनाद से कहा उन्हें ले आओ सादर।
सभा भवन में विनम्रता से तीनों आए,
मंत्रीगण ने अभिवादन हित शीश झुकाए।।

बजरंगी को देख हृदय थे लगे धड़कने,
वनराजा को देख तुरग[846] ज्यों लगे भड़कने।
हनुमान की जहाँ कहीं दृष्टि उठ जाती,
महा धुरंधर वीरों की नानी मर जाती।।

किया नमन सौमित्र आदि ने लंका पति को,
प्रतिवंदन कर कंचन आसन दिये अतिथि को।
चरम सूर्य सा तेजस्वी अहीश का आनन,
ठगा ठगा सा रहा देखता अपलक रावण।।

845. द्वारपाल
846. अश्व /घोडा

त्रैमातुर[847] ने दैत्यराज को तीक्ष्ण नयन से,
देखा, पर वे सहम गये फिर भ्रातृ वचन से।
बालि तनय ने सभा भवन में दृष्टि घुमाकर,
देखा सारा अतुलित वैभव स्वप्न समझ कर।।

पाती देकर प्रणत वदन हो बोले लक्ष्मण,
स्वीकारें श्रद्धेय ! भ्रातृ का नेह निमंत्रण।
उत्सुकता वश वाम हस्त से लंकराज ने,
ग्रहण पत्रिका कर, मन ही मन लगा बाँचने।।

हुई गहन गंभीर मुखाकृति, कहा सोचकर,
स्वजनों से कर परामर्श कल दूँगा उत्तर।
तब तक हे सौमित्र! करें विश्राम ठहर कर,
करें अनुग्रह हम सब पर आतिथ्य ग्रहण कर।।

मेघनाद से कहा पुत्र प्राधुर्ण[848] हमारे,
मान सहित ये संरक्षण में रहें तुम्हारे।
जो आज्ञा कह शीश नवाकर दशआनन को,
इन्द्रजीत के साथ गये सब श्रांति भवन को।।

847. लक्ष्मण
848. अतिथि

राजभवन के एक कक्ष में, मंत्री मंडल था आसीन,
मयतनया संग रावण बैठा गहन विचारों में तल्लीन।
कहा मदौवे[849] ने हे प्रियतम, मेरी सुनलो करूण पुकार,
नहीं राम हैं केवल मानव, निखिल सृष्टि के हैं आधार।।

वन्दनीय वे परम पुरूष हैं, श्रेष्ठ श्रेष्ठतम हैं रघुवंश,
रामरूप में स्वयं ब्रह्म ही, सूर्यवंश के हैं अवतंश[850]।
वेदकार होकर भी स्वामी, नहीं ब्रह्म को पहिचाना,
अंत समय में हठवश केवल, रह जाएगा पछताना।।

अप्रत्याशित ही देखो तो, कैसा शुभ अवसर पाया,
इसी बहाने भेज निमंत्रण, तुम्हें राम ने बुलवाया।
यही समय है वैदेही को, सौपों रख मन श्रद्धाभक्ति,
क्षमासहित वे शरण गहेंगें प्रगट करेंगें अति अनुरक्ति[851]।।

कहीं इसे अपमान समझते, तो भी जग में होगा मान,
सुखी करेगा क्षत्रियकुल को, रक्षसकुल का भी कल्याण।।
अधिक कहूँ क्या तुम्हें ज्ञात है, वज्रमणि की कामुकता,
लोकलाज कुल पात्र भुलाकर, रही सदा से कामवृता।।

849. मंदोदरी

850. मुकुट

851. स्नेह/निष्ठा/लगाव

फल पाया है उसने वैसा, जैसा उसका था दुष्कर्म,
इस हेतु अपहरण नारी का नहीं वीर कृत या सत्धर्म।
भूल हमारी ही अपनी है, उनसे कैसा यह प्रतिशोध,
अपनी मुद्रा ही सदोष जब और अन्य को क्या दें दोष।।

महानृपति के सम्मुख मैं हूँ, नारी मंद बुद्धि अज्ञान,
अपढ़ निरक्षर दे सकती क्या महाविदुष को सम्यक ज्ञान।
शुभ कर्मों में अर्धान्गिन भी, पाती समुचित है सम्मान,
नहीं सफल होते बिन पत्नी, मंगलकारक यज्ञ विधान।।

महायज्ञ है सिया समर्पण, महापुण्य होगा यह दान,
महाकाल की मिटा योजना, महामृत्युंजय करो वितान।
चरण पकड़ कर भीख मांगती, विनती सुन लो मेरी नाथ,
लोक और परलोक बना लो अमिट करो मेरा अहिवात[852]।।

रावण बोला प्राणप्रिये, रिपु पर क्यों यह करूणा भाव,
सार्वभौम की साम्राज्ञी का, कायरता सा यह बरताव।
नारी को अबला की संज्ञा इसीलिये दी सोच विचार,
आदिकाल से इस अवगुण में हुआ न अबतक कोई सुधार।।

852. सौभाग्य/सुहाग

दया दिखाना क्लीव[853] कर्म है, दृढ़ता है वीरों का धर्म,
मन मोदक है नारी केवल, वह क्या जाने शासन मर्म।
सुनी सुनाई राम गल्प पर, इतनी क्यों हैं आशंका,
नहीं राम को मिला आजतक, रावण जैसा रणबंका[854]।।

प्रश्न अभी तो आमन्त्रण पर, करना हमको सोचविचार,
इष्ट देव के स्थापन का सौंपा मुझपर ऋत्विज[855] भार।
मेघनाद ने कहा मुझे कुछ, कूटनीति की आती गंघ,
यज्ञ कराने मिस[856] बुलवाकर, बंधक रखने का छलछंद।।

नहीं पुत्र यह बात नहीं है, राम धर्म का है आगार,
नीतिवान वह नहीं रखेगा मनमें अघ[857] अभिसंघ[858] विकार।
स्वीकारूँ आव्हान राम का, हुआ धर्मसंकट से बाध्य,
योगेश्वर कल्मांश[859] कंठ शिव, मेरे भी तो हैं आराध्य।।

कहा अभी जो प्राण प्रिया ने, बिन पत्नी के यज्ञ विधान,
नहीं पूर्ण होते हैं इसका, बिसर गया था मुझको ज्ञान।
चिंतित हूँ मैं इसी विषय पर, बार बार खा मर्माघात,
यजन[860] हेतु अब सीता को भी, जाना होगा मेरे साथ।।

853. नपुंसक/नामर्द
854. योद्धा
855. पुजारी/पुरोहित
856. बहाना
857. अशुभ/बुरा
858. विपत्ति/आपदा
859. काला, सफेद/शिव कारूप
860. यज्ञ

देख उसे आहर्ता के संग, रिपु का होगा क्या व्यवहार,
हो सकता है जोरा जोरी, करना चाहे वह अधिकार।
नहीं कोई दुष्चिन्ता इसकी, अथवा होगा क्या परिणाम,
भूमण्डल पर रावण होगा, या फिर होंगे सीताराम।।

शंका केवल इतनी ही है, दीर्घ प्रतिक्षा के पश्चात,
मिलकर क्या वह सह पाएगी, फिर विछोह का वज्राघात।
हुई दिवंगत यों सीता तो, इससे होगा महा अनर्थ,
बिना अर्थ के समर विजय का सारा श्रम जाएगा व्यर्थ।।

महामात्य ने कहा नाथ यदि, यह संकल्प सुनिश्चित है,
तो एकाकी बिना कटक[861] के, जाना नहीं सुरक्षित है।
रावण बोला नहीं मंत्रिवर , यज्ञ कर्म में सेना साथ,
उचित नहीं है, संग हैं मेरे इष्ट देव जब त्रिभुवननाथ।।

इतना कह वह उठा सभा से, मेघनाद को दे आदेश,
ले आओ जा राम.अनुज को, उनको दूँ संदेश विशेष।
कहा प्रिया से निश्चित होगा, तव इच्छा का भी सम्मान,
याचक बनकर कहीं राम ने, माँगा वैदेही का दान।।

861. सेना/फौज

पद्मपाणि[862] ने केशर तंतू , भुवन कोष में बिखराये,
इन्दुजनक[863] ने हिल्लोलित[864] हो उल्लोलों[865] में लिपटाये।
अंबर और अवनि का प्रांतर[866] अरूणिम मादक रंगों में,
सराबोर हो गया, थिरक सी उठी प्रकृति के अंगो में।।

देख मनोहर रूप चंचुभृत[867] गाने लगे प्रशस्तीगान,
भाँति भाँति के वत्स चतुष्पद, भरने लगे चौकड़ी तान।
प्रकृति नटी की रूप माधुरी, लगी उड़ाने मोहक गंध,
वसुन्धरा की मधुविद्या में ध्यानस्थित हैं ऋषि मुनि वृंद।।

सागर तट पर बना हुआ है, यज्ञस्थल विस्तीर्ण विशाल,
रम्यरूप को देख चकित थे कंदसार[868] के भी प्रतिपाल[869]।
रंभाफल स्तंभ चतुर्दिक, आम्र पल्लवी बंदनवार,
तना चँदोवा था मंडप का, लेकर पुष्प दलों का भार।।

लता मंजरी पटल डले थे यज्ञ थली के चारों ओर,
मुख्यद्वार था इन्द्रधनुष सा, रक्त कमल थे दोनों छोर।
रंग बिरंगी पखुरियों से, मंगल कारक छबिअंकन,
शंख,चक्र,श्रीकलश,कल्पतरू,मीन,मयुर गज गौनंदन।।

862. ब्रह्मा की उपाधि
863. समुद्र
864. तीव्र आवेश /तरंगित
865. ऊँची लहरें
866. लंबी राह
867. पक्षी
868. इन्द्र का बाग
869. द्वारपाल

चैत्यधाम[870] के मध्य सुमंडित[871], शंख सीपयुत वेदी एक,
सप्तसिंधु औ सप्तसरित जल, कुंभ भरे थे धरे अनेक।
सजा धजा था उच्चस्थल पर, बाघंबर का सिंहासन,
मंजुल कोमल भाँति भाँति के, बिछे हुए थे चर्मासन।।

सप्त धान्य, सर्वोषधि, समिधा[872], विटपआभरण[873] पंचप्रकार,
सप्तमृत्तिका[874] यव[875] अंकुर औ, हवि सामग्री के भंडार।
कमल केल के पत्रों पर थे, मधुरिम फल ऋतु के अनुकूल,
श्रीफल अक्षत, पूग[876],हरिद्रा, दूर्वासुमनस् स्त्रक[877] तांबूल[878]।

स्वर्ण, रजत के थाल भरे थे, दुर्लभ रत्नों से आपूर,
पाटंबर कोशेय, रोम पर, वस्त्र आदि भी थे भरपूर।
प्रतिपादन[879] हित लक्ष लक्ष, अति हृष्ट पुष्ट थीं कल्याणी[880]
करें कहाँ तक वर्णन कवि जब थकी स्वयं वीणापाणी[881]।।

870. पूजास्थल
871. सुसज्जित
872. यज्ञ हेतु लकड़ी आदि
873. पत्ते
874. मिट्टी
875. जौ
876. सुपारी
877. फूलमाला
878. पान
879. भेंट उपहार
880. गौ
881. सरस्वती

गुरू प्रतीक्षा में थे राघव, अर्घ्य पात्र भर गंगा सार,
पुष्पांजलि युत खड़े महीसुर, वानरेश ले राजिव हार।
दूर गगन में लगा टिमकता दीर्घकाय हो ज्यों खद्योत[882],
पलक झपकते आ पहुँचा लो बिखर गया चहुँदिशि प्रद्योत[883]।।

लख अवाक रह गये कपीगण, दीप्तोपल[884] सा पुष्पक यान,
रत्नाकर औ रत्नवती के, सिमिट खड़े हों मानो प्राण।
तिमितनया[885] ने अभी प्रसव कर उपजाया क्या स्वाती बिंदु,
चिर वियोग पश्चात जनक से आया मिलने या पूर्णेंदु[886]।।

अरे! मध्य में नीलांजन [887] सा सचमुच ही तो है मृगअंक[888],
अहा! साथ ही भगिनी लक्ष्मी को भी लाया सुधा मयंक।
हुआ दूर भ्रम यान मध्य में, हिली डुलीं जब आकृतियाँ,
लंकराज के पीछे श्रोत्री[889] और रूपसी कामनियाँ।।

882. जुगनु
883. प्रकाश/चमक
884. सूरज मणि
885. सीप (समुद्र पुत्री)
886. पूर्ण चंद्रमा
887. श्वेत नील धातु
888. चंद्रमा
889. विद्वान/वेदों में पारंगत

रक्तवर्ण कोशेय वस्त्र से आवेष्टित कटि तक लंकेश,
पिंगलवर्णी[890] उत्तरीय से, ढँका हुआ था वक्ष प्रदेश।
त्रिपुन्ड धारी वृहद् भाल था, कज्जल[891] केशों के गुच्छे,
घनी घनी भ्रू कुटिल मूँछ से मिले हुए थे गल मुच्छे।।

रत्न जटित रूद्राक्ष माल भी, पड़ी सुदृढ़ अति ग्रीवा में,
माँस पेशियाँ बाँध रखीं थीं, भुज बन्धों ने सीमा में।
दमक दमक उठते थे सहसा, रत्निम कुंडल कर्णों में,
मलयदारू की उत्कीर्णित सी, पड़ी पादुका चरणों में।।

शुभ्र धवल यज्ञोपवीत से, घिरा हुआ लगता था अंग,
शांत किया ज्यों हिमसरिता ने जीवित ज्वालामुखी का श्रंग[892]।
वाम कंध पर तीक्ष्ण परशु था लिये श्रुवा[893] दक्षिण कर में,
शौर्य भरा रस कांतिमान तन हास्य रेख अधराधर में।।

अहंकार विद्वेष आदि का लंका ही में कर परिहार्य,
आ पहुँचा ज्यों यज्ञ कार्यहित, दैत्य गुरू ही शुक्राचार्य।
अप्सरियों के मध्य क्षीण तनु, त्रिभुवन की श्री ले अवतार,
कमलासन पर बैठी प्रतिमा, सी प्रतिबिंबा ही साकार।

890. लाल भूरा
891. काली घटाओं जैसे काले
892. शिखर/चोटी
893. हवन हेतु लकडी का चम्मच

अनल[894]हृदय में,अंबु[895]नयन में,अधरपुटों में अनिल[896]भरा,
नीलाम्बर परिधान धारकर, आ पहुँची क्या वसुंधरा।
पंचतत्व का अदभुत मिश्रण, जन जन का है आकर्षण,
इन्हें देखकर हो जाते हैं, अखिल विश्व के ही दर्शन।

हुए चमत्कृत राघव, देखी रावण के संग प्रिया सिया,
नयन तरेरे तुरत राम ने, देख लखन की प्रतिक्रिया।
परिचय देकर मात सिया का, पवन पुत्र ने छुए चरण,
जाम्बवन्त सुग्रीव लखन सब गिरे भूमि पर किया नमन।।

रोर मचाने लगे प्लवंगम[897], क्रोधावश भर भर हुँकार,
राघवेन्द्र गम्भीर घोष कर, बोले गुरूजन की जयकार।
चहूँ ओर से कपि ऋक्षों का, गूँज उठा भीषण निर्घोष[898],
जय रावण आचार्य, जयति जय रामसिया, जय आशुतोष।।

अर्घ्यदान रघुनंदन ने, स्त्रक्[899] रविनंदन[900] ने पहिनाई,
स्वस्ति वचन कह महीसुरों ने, पुष्पांजलियाँ बरसाई।
क्षेम कुशलता पूछ परस्पर, कहा राम ने हे! आचार्य,
यज्ञ थली में चलें पधारे, पूर्ण करायें मंगल कार्य।।

---

894. अग्नि
895. जल/पानी
896. वायु
897. वानर
898. गर्जना/तेज आवाज
899. फूलमाला
900. सुग्रीव

रावण ने देखा राघव का रूप, अलौकिक तेजस्वी,
श्यामल घन में दमक रहा ज्यों उषाकाल का बाल रवी।
कृष्ण मसृण[901] चर्माम्बर आवृत, केहरि सा था कटि प्रदेश,
जटाजूट घुंघराले कुंतल, लगते सहस फणों सहशेष।
पीत रंग के व्रतवंधन से रोचित होता श्यामल गात,
भाद्रपदा में कभी कभी जब खिल उठता है स्वर्ण प्रभात।।

हरिचंदन[902] का तिलक भाल पर, मध्य भाग में श्री संधी,
नीलकमल की केशर में ज्यों, रक्तिम तितली हो बंदी।
सुदृढ़ कंध कोदंड[903] विमंडित[904] तीक्ष्ण फलक से भरा निषंग[905],
धर पिनाक क्या खड़े सामने, इष्टत्रिषुक्[906] दंडी सारंग।।

देख कनखियों से सीता ने, श्री चरणों में नमन किया,
चिर विरहिन के तृषित नयन ने, प्रेमाश्रु का पान किया।
मन ही मन आराध्य देव के, अंतर्मन की दशा लखी,
जगदम्बा में ध्यानस्थित हो, बरबस रोदन रोक सकी।।

901. नरम
902. केसर
903. धनुष
904. सुसज्जित
905. तूणीर/तरकश
906. जिसकी प्रभा स्वर्ग /अंतरिक्ष औ पृथ्वी पर फैली हो

परमप्रिया की करूण दशा लख, अंतःज्वाला धधक उठी,
क्रोध विजेता के सम्मुख पर खड़ी पराजित थी कुमती।
लाये हैं आचार्य इन्हे क्यों, सोच रहे थे मन ही मन,
क्षमा याचना सहित कदाचित, करें सिया को वे अर्पन।
सारा ही समुदाय लीन यों, मखशाला[907] की ओर चला,
रावण था स्तब्ध देखकर, मंडप की निर्माण कला।।

धनुष कोटि से सागर तल पर, दृष्टि जहाँ तक जाती थी,
सुदृढ़सेतु की रचना लख बुद्धि विचलित हो जाती थी।
भीम भयंकर कपि ऋक्षों के झुण्ड तीर पर अटे पड़े,
एक एक से बढकर मानो शैलों के अंबार खड़े।।

देख अटंबर[908] विपुल शक्ति का, छाया भय मन रावण के,
भाव प्रदर्शन हुआ न फिर भी मुखमंडल पर ब्राह्मण के।
विधिवत पूजन हो ताकि, कर दिव्यासन पर बैठाया,
रावण ने फिर राघव सीता, का गठबंधन करवाया।।

शुभ संकल्प राम से करवा, पूछा कौन मनोरथ से,
यज्ञ कराना चाह रहे हैं, वैदिक याज्ञिक समरथ से।
करूँ धर्म स्थापन भूपर, रघुकुल की जो शिक्षा है,
प्राणवल्लभा[909] मुक्त कराऊँ, केवल इतनी इच्छा है।।

907. यज्ञ मंडप
908. अम्बार/जमावडा
909. प्राणों से प्यारी

सुनकर दमक उठा मुखमंडल, फूट पड़ी अंतर की ज्वाल,
धर्मकर्म में किंतु असुर का, अंतस्थल था महाविशाल।
कहा तथास्तु निर्मल मन से, विधिपूर्वक करवाया यज्ञ,
शुद्धोच्चारण मंत्रो का थे, करते श्रोत्री[910] सभी सुविज्ञ।।

रेवातट से प्राप्त करी जो, पिण्डी भव्य कुलेश्वर की,
की स्थापित कर प्रतिमा में, प्राण प्रतिष्ठा शंकर की।
गुरूवर ने आदेश दिया अब, करें इष्ट का सुमचित ध्यान,
ध्यानस्थित हो भक्तिभाव से, किया राम ने स्तुतिगान।।

"जय शिवशंकर जय अखिलेश्वर,
जय धूर्जटि जय मुंडमाली।
जय भूतेश्वर जय योगेश्वर,
जय जय शूलि जटामाली।।

डम डम डमरू नाद विमंडित,
कल कल गंगा के धारी।
विषम नयन से धधक रहा है,
तव ललाट हे त्रिपुरारी।।

910. विद्वान

कटि बाघम्बर, शेष दिगम्बर,
विषधर कंकाली माला।
प्रलयंकर के अंग अंग से,
धक्धक् करती है ज्वाला।।

वृषभ केतु हे! मदन विमर्दक,
भस्मासुर को भस्म किया।
सुरमन रंजन, भव भय भंजन,
भस्मांगी ने गरल पिया।।

फणधर की मणियों से पिंगल,
प्रभा दमकती दसों दिशा।
कालनाथ प्रिय महामृत्युंजय,
भय खाती है काल निशा।।

दिग् विराट है रूप तुम्हारा,
फिर भी निपट निरंकारी।
गणनायक कल्मांश कंठ तुम,
सर्जक भी हो संहारी।।

बाल चन्द्र तव शीश विराजत,
गिरिजा निशदिन वामाँगी।
कैलाशी जय अपराजित जय,
नमो नमो जय अर्धांगी।।

नव विकसित से नील कमल सा,
कण्ठ देश हो लिये हुए।
देवों की मस्तक धूली से,
धूल धूसरित चरण हुए।।

जगदम्बा के कला कमल,
मकरन्द स्त्रोत का करते पान।
महा भयंकर ताडंव करते,
कभी लास्य नर्तन औ गान।।

नमो नमो शरणागत वत्सल,
मांग रहा वर किंकर आज।
रखना सत्यम् शिवम् सुंदरम,
दशरथ तनय राम की लाज।।

हुए प्रगट योगेन्द्र त्रिशूली, साथ सुशोभित रूद्र प्रिया,
युग्म शक्ति के वरदहस्त थे, धरे शीश पर रामसिया।
सीता सह साष्टांग दण्डवत, किया राम ने निज प्रभु का,
समरविजय का मिला त्वरित ही शुभ वरदान स्वयंभू का।।

ऋषिमुनियों औ कपिऋक्षों की गूँज उठी चहुँ दिश जयकार,
शंख, घंट, घड़ियाल समन्वित, डमरू, तुरही की गुंजार।
जयजयजय जगदम्बे जयजय, नमो नमो जयजय भुवनेश,
भक्तिभाव से ओतप्रोत अति सुन न सका कुछ भी लंकेश।।

विनत वदन से विधि विधान से, किया राम ने गुरू पूजन,
दान दक्षिणा से सम्मानित, किये महीसुर ऋषि मुनि गन।
स्वस्ति वचन कह लंकेश्वर ने, कहा राम से सुनो सुजान,
अति प्रसन्न मैं यज्ञकर्म से, माँगों मनचाहा प्रिय दान।।

हृदय धड़कने लगा सिया का, निपट अचीता कर अनुमान,
विरहाकुल से अनुप्राणित हो बिसर न जाएं प्रभु निजज्ञान।
माँग लिया यदि मुझे दान में, लख मेरा जीवन कल्याण,
भुवन प्रतिष्ठा रावण लेगा, रघुकुल का होगा अपमान।।

इसी तरह यदि मिलन प्रभु से, करने की होती मनचाह,
मरूतपुत्र के संग आजाती आर्य आगमन की तज राह।
कहा राम ने नहीं विप्रवर, द्विज से केवल लेते ज्ञान,
गुरू दक्षिणा का शास्त्रों में, गुरूदान का नहीं विधान।।

वरण किया है विप्ररूप में, दिया यथोचित है सम्मान,
क्षत्रियकुल में जन्म लिया है, ब्राम्हण से फिर कैसा दान।
समझ गया मैं राम, तुम्हें अब जिसकी तीव्र बुभुक्षा है,
समरांगण में निर्णय होगा, रावण की भी इच्छा है।।

इतना कह वह चला यान को, साथ मैथिली निज समुदाय,
रावणत्व वश यज्ञ भाग भी, याचकगण को किया प्रदाय।
कह न सकेगी सरस्वती भी, कितना करूणामय था काल,
वैदेही थी पूर्ण अचेतन, व्यथित हृदय थे रघुकुल लाल।।

वीतराग ऋषि मुनियों ने भी, किया अश्रु का अथक प्रवाह,
लखन आदि के अंतस्थल में क्रोधावश थी अतिशय दाह।
पुष्य यान उठ चला गगन में, हुआ तुमुल भारी उद्घोष,
मुक्त करायेंगे माँ तुमको हे देवी रखना संतोष॥

❄❄❄❄❄❄

व्यूह रचना

सेतु बंध से वरूणा लय के पार उतरकर,
वानर सेना टूट पड़ी आ लंकदीप पर।
शैल तटी के रम्यस्थल में शिविर लगाया,
चहुँ दिशा में गुप्तचरों का जाल बिछाया।।

राम लखन सुग्रीव विभीषण अंगद पवनज,
जामवंत नल,नील,कुमुद औ मैन्द द्विविदगज।
सेना नायक यूथपियों की युद्ध समिति,
कहते थे मत अपने अपने रीति नीति।।

जैसे थे सिद्धांत धर्म या अन्य काम के,
त्यों उदार थे युद्ध नियम भी श्रीराम के।
साम, दान या भेद नीति से मिले सफलता,
तो प्रयोग क्यों करें निरर्थक क्रूर दण्ड का।।

बाधित होकर कहीं दण्ड का ही विकल्प हो,
शक्तिप्रदर्शन रह प्रमाद[911] से रहित अल्प हो।
क्रोध और प्रतिशोध भावना पर विराम था,
हिंसा का भी उनके मन में नहीं नाम था।

एक ओर गंभीर गहन सागर समान थे,
साथ हिमालय जैसे दृढ़तम धैर्यवान थे।
विष्णु त्रिविक्रम[912] के समान था घोर पराक्रम,
चँद्रसदृश ही प्रिय दर्शन था सौम्य अनुत्तम।।

कुपित हुए तो कालानल[913] के ही समान थे,
दया क्षमा में वसुंधरा से सुप्रमान थे।
त्याग आदि में वे कुबेर के ही प्रकार थे,
सत्य पाल क्या पूर्णरूप धर्मावतार थे ?

प्रेरित होकर इन्हीं गुणों से श्री राम ने,
अपनी भी अभिसंधि[914] सभा के रखी सामने।
सुनो मंत्रिगण जो कहता हूँ ध्यान लगाकर,
सबको जो अनुभूत एक दृष्टांत बताकर।।

911. उत्तेजना/पागलपन
912. विष्णु का पांचवा/वामन अवतार
913. सर्वनाष करना
914. उद्देश्य /आशय

निज संपति से ओत प्रोत अत्यन्त रम्य हो,
    फल फूलों से लदा फदा कोई अरण्य जो।
निर्मल जल के झरनों से अभिसिंचित होता
    विविध विहंगम मधुर स्वरों से रहे मुखरता।।

भाँति भाँति के वनचर जलकर जहाँ विचरते,
    ऋषि तपस्वी मुनि ब्रह्म को जहाँ सुमरते।
ऐसी सुन्दर वन स्थली में ताँडव रचके
    महा प्रभंजन[915] विनशित कर दे मंथन करके।।

झंझा[916] के पश्चात् वहाँ क्या दुर्गति होगी,
    प्रेतगेह में वनस्थली परिवर्तित होगी।
पशु पक्षी सब खो बैठेंगे निज अवलंबन[917],
    अवशेषों का सतत् सुनोगे दारूण क्रंदन।।

महीरूह[918] जो हरे भरे भूलुंठित[919] होंगे,
    शिला पात से अस्तव्यस्त सब निर्झर होंगे।
अभी अभी थी सुखद सभी की रंगभूमि जो,
    गृध्द श्रृगों की बनी दिखेगी कर्म भूमि वो।।

915. टुकड़े टुकड़े करना
916. तूफान
917. सहारा/ आसरा/ शरण
918. वृक्ष/पेड़
919. जमीन मैं गिर जाना/लुढ़कना

युगों युगों में सुंदरतम निर्माण हुआ था,
वही आज निर्दोष रक्त से सना हुआ था।
इसी तरह वीभत्स करूण औ महाभयंकर,
युद्ध सदा परिणाम दिखाते हैं प्रलयंकर।।

मेरा है तात्पर्य तुम्हें हो यदि रूचिकारी,
कर प्रयास हम अंतिम देखें जो हितकारी।
दूत रूप में बालि तनय को भेजा जाए,
राक्षसेन्द्र को एक बार फिर से समझाए।।

कहीं सुमति पा अनाचार का पंथ त्यागकर,
लौटा दे यदि जनक नंदिनी सीता सादर।
तो दुरंत[920] यह समर काण्ड हिंसा टलजाए,
समृद्धि से आपूर्ण लंक की श्री बच जाए।।

कहा सभी ने मृदु वाणी सुन अति श्रुतिहारी,
उभय पक्ष के लिये नाथ यह मंगलकारी।

राजभवन में लंका के बहु चहल पहल थी,
सभासदों में उद्धिगनता की लहर प्रबल थी।
फटिक खंड पर स्वर्णिम रत्निम था सिंहासन,
जिस पर बैठा खिन्न हृदय अमिताभी रावण।।

920. बुरा अंत/बुरा परिणाम

शुक, सारण दो मंत्रिगणों को गुप्तचरी हित,
राम शिविर में भेजा था, वे हुए उपस्थित।
किया निवेदन - देव! अकल्पित वानर सेना,
असंभावित और अतर्कित युद्ध प्रवीना।।

महासुभट नल नील गवय गव औ गवाक्ष हैं,
कुमुद, शरभ, हर, धूम्र आदि भट लक्षलक्ष हैं।
जाम्बवंत साल्वेग अमित बलविक्रम धारी,
मैन्द,द्विविद,गज,रम्भ,ऋषभ सम्पाति, शरारी।।

हनूमान औ अंगद जैसे अति तेजस्वी,
गन्मादन से देवासुर संग्राम यशस्वी।।

सूर्य पुत्र सुग्रीव सूर्य से वानरेश हैं,
साथ विभीषण अभिषिक्तित[921] लंका नरेश हैं।
राम अनुज तो महा परंतप ज्यों फणींद्र[922] हैं,
सर्वोपरि दिव्यास्त्र प्रयोक्ता राघवेन्द्र हैं।

चतुराई से ऋक्ष दलों औ कपि समूह की,
रचना की है वानरेन्द्र ने गरूड़ व्यूह की।
उभय पक्ष पर जामवंत संग भ्रातृ धूम्र हैं,
औ सुषेण कपि, दधिमुख भीषण चन्द्रपुत्र हैं।।

921. राज्यभिषेक किया हुआ
922. शेषनाग/नागराज

पृष्ठ रक्ष हित द्विविद, मैन्द हैं वीर उपस्थित,
यमपुत्रों[923] को चंचु[924] भाग में किया अवस्थित।
उदर थली में वानरेश, तव अनुज विभीषण,
हनूमान से रक्षित राघव और लक्ष्मण।
अद्वितीय हैं नाथ! राम अति करूणासागर,
मुक्त कराया हमें बाँध जब पहुँचे वानर॥

कपि सेना का शुक सारण से वर्णन सुनकर,
रावण बोला सभा सदों को सम्बोधन कर।

संबन्धी निज मित्र हितैषी आदि जनों से,
नीति मंत्र का परामर्श कर मंत्रिगणों से।
मिलजुलकर जो सर्वमतों से करते उद्यम,
वे जन ही कहलाते हैं जगती में उत्तम॥

एकाकी जो बिना मंत्रणा स्व विवेक पर,
गुप्त रूप से चल पड़ते कर्तव्य मार्ग पर।
नहीं किसी से चर्चा कर मतभेद बढ़ाते,
इस पृथ्वी पर ऐसे नर मध्यम कहलाते॥

923. गज, गवय, गवाक्ष, शरभ, गंधभादन

924. चोंच/अग्रभाग

नहीं किसी भी अन्य बन्धु की बात मानकर,
हठ पूर्वक जो अड़े रहे थोथे गुमान पर।
हितु सम्मती भी लगे जिसे विश्वास घात सी,
कहलाते वे अधम पुरूष अथ सत्यानाशी।।

धर्म अर्थ या कर्म आदि में उपजी बाधा,
कठिनाई में आप सभी ने कर्तब साधा।
प्रिय अप्रिय या हानि लाभ का अब विचार कर,
मुझे मंत्रणा दें मंत्री गण प्रवर मान्यवर।।

कुम्भकर्ण ने कहा कथन सुन क्रोधित स्वर में,
महाराज! अब नाव फँसी जब बीच भँवर में।
नीति शास्त्र की देते हैं क्यों आज दुहाई,
कहाँ गई अभिमानयुक्त अब वह प्रभुताई।।

क्या विवेक ने अधम कर्म की सन्मति दी थी?
सियाहरण की कभी किसी से सम्मति ली थी।
वर्जित हैं वे कृत्य प्रशासक या राजा को,
जिसका दुष्परिणाम भोगना पड़े प्रजा को।।

परामर्श के बिना कर्म मनमाना करता,
नीतिशास्त्र से वह शासक अनभिज्ञ सर्वथा।
दिये अभी उपदेश आप ने जो मृदुबैनी,
घटित आप पर इनमें होती अंतिम श्रेणी।।

शक्ति प्रदर्शन धनुष यज्ञ औ जनस्थान में,
देख राम की चाह रहे अब क्या प्रमान में।
समरथ से कर घोर शत्रुता अतिशय दूषित,
होगा राजन! विश्वविश्रुत[925] तव नाम कलंकित।।

तप कठोर से सफल हुए जो सभी मनोरथ,
भुवन विजय के सभी हमारे यत्न भगीरथ।
दुर्विपाक[926] से संस्कृति पर पानी फिर जाए,
एक भूल से लंका पर संकट छा जाए।।

तो सारा यह दोष आपका अपना होगा,
इसमें मेरा मात्र तनिक सहयोग न होगा।
रहना मत हे भ्राता! मुझसे किसी आस में,
जाता हूँ मैं रत्न गुहा एकान्त वास में।।

चिंघाड़ा लंकेश कुपित हो हीन दर्प से,
ज्वालमुखी फट पडा अचानक उदर गर्भ से।
कुम्भकर्ण! ऐ नीच! दृष्टि से ओझल हो जा,
गया विभीषण, तूभी जा मुख काला कर जा।।

925. विश्व प्रसिद्ध

926. दुष्परिणाम

सागर सम अतिवेग, वायु सी रावण गति को,
नहीं समझ पाया बनवासी घोर विपति को।
इसीलिये वह कर बैठा ऐसा दुस्साहस
वज्रतुंड[927] की समता करने आया वायस[928]।।

बच पायेगा नहीं ब्रह्म या रूद्र त्राण से,
कर डालूँगा भस्म उसे मैं अग्निबाण से।
लंकराज के दर्प पाठ का सुन पारायण,
कुम्भकर्ण ने राज सभा से किया पलायन।।

रावण का यों अप्रत्याशित कोप देखकर,
नीतिशास्त्र में शून्य सभासद बोले, नृपवर!
जीता हमने अखिलविश्व के सुर असुरों को,
छोड़ेंगे क्या राजभ्रष्ट इन क्षुद्र नरों को।।

लिखा भाल पर काल नहीं वह मेटे मिटता,
चिन्ता का हे नाथ! नहीं कुछ कारण दिखता।
लाये हैं वे वानर सेना खेल दिखाने,
आये समझो स्वतः हमारी क्षुदा मिटाने।।

927. गिद्ध
928. कौआ

तभी सभा में माल्यवान रणनीति विशारद,
बोला आकर सुनो पुत्र लंकेश महारथ।
करता जो अनुसरण नीति का समय देखकर,
राज भोगता दीर्घकाल तक भूमंडल पर।।

सदा शत्रु का देख बलाबल विग्रह करता,
शक्तिमान को कूटनीति से वश में करता।
वह राजा निष्कंटक होकर शासन करता,
और अन्यथा सर्वनाश का कारण बनता।।

राम पक्ष में उन सबका आ मिलन हुआ है,
जिनका तूने निराअकारण दलन किया है।
देव,यक्ष,गंधर्व,ऋक्ष,कपि महा धुरंधर,
चाह रहे तव पूर्ण पराभव सारे मिलकर।।

जिस नारी को हठ पूर्वक ला यहाँ धरा है,
समझ रहा तू सुधाकुम्भ, वह गरल भरा है।
अतः पुत्र झगड़े की जड़ लौटा दे तक्षण,
देख रहा हूँ मैं अनिष्ट के भावी लक्षण।।

रावण बोला क्रोधित होकर भौंह चढ़ाकर,
आए हैं क्यों तात! यहाँ पर कष्ट उठाकर।
क्या स्वभाव जो दृढ़तम मेरा उसे तोड़ दूँ ?
अरे राम से डरकर सीता वृथा[929] छोड दूँ?

नीति रीति के विज्ञ सदा प्रोत्साहन देते,
महीपती को अप्रिय ऐसे वचन न कहते।
नहीं ! आप के उपदेशों की चाह नहीं है,
जाएँ आप भी जहाँ विभीषण, राह बनी है।।

वृद्ध दैत्य ने कहा रक्षपति ! तेरी जय हो,
क्या कर सकता कोई जब प्रतिकूल समय हो।
लगे टपकने अपमानित के अश्रु नयन से,
चला गया वह नत मस्तक हो सभा भवन से।।

सभा भवन के सिंहद्वार पर देखी हलचल,
रावण बोला देखो कैसा यह कोलाहल।
मिली सूचना वानर अंगद नाम कहाता,
आया, निज को रामचन्द्र का दूत बताता।।

929. बेकार /निष्फल /अनुपयोगी

बना केन्द्र है भय मिश्रित से आकर्षण का,
चाह रहा है समय महीभृत्[930] के दर्शन का।
लाओ कहाँ? अब और कौन सा वानर आया,
ज्ञात करें, क्यों शत्रुपक्ष ने इसे पठाया।।

पत्तिभट्टों[931] ने ला अंगद को किया उपस्थित,
निडर कपी को देख मंत्रिगण हुए सशंकित।
रावण बोला कहो दूत फिर कैसे आए,
अरिदल से अब और संदेशा क्या हो लाए।।

बालि तनय ने कहा रक्षपति क्षमा ढिटाई,
चाह तुम्हें यदि रक्षस कुल औ निजी भलाई।
तो मानो रक्षेन्द्र त्याग हठ बात हमारी,
चलो साथ ले सादर माता जनक दुलारी।।

फहराई चहुँ निज संस्कृति की ध्वजा पताका,
सार्वभौम बन देश देश के बने विधाता।
लोक पाल सब जीते तुमने इन्द्रविजय की,
थी विशेषता उत्तम ग्रह औ भले समय की।।

930. राजा
931. पैदल सैनिक

है परिवर्तनशील काल की गति पहिचानो,
पितृचरण के सखा तात प्रिय कहना मानो।
कौन पिता रे ! जिसका मुझको मित्र बताता,
किसी क्षुद्र से नहीं कभी था मेरा नाता।।

याद करो उस बाली नामक वानरेश को,
मूषक जैसा दबा लिया था लंकईश को।
दया भाववश मुक्त किया फिर त्याग प्रणाशन[932],
उसी क्षुद्र का सुत अंगद मैं! सुना दशानन?

रे सपूत ! तू कपिराजा का !! नाक कटाई,
दूत बना है जनक वधिक का लाज न आई!

धन्य दैत्यपति मुझे लाज का भान नहीं है,
मान प्रतिष्ठा प्रिय अप्रिय का ज्ञान नहीं है।
किन्तु त्रियाहर तुमने उज्जवल कीर्ति कमाई,
चौर्य[933] कर्म कर विश्व प्रतिष्ठित नाक बचाई।।

किसके सम्मुख बोल रहा अघ[934] मानव सेवक,
रे मर्कट ! क्या भूल गया तू है संदेशक।
मुँह सँभाल कर बोल अरे दुर्बुद्धे दानव
अधम! राम को समझ रहा साधारण मानव।।

932. मृत्यु
933. चोरी/डाका
934. दुष्ट/पापी

क्या सूरज है दीप, हिमालय है त्रिकुटाचल[935],
वरूणालय है ताल, और गुंजा अरूणोपल[936]।
क्या गर्दभ गजराज, सिंह होता कटखादक[937],
या खगेन्द्र[938], एकाक्ष[939] तमोमणि[940] हैं अंगारक।।

अरे राम मनुज बनवासी होकर भी पुरूषोतम!
और असुर तू ! जगज्जयी भी है असुराधम !
राघवेन्द्र अवतार रूप में पूर्ण परात्पर,
अनाचार के तम हरने को उदित प्रभाकर।।

जीवों के कल्याण हेतु कर नर तन धारन,
आए करने त्रसित भूमि का दुःख निवारन।
राक्षसेन्द्र तुम वेद शास्त्र के उदगाता हो,
परे समझ के तुमसा ज्ञानी जनत्राता हो।।

कारण इसका एकमात्र बस मृषा[941] गर्व है,
चलो शरण में त्याग दर्प, यह संधि पर्व है।
राम प्रियैषी भी हैं अतिशय शरणागत के,
क्षमा करेंगे दैत्यराज अपराध विगत के।।

935. त्रिकूट पर्वत जिस पर लंका स्थित है
936. माणिक/लाल
937. सियार
938. गरूड
939. कौआ
940. जुगनु
941. असत्य/झूठा

रे वानर ! तू जन्मजात ही महा लबारी,
कूट कूट कर भरी चातूरी, चाटूकारी।
आया है यदि ब्रह्म स्वयं अवतार ग्रहण कर,
समय गँवाता बार बार क्यों दूत भेजकर।।

है सैना में कौन तुम्हारी मुझसा योधा,
राज भ्रष्ट वह विरह व्यथित खो बैठा मेधा[942]।
उन्मादित सा हुआ राम का अनुज त्रसित हो,
टर्राता है मानों दादुर शीतग्रसित हो।।

जामवंत अतिवृद्ध और सुग्रीव, विभीषण,
भ्रातृद्रोह कर शत्रुशरण हैं, नहीं विलक्षण।
हैं यंत्री नल नील, एक से केवल शंका,
जला गया जो नगर वही वानर रणबंका।।

अहो! लंकपति गया कपि जो लंक दहनकर,
है कपीश का हनुमान साधारण अनुचर।
प्रलय मचा सकता है जब छोटा सा वानर,
सोचा है लंकेश कभी अनुमान लगाकर।।

942. बुद्धि/समझने की षक्ति

होंगे कैसे अगणित कपि विकराल भयंकर,
काल रूप फिर जिनका स्वामी चंड धनुर्द्धर।
नहीं चाहते राम अकारण रक्तपात हो,
निरपराध नर नारी, शिशुगण क्यों अनाथ हों।।

दूत भेजकर जतलाने का यही ध्येय है,
श्वन, शूकर के वध करने में नहीं श्रेय है।
सुनकर कर यह व्याक्रोष[943], कोप कर गरजा रावन,
पकड़ो देखो भाग न जाए लंपट धावन।।

अंगद ने कटकटा सुदृढ़ लंगूर उठाकर,
मारा भूपर ताल ठोक अधमांग[944] तमककर।
लगा डोलने भवन धरातल हुआ प्रकंपित,
गिरे दैत्य सुन कर्णविदारक ध्वनी अकल्पित।।

प्रभुपद पंकज शीश नवाकर बालि-तनय ने,
असुरगणों का रण उन्मादित दर्प तोड़ने।
कहा तरज, ममरोपित पद यदि हटा सकेगा,
तज सीता को रामकटक तत्काल फिरेगा।।

943. तिरस्कारपूर्ण कटु उक्ति
944. पैर

रावण चीखा सुभटगणों! लो धरो पछाड़ो,
नीच दुष्ट की जंघ भुजाएं तोड़ उखाड़ो।
मेघनाद संग रणदिग्गज बहु योधा धाए।
किंतु लौह स्तंभ सदृश पद हटा न पाए।।

तब सकोप हुंकार स्वयं लंका पति उठकर,
धाया मानो घोर मतंगज, सिंह देखकर।
हँस अगंद ने कहा जगत का विजयी रावण,
तुच्छ कपि का चरण गहे वेदज्ञी ब्राह्मण।।

सार्वभौम का इससे क्या अपमान न होगा?
इन चरणों से दैत्य राज उद्धार न होगा।
अभी समय है सोचो कुछ हे श्रेष्ठ निशाचर,
शुद्ध ब्रह्म, हरि, राम-गात संपूर्ण चराचर।।

चरण कमल के सौरभ का संभोग भोगकर,
लहो[945] परम पद भवसागर के पार उतरकर।
सुन; रावण का हुआ अमर्षित वदन संकुचित,
विस्मित सारी राजसभा थी अहम् विलोपित।।

945. प्राप्त करना/पाना

अंगद ने कह सुयश राम फिर किया प्रबोधन,
गया ठसक से लंकराज का कर अभिवादन।
श्री विहीन हो खिन्न हृदय ले इधर दशानन,
अंतः पुर को गया सोचता रण संयोजन।।

भोजनादि उपरान्त हुआ जब शांत क्लांत[946] मन,
मयतनया ने चरण पकड़कर किया निवेदन।
नाथ राम से हठ पूर्वक यों बैर बढ़ाकर,
नहीं कुशल से रह पायेगा यह कुल भू पर।।

मद मर्दन या पुर दह सकता दूत अकेला,
पूर्ण कटक की क्या होगी प्रध्वंसी लीला।
हाथ जोड़ कर कहती प्रीतम सुन लो मेरी,
चलो प्रभु की चले शरण में करो न देरी।।

ऋद्धि सिद्धि औ अतुल संपदा पाई साजन,
वेदज्ञान संग दिव्य शक्तियाँ अतुलित यौवन।
तप कठोर कर यदपि अमरता भी पाई है,
किंतु न कुछ भी भूमंडल पर स्थायी है।।

946. थका हुआ

जगमग करता जग माया का अंधकार है,
सर्वशक्ति संपन्न समझना अहंकार है।
वैभव जो तुम देख रहे वह सिंधु लहर है,
कीर्ति जल की बूँद भाँति एकाध प्रहर है।।

गिरि सरिता के प्रवाह सम धन तन यौवन,
इन्द्र धनुष सा क्षण भंगूर है सारा जीवन।
जटिल समस्या खड़ी हुई रावण के सम्मुख,
करें धर्म का पालन अथवा हो पतनोन्मुख।।

करूँ श्रेष्ठ पावन पथ धारण तज अधर्म को,
अशुभ वासना भेद रही थी उधर मर्म को।
मन मंदिर में जहाँ सुमति का सुखद वास है,
वहीं कुमति का घोर प्रबलतम दुखद पाश[947] है।।

कर मंथन बहुबार सुमति को ऊपर लाया,
किंतु कुमति के गठबंधन से उबर न पाया।
कहा प्रीतमे! क्षण भंगुर है यदि यह जीवन,
क्यों न करें उपभोग समय पर धन तन यौवन।।

❄❄❄❄❄❄

947. बेड़ियाँ /फंदा

आक्रमण

◇◇◇◇◇◇◇◇◇◇◇◇◇◇◇◇◇◇◇◇◇◇◇◇◇◇◇◇◇◇◇◇◇◇◇◇◇◇◇

राम सैन्य ने चहुँ ओर से हाटक[948] नगरी घेरी,
सूर्योदय के साथ गगन में गूँज उठी रण भेरी।
लंक कोट की बुर्जों पर भी बजे युद्ध के धौंसे[949],
लगे परस्पर प्रहार करने, भिड़े सुभट सुभटों से।।

खाई तरणकर साहस पूर्वक चढ़े कोट पर वानर,
परिघ, शूल, मुदगर टकराये छूटे बाण सरासर।
शस्त्रपात हुंकार आदि से मचा कुलाहल भारी,
भूगर्भों में छिपे नगर के राक्षस, शिशु, नर, नारी।।

द्वंद युद्ध में लिपट दैत्य कपि लगे खेय[950] में गिरने,
स्वर्णद्वार गोपुर लंका के लगे भरर कर ढहने।
सेनापति नल, पनस, सुबाहू उछल कोट पर धाये,
शतवलि दक्षिणद्वार तोड़ निजदल के साथ धँसाए।।

948. स्वर्ण/सोने की

949. डंका

950. खाई

कपि सुषेण ने वानरदल संग तोड़ा पश्चिम तोरण,
उत्तर दिशि के सिंहद्वार पर डटे रामसंग लक्ष्मण।
अंगरक्षा में रघुनंदन के गज, गवाक्ष, गन्माधन,
पृष्ठ भाग में ऋक्षराज संग थे सुग्रीव, विभीषण।।

पूर्व द्वार पर निकुम्भ रक्षस योध्दा भीम भयंकर,
नील, द्विविद ने चट्टानों से मार गिराया निशाचर।
युद्धनाद संग घन गर्जन सम दुंदुभ लगे गरजने,
हताहतों की चीत्कारों से लगे कर्णरद फटने।।

मेघनाद ने बालि तनय पर लोहक गदा प्रहारी,
गिरा भूमिपर अंगद की जब पड़ी मुष्टिका भारी।
रण दुर्जय सम्पाति कपि ने धर प्रजंघ को मारा,
मरूत पुत्र ने जम्बुमालि का उदरावर्त[951] विदारा[952]।।

कपि सेना पर कालग्रास सा प्रधस दैत्य था छाया,
वानरेश ने सप्तपर्ण विटपी से मार गिराया।
विद्युन्माली के प्रहार से व्याकुल थे अति वानर,
लखसुषेण ने किया विलुंठित[953] पर्वत शिखर चलाकर।।

951. नाभि
952. मारना/काटना
953. जमीन में गिरा देना/लुढ़कना

सूर्य अस्त तक कपि वीरों ने किया असुरदल मंथन,
युद्ध भूमि में मचा भयानक मारकाट का क्रंदन।
हुआ दिवस अवसान, समर ने सहसा पलटा खाया,
घोर निशा ने निशाचरों का अतुलित शौर्य बढ़ाया।।

स्वर्णिम कवचों से रजनीचर भूषित लगते ऐसे,
गंधक की परतों से शोभित उज्जल पर्वत जैसे।
अंधकार में दैत्य भटों ने द्विगुणित बल जब पाया,
अगणित वानर ऋक्षदलों को चीर फाड़कर खाया।।

देख राम ने भीषण संकट अग्निबाण बहु छोड़े,
भस्मसात कर दिये अनेकों रथवाहन गज घोड़े।
स्वर्णमयी पंखों के शायक[954] छाते समरांगण में,
जुगनू के दल उड़ते फिरते जैसे शून्य गगन में।।

हुआ अलक्षित मेघनाद तब, फैलाई निज माया,
अंबर से शत शत बाणों का अविरलजाल बिछाया।
बींध रहे थे तीक्ष्ण शिलीमुख चहुँ दिशा से आकर,
मैन्द,द्विविद,नल,नील,शरभ थे आहत शर खा खाकर।।

954. तीर

छिदे अनेकों बाणों से थे अंगद, मारूत नंदन,
रामलखन पर गिरा अचानक नागशरों का बंधन।
तीरों के बहुचक्र घुमड़ कर पल में छा छा जाते,
नहीं समझ में आता था कब और कहाँ से आते।।

इन्द्रजीत को खोज खोज कर वानर सेनप हारे,
मायावी ने काल क्रूर बन कपि भल्लुक[955] संहारे।
नाग पाश मे बद्ध मुक्ति के हुए यत्न सब निष्फल,
गिरे भूमिपर रघु-सिंह दोनों मूर्छित हो अति दुर्बल।।

हाहाकार मचा कपियों में, हतप्रभ हुए विभीषन,
मेघनाद ने अट्टहास कर किया प्रणादित[956] गर्जन।
हर्षोन्मादित बोला वीरों त्यागो रण की चिन्ता,
महा बली ये मरे पड़े हैं खर-दूषण के हन्ता।।

विजय दुंदुभी पीट नगर में चला कुंवर रणबंका,
बजीं बधाई अमित हर्ष से फूली सारी लंका।
सार्वभौम ने उछल वीर को लगा हृदय चिपटाया,
मेघनाद सा पुत्ररत्न पा निज को बहुत सराहा।।

❄❄❄❄❄❄

955. भालू
956. तेज आवाज

सीता-विलाप

◇◇◇

उन्मादित अति हर्षित रावण ने त्रिजटा को बुलवाया,
इन्द्रजीत वीरत्व युद्ध का इतिवृत सारा बतलाया।
अट्टहास कर बोला जाओ तत्क्षण पुष्पक ले जाओ,
सीता को बैठाकर उसमें रणभूमि जा दिखलाओ।।

कहना उससे "देख मानिनी, कहाँ रहा अब तेरा दर्प?
प्रथम दिवस ही मृतक हुए ये जिनपर तुम्हें बड़ा था गर्व"।
राम लखन को कालगाल में पा निराश हो जाएगी,
निराश्रिता तब पास हमारे स्वयं दौड़कर आएगी।।

कपटी,कुटिल,दुरात्मा,पामर स्वामी की सुन गरल गिरा,
सीता का दुख लख त्रिजटा का मनस्ताप से हृदय भरा।
"जो आज्ञा" कह पुष्पयान ले मंगलकारी धर विश्वास,
उपवन में जहँ शोकविह्वला राम प्रिया के पहुँची पास।।

कुररी जैसी बिलख रही को देकर बहुविध परिसांत्वन,
चली साथ ले राम लखन के अंतिम करवाने दर्शन।
रणभू में सीता ने देखा खड़े घेर कर हैं वानर,
लहूलुहान सोये हैं दोनो तीक्ष्ण बाण की शैया पर।।

देख पिया को पड़ा भूमि पर बिंधे शरों से अनुज समेत
हाहा! खाकर आर्तनाद कर जनकनंदिनी हुई अचेत।
हुई चेतना कुछ कुछ ज्योंही करूणाकारी किया विलाप
फूट फूट कर रोते रोते कहती थी कुछ अपने आप।।

हाय विधाता ! तेरी गतिमति नहीं समझ में आती है,
पापी तज, आकाल मृत्यु क्यों धर्मव्रती को खाती है!
माँ की लोरी जिन्हें सुलाती मंगल गीत जगाते थे,
कुश काँसों पर कुटिया में भी सुखमय जीवन जीते थे।।

प्रति पल जिनके शुभागमन की अंबे आस लगाये हैं,
उन्हें ज्ञात क्या लाल हमारे रण भूमि में सोये हैं।
हे क्षत्रियकुल तिलक! नाथ! यह मैं ही कारण,मैं ही पाप,
त्याग मुझे यों दीनदशा में चिरनिद्रा में सोये आप।।

तुम्हें छोड़कर कहो आर्य अब मेरा जीवन से क्या मोह?
नहीं छूट पाओगे स्वामी निज नारी से कर विद्रोह!
तनिक वेदना लख मेरी तुम पाते अतिशय थे संताप,
छोड़ नरक में यह अनर्थ क्यों, धर्मशील क्यों करते पाप।।

जीवन के उत्सर्ग यज्ञ में कर पत्नी का यों अपमान,
नहीं सफल हो सकता राघव अर्धान्गिन बिन महाप्रयान।।

सामुद्रिक लक्षण के ज्ञाता बतलाते थे पुत्रवती,
मंगलमयी, सुलक्षण श्रीयुत सदा सदा सौभाग्यवती।
जिस नारी के कर-चरणों में विद्यमान पद्मों के चिन्ह,
महाराज संग अभिषिक्तित हो साम्राज्ञी रहती अविछिन्न।।

श्याम सुचिक्कण केश भ्रमर से भ्रकुटि परस्पर हटी हुई,
शिवाकार स्निग्ध पिंडलियाँ दंत पंक्तियाँ सटी हुई।
हैं विशाल जंघाएं मांसल पुष्ट सघन है वक्ष प्रदेश,
त्रिवलि सुलोमा गहन नाभि है पृष्ठभाग पृथुलांग विशेष।।

चँद्र वदन मृगशावक लोचन धनुराकृति के अधराधर,
सुफल बाण सी उर्ध्व नासिका शंखाकारी ग्रीन सुघर।
संधि रहित संयुक्त अँगुलियाँ शंख चक्र जौ अंकित हैं,
भूतल से सट जाते पद दल करोरूह रविकांतित हैं।
शुभ लक्षण संपन्न यदपि मैं ज्योतिष विद्या के अनुसार,
दुर्लभ हो सौभाग्य; किसी ने नहीं बताया कोई विकार।।

लक्षणज्ञ अतिनिपुण जिन्होंने गुने सूक्ष्मविधि लिखित विधान,
हुए सभी वे असत्यवादी पढ़ न सके यह विपति महान।
जनस्थान को छान आर्य जब गहन उदधि कर आये पार,
गोपद लंघन के समान था क्षुद्र असुर दल का संहार।।

ऐन्द्र, ब्रह्मशिर, वारूणादि तब अस्त्र शस्त्र के ज्ञाता थे,
खल पापी को काल सदृश वे दीन हीन जन त्राता थे।
कपट किया है रिपु ने निश्चय मायारूपी रचकर जाल,
नहीं अन्यथा सम्मुख इनके टिक सकता था त्रिभुवनपाल।।

किंतु कठिन है क्रूर काल से किसी भाँति भी पाना पार,
काल गाल में विवश पड़े हैं भ्रातृ सहित हा! प्राणाधार।।

त्रिजटा बोली सुनो सखी प्रिय तज विषाद देखो धर ध्यान,
जीवित हैं ये दोनों भ्राता कहती हूँ मैं सहित प्रमान।
समरांगण में स्वामी यदि वीरत्व प्राप्त कर लेता है,
तब सेना में उत्सुकतायुत क्रोध, हर्ष नहिं रहता है।।

बिन प्रधान के दुखित वाहिनी मारी मारी फिरती है,
कर्ण धार के बिना सरित में तरणी जैसे बहती है।
किंतु यहाँ है नहीं किसी में दिखती वैसी व्याकुलता,
राजकुमारों की रक्षा में सेना की है तन्मयता।।

हैं अचेत ये केवल देखो मुख मंडल की कांति प्रमान,
मृतक पुरूष की तनिकदेर में मुखश्री हो जाती है म्लान।
और पुष्ट प्रत्यय है देखो इनके जीवन का कारण,
पुष्पयान विधवा को निश्चित करता नहीं कभी धारण।।

अतः देवि! हे जनक किशोरी त्यागो मन से पूर्ण विषाद,
नहीं कही है, नहीं कहूँगी कभी कोई भी झूठी बात।
देख सुलक्षण राम लखन में शौर्य भरा है अछत प्रचुर,
नहीं विजित कर सकते इनको इन्द्रसहित मिल देवअसुर।।

"ऐसा ही हो" सीता बोली पूर्ण फलित हो तव आशीष,
अमिट करें अहिवात[957] इष्टमम्, मात भवानी जनक गिरीश।।

❊❊❊❊❊❊

957. सुहाग/सौभाग्य

धूल धूसरित आशा

होता चहुँ दिशि घन गर्जन ज्यों ग्रीष्म के अवसादन पर,
हर्ष-समन्वित सिंहनाद त्यों गूँज उठे गढ़ द्वारों पर।।
महानाद क्यों शोक-काल में, शंका कर बोला रावण,
इन्द्रजीत के शराघात से, रामलखन जब मृत्यू शरण।।

इसी समय संत्रस्त दीनमुख किया निवेदन दूतों ने,
किया आक्रमण जीवित हो, मायावी मानव पूतों ने।
गरूड़ देव ने उन दोनों को किया पूर्णतः अगद[958] विशल्य[959],
लगता ऐसा मरण शरण का उनका केवल था तारल्य[960]।।

सुन चिन्ता से अभीभूत अति और क्रोध से हुआ विवर्ण,
स्वर्णासन पर हो विमूढ़ सा बैठा दर्प हुआ सब भग्न।
नागपाश से मुक्त हुए हा! अद्भूत माया!! महाअनर्थ!!!
अग्निसदृश दुर्दांत शक्तियाँ अस्त्र शस्त्र अब लगते व्यर्थ।।

958. स्वस्थ/निरोग
959. कष्ट रहित
960. बहानेबाजी / लंपटता

रावण के कातर वचनों को सुन, बोला त्रिषिरा वीरेन्द्र!
क्यों विषाद करते हैं ऐसा त्रिभुवन के स्वामी रक्षेन्द्र।
समरांगण में मैं जाता हूँ नर-वानर बल देखूँगा,
तापसियों को जीवित अथवा मृत लेकर ही लौटूँगा।।

हुंकृति भरकर उदग्र रावण, बोला जाओ निशाचर वीर,
काकुत्स्थों[961] का वधकर डालो शक्र पराक्रम सुत रणधीर।।

शूल, दण्ड, पट्टिष धनु, सायक, मुग्दर, शक्ति, भिंदीपाल,
अश्वतरी युत रथारूढ़ हो भर आयुध बहु शकट विशाल।
सात गुल्म संग रणस्थली में क्रोधातुर भीषण रूद्राक्ष,
वर्षा की फेनिल सरिता सा घँसा वेग से भट धूम्राक्ष।।

असुर वाहिनी लख मारूति ने, व्यूह बद्ध निज किये समूह,
वज्र सदृश कपि टूट पड़े सब, कर्ण विदारक दे दे हूह।
बीच सरोते के पुंगीफल[962] कट कर होता ज्यों दो खंड,
उसी भाँति हो गया विभाजित पुरूषादों[963] का व्यूह प्रचंड।।

961. रघुनंदन/राम
962. सुपारी
963. दैत्य/राक्षस

तीन दिवस तक विकट युद्ध में रहे लीन दोनों ही पक्ष,
नहीं पराजित या अपराजित होते लगते रक्ष अरक्ष।
उग्र क्रोध से मरूत पुत्र के नयन हो गये दुगुने लाल,
रथ पर मारा घोर वेग से शिलाखंड इक वृहद विशाल।
छिन्न भिन्न धूम्राक्ष अंग सब बिखर गये रण प्रांगण पर,
चूरचूर रथ गिरा भूमि पर, रक्षसैन्य हुई तितर बितर।।

कलुषित हुआ क्रोध से रावण सुनकर धूम्र अक्ष का नाश,
वज्रदंष्ट्र को बुलवा बोला खींच खींच कर लम्बी साँस।
रणस्थली में जाओ लेकर सुभट दैत्य सेना का भार,
वानर दल का मंथन करके राम लखन को डालो मार।।

स्वर्णिम दीप्तिमान रथ चढ़कर कालरूप मायावी शूर,
खड्गचक्र धनुशक्ति आदि सब दिव्यास्त्रों को ले भरपूर।
वीर भूमि में पहुँच सहस्त्रों किये सतत घनघोर प्रहार,
संवर्तक सम कपि सेना का करने लगा अचित संहार।।

दौड़े कपि सब जहँ अंगद थे अभिसंतापी[964] अहम् तजा,
देख विसंकट ज्यों भगती है प्रजापति की शरण प्रजा।
बालि तनय ने कोपित हो तब मारा विटप उठाकर एक,
वज्रदंष्ट्र ने काट गिराया हुआ न विचलित समिथ[965] विवेक।।

964. यौद्धिक
965. युद्ध

लगे घूरने रणी परस्पर दंडाहत ज्यों सर्प सरोष,
क्रोधाग्री उद्दीप्त नयन थे मानो राहू शनि ग्रह दोष।
द्वंद युद्ध में जूझे दोनों हारे कर कर गदा प्रहार,
श्रमश्लथ हो वीरों ने तानी ढाल खींच तीखी तलवार।।

घन गर्जन सी घुमड़ घुमड़ती चंडविक्रमों की हुंकार,
खड्गों का घूर्णन[966] उपजाता तड़ितावलियों[967] का भंडार।
क्षत विक्षत अंगो से उड़ती अविरल शोणित[968] की बौछार,
उष्ण रूधिर से सिंचन होता रंग भूमि का बारंबार।।

खिले पुष्प हो ज्यों पलाश पर लगता था त्यों सुभट पलाश[969],
अंगद तन अति शोभायुत था गोधूली में ज्यों सविभास[970]।।

अकस्मात ही बालितनय का खड्ग घात खा घोर प्रचण्ड,
गिरा भूमिपर नर्तन सा कर वज्रदंष्ट्र हो खंड विखंड।।

तदनंतर त्रिषिरा देवान्तक और महोदर वीर प्रहस्त,
सुभट शिरोमणि दैत्य अकम्पन तथा नरांतक युद्धोन्मत।।

966. घूमना/हिलना
967. आकाशीय बिजली
968. रक्त/खून
969. राक्षस
970. सूर्य

आने लगे अनवरत प्रति दिन चंडावल दिव्यास्त्र प्रवीण,
कालकूट[971] अति प्रलयकाल से क्रूर दुराकृति आत्मविहीन।।

समरांगण में मचा हुआ था ऐसा भीषण तम घमसान,
कौन शत्रु है, कौन मित्र है बिसर गया था सबका ध्यान।।

लगता था संगीत महोत्सव अद्भुत रणरूपी व्यापार,
वीणा की झंकार सदृश थीं धनुष प्रत्यंचा की टंकार।।

आहत वीरों की कराह ज्यों कर्णो में लय देती डाल,
हुंकारों की गमक गूँजती और हिचकियाँ देती ताल।।

सोलह दिवस युद्ध में जूझे बही रूधिर की सरिताएँ,
मिले धूल में दैत्यवीर ले राक्षसेन्द्र की आशाएँ।।

❄❄❄❄❄❄

971. तीव्र जहर

महातेज कुम्भकरण

रणभूमि के समाचार पा रावण मन से हुआ निराश,
स्वर्णमयी लंका को मेरी कुम्भकर्ण से ही अब आस।।

भ्राता कुम्भकर्ण को उसने सभागार में बुलवाया,
समरभूमि की कथा व्यथा को क्लान्त[972] हृदय से बतलाया।।

जगज्जयी की वाणी को सुन बोला कुम्भकर्ण, राजन!
प्रथम निवेदन था यह मेरा सम्राटों सा करें आचरण।।

सदाचरण हो नृप नीति का धर्म अर्थ का हो पालन,
परामर्श ले मन्त्रीजनों का राजनीति का अनुशीलन।।

भ्राता के सद्वचनों को सुन विकल हो उठा लंकावीर,
कुम्भकर्ण तब बोला भ्राता नहीं हृदय को करें अधीर।।

मैं अनुगत रक्षेन्द्र आपका, क्यों होते हैं आप आकुलित[973],
वानरदल का तर्पण कर मैं सबको करूँ कालकवलित।।

972. थकित
973. विकल/चिन्तित

कुम्भकर्ण ने गज की भांति शत्रु सैन्य में किया प्रवेश,
हाहाकार मचा सेना में वानर सेना रही न शेष।।

लक्ष्मण ने क्रोधित होकर के कुम्भकर्ण पर किये प्रहार,
एक साथ तीरों की वर्षा एक साथ कितने ही वार।।

कुम्भकर्ण हर्षित हो बोला आ जाओ दोनों भ्राता,
युद्ध करूँगा एक साथ, देखें प्रणाश[974] किसका आता।।

राम लखन दोनों ने मिलकर कुम्भकर्ण पर साधे तीर,
ब्रह्मअस्त्र रघुवर ने फेंका गिरा धरा पर कटकर वीर।।

स्वर्ण सिंहासन बैठा रावण शोकदग्ध, नत करके नैन,
अश्रुधार छलछल कर बहती समाचार पा थे सब मौन।।

कुम्भकर्ण मृत्यंजय राक्षस कैसे हुआ काल कवलित,
वामहस्त हो करके मेरा छोड़ गया मुझे व्याकुलचित्त।।

अन्तःपुर जब पहुँचा रावण,शान्त निशा,उन्मन[975] परिजन,
महिषि मंदोदरी आकुलित अश्रुपूर्ण औ सजल नयन।।

बोली प्रियतम शोक त्यजन्नकर, शैया पर विश्राम करें,
त्याग निराशा मन की सारी, शत्रुनाश का ध्यान करें।।

974. मृत्यु/मौत
975. उत्तेजित

निद्रालीन हुआ जब रावण, पटरानी ने भेजा दूत,
मेघनाथ से जाकर कहना, लंका पर संकट अवधूत।।

अश्रुरंज कुछ देर बहाकर लंकापति उठा सम व्याघ्र,
नष्ट करूँगा शत्रुसैन्य को शीतल तब होगी ये आग।।

तलवारें कस उठी कमर में, रणभेदी ने किया निनाद,
कर्णकटु टंकार उमगतीं, शंखों का था भैरवनाद।।

जाग उठा वीरत्व हृदय में, प्रिय प्रमिला ने बिदा किया,
शत्रु नाश का प्रणकर मन में, लंका को प्रस्थान किया।।

समाचार सब धात्री से सुन, इन्द्रजीत हो उठा अधीर,
वीरशून्य हो गयी ये लंका, नयनों से छलकाया नीर।।

इन्द्रजीत जब पहुँचा लंका, अति व्याकुल थे लंकेश्वर,
गूँज उठा रणभेरी का स्वर, आज्ञा दो मुझे जगदीश्वर।।

आलिंगन में लेकर सुत को, रावण का मन तृप्त हुआ,
गहन निशा अब बीत रही है होगा सूर्य उदित सुख का।।

❋❋❋❋❋❋

मेघनाद संग्राम

◇◇◇◇◇◇◇◇◇◇◇◇◇◇◇◇◇◇◇◇◇◇◇◇◇◇◇◇◇◇◇◇◇◇◇◇◇◇◇

रघुनंदन और इन्द्रजीत में आठ दिवस तक हुआ समर,
ऋषिमुनि गंधर्व देव सब, साक्षी पल पल चर औ अचर।।

देव ऋषि और इन्द्र देव ने आपस में मिल किया विमर्ष,
कैसे हो सहयोग राम का, कैसे हो जग का उत्कर्ष।।

मात अम्ब से करी प्रार्थना, माता दें ऐसा आशीष,
मेघनाद औ राक्षसकुल का नष्ट राज्य हो नत हो शीश।।

भास्वर[976] शस्त्र दिये अंबे ने, दिया नागशर भर तरकश,
मंगल हो सब देवलोक में, शुभ सब हो भूमंडल पर।।

इन्द्रजीत की वामा प्रमिला विरह ताप से हुई प्रदग्ध,
बोली सखियों से क्रोधित हो, लंका है मेरा प्रारब्ध।।

अस्त्र शस्त्र से सज्जित होकर रण चंडी सी हो साकार,
सौ सखियों की सैन्य बनाई रूप अपरिमित शक्ति अपार।।

976. जाज्वल्यमान/ कांतिमान

शूल मशाल लिए हाथों में धनुष नगाड़ों की टंकार,
अग्नि शिखा सा रूप बनाकर पहुँची टुकड़ी लंका द्वार।।

सुन्दरीदल तुम कौन यहाँ पर, बोले हनुमत यह करबद्ध,
लंका में प्रविष्ट होने दें, अथवा करें परस्पर युद्ध।।

सेवक हूँ मैं रघुनन्दन का, होगा जब उनका आदेश,
मार्ग नहीं रोकुंगा सब का लंका में तब करें प्रवेश।।

दानवनन्दिनी प्रमिला ने तब, यूथप को आदेश दिया,
मारूति संग करो निवेदन, वामादल का जो अभिप्राय।।

मालिनी ने फिर रघुवर से जा की विनती हित लंक-प्रवेश,
सुन्दर ललनाओं की टुकड़ी वीरों का सा उनका वेश।।

बोले रघुवर, रावण रिपु है, तुमसे क्या तकरार मेरा,
कांत भक्ति तो श्लाघनीय है स्वामिनी को आशीष मेरा।।

❄❄❄❄❄❄

देवदूत

देव इन्द्र का दूत उसी क्षण पहुँचा रघुनन्दन के पास,
धनुष और तूणीर समर्पित, राक्षसकुल का करें विनाश॥

दिव्य अस्त्र को पाकर रघुवर, भाव विह्वल हो गए कृतज्ञ,
भ्राता लक्ष्मण वीर रूप धर, तोड़ेगें रावण का दर्प॥

लंका में प्रवेश कर प्रमिला, व्याकुल जो विरहाग्नि से,
हृदय लगाया प्राणप्रिये को, प्रणयरात्रि बीती सुख से॥

प्रातः माँ से लेकर आज्ञा वैष्वानर पूजा के हित,
नम आँखों से आज्ञा देकर, मंदोदरी व्यथित चिंतित॥

आकुल माँ को इन्द्रजीत ने कहा मातु धारण कर धीर,
शत्रु सैन्य को मिला धूलि में, दूर करूंगा सबकी पीर॥

❄❄❄❄❄❄

इन्द्रजीत वध

वन अशोक की गुल्म लताओं मध्य विकल बैठी थीं सीता,
शोकदग्ध और भयातीत सी हृदयदग्ध अंचल था रीता।
सहसा दासी सरमा पहुँची जनकनन्दिनी के उर पास,
बोली यह अवसर है सुन्दर, देवी अब ना रहो निराश।।

वैष्वानर की पूजा हेतु इन्द्रजीत हो शस्त्ररहित,
यज्ञगार में हो एकाकी, समय यही है पूर्ण उचित।
रामलखन ऐसे में उनका वध करने का करें जतन,
वरना वह है वीर प्रतापी दिव्य अस्त्र से शोभित तन।।

भयातीत हो सीता बोली कैसे सम्भव होगा कार्य,
संदेशा पहुँचेगा कैसे, जागेगा मेरा कब भाग्य ?

कार्य करूँगी देवि मैं यह, धैर्य हृदय में धारण करना,
संदेशा दूँगी रघुवर को, गुप्त हो गई कहकर सरमा।।

उदय काल की श्री बेला में रघुवर को सब कथा सुनाई,
उचित समय है शत्रु हनन का कष्ट हरें सबके रघुराई।।

सुन, लक्ष्मण ने मांगी आज्ञा, कातर हो बोले रघुनाथ,
निधि स्वरूप तुम माता की हो, कैसे भेजूं रिपु के वास॥

आर्द्रनयन तब बोले लक्ष्मण, भ्रात न मन को करें अधीर,
शव से पूर्ण करूँ लंका को, शेष न होगा कोई वीर॥

लंका में चहुँ ओर मन्त्रणा करते थे नर और नारी,
किसकी होगी विजय यहाँ औ किसपे काल पड़े भारी॥

पूजा में संलग्न इन्द्रजीत मन्त्र पाठ में हुआ निमग्न,
इक ललकार पड़ी कानों में शत्रु है या मित्र अभिन्न॥

सावधान रे अधम इन्द्रजीत, आक्रोशित बोले त्रैमातुर,
मृत्यू का तू वरण करे, औ हो खण्डित लंका का गुरूर॥

मेघनाद बोला लक्ष्मण से, इस क्षण हूँ मैं शस्त्र विहीन,
अस्त्र शस्त्र और साज सजा लूँ कांधे पर बाँधूं तूणीर॥

तभी गरजकर बोले लक्ष्मण, अभी करूँगा तेरा अन्त,
शत्रु का विश्वास न करना, सदा यही कहते हैं सन्त॥

चोरों की भाँति तू आया, दूँगा मैं तुझको ये दण्ड,
लक्ष्मण गिरे धरा पर आहत, मेघनाद का वार प्रचंड॥

ले तलवार हाथ में अपने, लिया विभीषण ने पथ रोक,
इन्द्रजीत बोला तब धिक है, मृत्यु पर अब करना शोक।।

सावधान कह तब लक्ष्मण ने, दिव्य धनुष से किए प्रहार,
बाणों की वर्षा से आहत, गिरा धरा पर राक्षसराज।।

मृत्यू द्वार है निकट जानकर इन्द्रजीत हो गया विकल,
मांगी विदा सभी प्रियजन से हुए विभीषण भी वेकल।।

नयनों से अश्रु की धारा मन में था अपराधी बोध,
तब बोले सोमित्र, रक्षपति वृथा प्रकट करना है शोक।।

दिया सहारा रक्षपति को, बोले ना हों और विकल,
आए थे जिस मार्ग से दोनों उसी मार्ग से गये निकल।।

❄❄❄❄❄❄

वज्रपात

राजभवन में व्याकुल रावण, अन्तर्मन में हाहाकार,
बजा नहीं रणभेरी का स्वर, मन में आए बुरे विचार।।

बढ़ता ही जाता कोलाहल, बन्द हुआ भेरी का नाद,
सेवक आ मूर्छित भूधर पर, राजमहल छा गया विषाद।।

क्षुब्ध हृदय हो बोला रावण, बोलो है कैसा संवाद,
वृद्ध दूत बोला साहस कर, यज्ञगार का सारा हाल।।

पुत्र निधन का समाचार सुन, कटे वृक्ष सा गिरा दशानन,
शोकाकुल लंका के वासी, उन्मन[977] हुए गिरि औ उपवन।।

हुआ तभी चैतन्य दशानन बोला है वह कौन प्रवीर,
इन्द्रजीत को मारा जिसने भूमंडल पर कौन है वीर।।

मखशाला का समाचार सुन क्रुद्ध हुआ लंकापति वीर,
नाश करूँगा रघुकुल का मैं हृदय हुआ है विकल अधीर।।

977. उदास/ शोकसंतप्त

वज्रगर्जना कर लंकापति, क्रोध शोक से हुआ विकल,
विदा मांगकर पटरानी से युद्ध भूमि को गया निकल।।

महिषि मंदोदरी हो व्याकुल अश्रुकुंड में गई समा,
शोक विदग्ध हुआ अन्तःपुर काल करेगा किसे क्षमा।।

हो निवृत्त स्नानादि से, श्रृंगारित होती प्रमिला,
अंगों से खिसके आभूषण, मन होता जाता मैला।।

तभी सुना भीषण कोलाहल, रूदन कर रहे पुरवासी,
प्राणप्रिये का समाचार सुन, गिरी लता सी हो भाँति।।

❄❄❄❄❄❄

देवों की अनुकम्पा

लंका का सुनकर घटनाक्रम और उमा का भाव सदय,
महादेव बोले हे अम्बे दिया इन्द्र को क्यों आश्रय।।

भोग विलास रंगरलियों में लिप्त सदा रहता है इन्द्र,
ऐसे सुर पर कृपा आपकी देवी वह क्यों पात्र अभिन्न।।

पार्वती बोलीं हर हर से पाप कर्म करता रावण,
परस्त्री का हरण किया है, क्षमा करेगा कैसे मन।।

किसका है अपराध यहाँ पर, कौन यहाँ पर सदगामी,
निर्णय इसका समय करेगा, कह निकले अन्तर्यामी।।

ज्यों प्रस्थान हुआ हर-हर का, माँ अम्बे हो गयीं निराश,
बुलवाया कुमार कार्तिक को पुत्र तुम्हीं से है अब आस।।

देना यह संदेश इन्द्र को, सुत वध से आहत रक्षेन्द्र,
कृपादृष्टि पा महादेव की, हो न जाए कहीं जितेन्द्र।।

किया नमन माता गौरा को, बोले कार्तिक करें न शोक,
राघवेन्द्र और वज्रपाणि हित, माता जाऊँगा सुरलोक।।

इधर रूद्र पहुँचे लंका में, श्रद्धा से नत हुआ दशानन,
कथाव्यथा कह, शिव से विनती नाथ आप हो जाएं प्रसन्न।।

अधम राम ने लंका पुर को नष्ट किया वीरों से रिक्त,
महादेव हो कृपा आपकी, हृदय हो जाए मेरा सिक्त।।

हो प्रसन्न तब महादेव ने दिया दशानन को एक शूल,
चरण वन्दना की रावण ने हो कृतज्ञ ली मस्तकधूल।।

विकल हृदय था राघवेन्द्र का, चिंतातुर बैठे थे मौन,
अन्त हो गया रावणि का सुन, समाचार लाया है कौन।।

रूधिर बह रहा था लक्ष्मण का, टूटे रथ पर थे आरूढ़,
व्यग्र राम ने हृदय लगाया अनुज दशा कैसी यह रूढ़।।

कटा हुआ सिर मेघनाद का राघवेन्द्र के रखा चरण,
द्रवित हृदय तब बोले रघुवर धन्य वीर भ्राता लक्ष्मण।।

प्रलयनाद तब हुआ अचानक विद्युत की थी तीव्र चमक,
घनी धूल के बादल उड़कर आसमान को रहे थे ढक।।

भयातीत हो गए विभीषण, मुख का रंग हुआ अवदात[978],
रक्षवाहिनी निकल रही है लंका से होता है ज्ञात।।

रक्षस-चमु की गरज बताती, रण हेतु रावण तत्पर,
अस्त्र शस्त्र लें सजे सेनानी, करें आदेश त्वरित रघुवर।।

चिन्तातुर हो बोले रघुवर, देव आपकी हो अनुकम्पा,
अंगद, पवनज, रविनन्दन सब, बोले प्रभुवर दें आज्ञा।।

पुत्र शोक से कातर रावण, घायल फणदर सा बेकल,
दुगुन वेग से युद्ध भूमि में, आया लेकर है दल बल।।

पवनपुत्र संग वानर दल सब आ बैठे रघुवर के पास,
द्रवित हृदय हो बोले राघव, अब तो तुमसे ही है आस।।

तभी अचानक ज्योति पुंज सा प्रकट हुआ सुन्दर साकार,
एरावत आरूढ़ इन्द्र और कार्तिकेय लाए उपहार।।

978. पीला

राम लखन ने वानर दल संग, अर्घ्यपाद्य से कर सत्कार,
विषम काल में कृपा आपकी, नाथ किया मुझपर उपकार।।

वज्रपाणि हर्षित हो बोले राघव तुम देवों को इष्ट,
काल-समर में साथ तुम्हारा, माता को है यही अभीष्ट।।

❄❄❄❄❄❄

रणबंका-रावण

लावे के सम निकली सेना रिपुदल के पदघात अपार,
चकित सशंकित बोले रघुवर, लंकेश्वर कैसा है नाद।।

निकला रावण सैन्य सजाकर, सविनय कहने लगे विभीषण,
मातुलि,त्रिषिरा,कुम्भ,महोदर नारान्तक जगज्जयी सेनासंग।।

रावण का है तेज अपरिमित कहने लगे देखकर राम,
कहाँ हुई लंका है सूनी, वीर सभी हैं शोभामान।।

वीर दर्प से गरज उठी थीं सेनाएं दोनों दल की,
गदा उठा सुग्रीव बढ़ा था देर नहीं की क्षण भर की।।

शरणागत हो जा रघुवर के, क्षमा माँग गत कर्मों की,
क्रुद्ध हुआ सुनकर के रावण, गरलवाणि थी वानर की।।

आक्रोशित हो लंकपति ने वानरेन्द्र पर किया प्रहार,
देख महासंकट रक्षा हित,मारूति,नल औ नील थे तत्पर।।

तुमुल नाद से काँपी वसुधा दोनों ही दल गुँथे परस्पर,
अंगद ने मारा नारान्तक, क्रोधित तब हो उठा महोदर॥

महायुद्ध प्रारम्भ धरा पर कुम्भ निकुम्भ औ वीर अकम्पन,
अंगद औ सुग्रीव साथ ले जामवन्त ने किया यों मर्दन॥

पवनपुत्र ने ध्वस्त किया जब त्रिषिरा और महोदर को,
सूर्यपुत्र ने उसी समय में, मारा कुम्भ, निकुम्भ को॥

देख अकम्पन के विनाश को रावण चला इन्द्र की ओर,
मायास्त्रों से वार किया तो कार्तिकेय ने रोका मार्ग॥

हाथ जोड़ कर बोला रावण, महादेव का हूँ मैं किंकर,
बैरी दल पर कृपा आपकी, हतप्रभ हूँ मैं देव आप पर॥

देव इन्द्र ने तभी पहुँचकर की आग्नेय वर्षा रावण पर,
लंकापति ने भर अमर्ष में परशु से हत् किया एरावत॥

दृष्टिपात जब हुए लक्ष्मण, रावण तब हो उठा अधीर,
छल से मारा तूने सुत को, कायर है तू, नहीं है वीर॥

बड़ी देर में मिला मुझे तू, आज करूँगा तेरा वध,
सुमिरण कर ले तू माता का अन्त आ गया आज निकट॥

लक्ष्मण ने बाणों की वर्षा से काटा जब रावण ध्वज,
महाशक्ति रावण ने फेंकी, गिरे लखन होकर आहत।।

गिरते देखा जब लक्ष्मण को, धनुष फेंक पहुँचे रघुवर,
लौट गया लंका को रावण, वानर दल आहत व्याकुल।।

पहुँचा संदेशा सुषेण को लक्ष्मण के पहुँचे वह पास,
हा भ्राता धिक्कार मुझे है रघुवर थे कर रहे विलाप।।

ध्यान लगा देखा लक्ष्मण को बोले तब सुषेण हनु से,
वीर परीक्षा है अब तेरी ला संजीवनी पर्वत से।।

दक्षिण देवश्रंग पर है यह संजीवनी महाऔषध,
रात्रिकाल में भी रहे प्रदीप्त, ऐसा है उसका कौशल।।

अश्रु नयन में भर हनुमत ने, माँगी रघुवर से आज्ञा,
पवन वेग से पहुँचे गिरि पर, ले संजीवनी हुए विदा।।

वानर दल बैठा चिन्ता में, रहा क्षितिज को विकल निहार,
हनुमत ले पहुँचे संजीवनी, वानरदल की जय जयकार।।

हर्षध्वनि में बदला क्रन्दन, अचरज से भर उठा दशानन,
कैसा रव गुंजित है नभपर, गूंज रहे हर दिशि गिरि कानन।।

हनुमत का कहकर दुस्साहस, सारण ने सब कहा प्रसंग,
समाचार सुनकर लक्ष्मण के, हृदय हुआ रावण का खिन्न।।

भर विषाद लंकापति बोला, कहो राम से यह संदेश,
यथाविधि अन्त्येष्टि सुत की, युद्धविराम रहे कुछ लेश।।

संदेशा रावण का लेकर, सारण पहुँचा रघुकुल धाम,
रघुनंदन ने सुना प्रयोजन, किया सात दिन युद्धविराम।।

❄❄❄❄❄❄

चितारोहण

पश्चिम द्वार खुला लंका का,
शोक ध्वनि का हुआ निनाद।।

सागर तटपर चिता सजाकर,
करने लगे पुरोहित पाठ।।

सोलह श्रंगारों से सजकर,
पति को गोद लिए प्रमिला।।

जा बैठी चुपचाप चिता में,
जली हृदय में शोक ज्वाला।।

सब वीरों की सजी चिताऐं,
त्रिषिरा कुम्भ निकुम्भ महाभाग।।

श्वेत वस्त्र धारण कर रावण,
बढ़ा चिता में देने आग।।

धू धू कर सब जली चिताऐं,
करूण रूदन गूँजा चहुँ ओर॥

सिर धुन रावण गिरा धरा पर,
लौटे सब लंका की ओर॥

❋❋❋❋❋❋

दशानन-वध

सात दिवस तक रोयी लंका, भर अमर्ष में राक्षस राज,
सैन्य सजाकर निकला पुर से,हुआ धरा पर श्रंगीनाद।।

अपना अपना परिचय देकर,सम्मुख आए दोनों वीर,
तलवारों की झंकारें थीं,चले वहाँ तीरों पर तीर।
बाणों की वर्षा थी अविरल,तलवारों की थी टंकार,
वानर दल टूटा रावण पर,चले राम के तीर अपार।।

रावण गिरा हो मूर्छित रथपर,सारथि ने किया त्वरित पलायन,
मूर्छा टूटी जब रावण की, क्रोधानल से भरा दशानन।
तीव्र गति से पहुँचा रावण, युद्ध भूमि में भरकर क्रोध,
रघुवर ने देखा रावण को, बाहों में भर आया ओज।।

दिव्य अस्त्र फैंके दोनों ने,जड़वत सब योद्धा सैनिक,
रघुवर को बींधा बाणों से, सारथि को बींधें रघुवर।।
मार गिराया सारथि को जब,वानर सेना उठी गरज,
परशु लेकर कूदा रावण,गदा संभाले थे रघुवर।।

तुमुल द्वन्द्व तब हुआ परस्पर,मस्त हाथियों की भाँति,
देख रहा था समय ठहर कर,थी अद्भुत सुन्दर झाँकी।
तभी किया संकेत इन्द्र ने,रघुवर ने साधा दिव्यास्त्र,
लगा कण्ठ जाकर रावण के,गिरा धरा पर होकर ध्वंस।।

कालबाण तब लिया हाथ में,किया राम ने शर संधान,
वज्र समान दुर्धर्ष बहुशर,निकल गये रावण के प्राण।।

हर्ष वेग से शंख ध्वनि कर, इन्द्र हो उठा अति प्रसन्न,
हुई अनाथ रावण की लंका, राक्षस सेना करे रूदन।।

सब ललनाएँ अंतःपुर की, हा हा कर पहुँची उस ओर,
रक्तप्लुत हो गिरा था रावण, रूदन गूंजता चारों ओर।
राजमहिषि रानी मन्दोदरी करने लगी विलाप विकल,
तीन लोक में यश था जिसका कैसे हुआ कालकवलित।।

कातर स्वर बोली चित्राँगदा, यम का रूप धरे रघुवर,
लंकपति का काल बन गये, सुख सौभाग्य हुआ नश्वर।।

पुष्प वृष्टि कर रघुनंदन पर, देव यक्ष गंधर्व नरेश,
विधिवत वंदन हुआ राम का, जयजय का गूंजा उदघोष।।

शोक विह्वल हो उठा विभीषण करने लगा विलाप विकल,
महावीर तू महापराक्रमी, आज धरा पर है लुंठित।।

बोले रघुवर ना हों आकुल, विधि का है यह न्याय प्रबल,
विजय धर्म की रहे सदा ही, रहे अधर्म सदा असफल।।

भूमंडल पर यश था जिसका वह रक्षेन्द्र काल के वश,
पड़ा हुआ था पृथ्वीपर ज्यों नष्ट हो गया पल में यश।।

मंदोदरी लंकेश को लेकर निकल पड़ी उस पथ की ओर,
शाश्वत है जो सत्यजीव का, जाना सबको है जिस ओर।।

समय शिला पर लिखा गया फिर, ऐसा अनुपम इक अध्याय,
सदा रहेगी विजय धर्म की, जीवित सदा रहेगा न्याय।।

❄❄❄❄❄❄

www.ingramcontent.com/pod-product-compliance
Lightning Source LLC
LaVergne TN
LVHW100614051026
849519LV00001B/8
* 9 7 8 9 3 5 6 6 7 1 6 3 8 *